이집트·이스라엘 초기기독교 성지순례기

도올의
도마복음이야기 (1)

통나무

믿음의 正道를 추구하는
이 땅의 모든 사람들에게
To H, the man who loves truth.

홍해를 면한 시내반도

Contents

서(序)   9

순례역정대강   16
    - 이집트 문명은 단합된 공동체 모습 과시한 것

1. "나그함마디"로 가는 길   24
    - 1600년 암흑을 뚫고 나온 도마복음의 첫 운명

2. "함라돔"의 피비린내   34
    - "엘 카스르" 농가의 불쏘시개로 사라질 뻔한 도마복음

3. 함라돔의 아이들   42
    - 초기기독교 수도승의 降魔成道, "타리프" 절벽에 묻힌 비밀

4. 파코미우스를 찾아서   51
    - 개인수행에서 집단수행으로 옮겨간 초기기독교

5. 파바우 수도원 본부   60
    - 돌기둥만 뒹구는 인류 최초의 기독교 수도원 터

6. 셉츄아진트와 콥틱기독교   67
    - 마가복음의 저자 마가는 이집트 콥틱기독교의 초대 교황

7. 알렉산드리아의 파로스 등대   78
    - 세기적 영웅들의 로망 간직한 비감의 도시

8. 알렉산드리아와 세례요한   88
    - 알렉산드리아의 석학 아폴로, 요한의 세례만 알 따름

9. 알렉산드리아와 삼위일체   96
    - 삼위일체의 핵심, 아버지와 아들이 하나냐 둘이냐?

10. 삼위일체의 정치사적 맥락   104
    - 예수는 하나님인가 인간인가?

11. 아타나시우스의 도바리   112
    - AD 367년 이전에는 "신약성경"은 없었다

12. 아타나시우스의 정경목록   120
    - 신약 27서는 어떻게 생겨났나?

13. 정경과 외경   128
    - 성경이 교회를, 교회가 성경을?

14. 묵시문학의 본색   134
    - 선·악 대결의 파노라마, 계시의 세계

15. 다신론과 유일신론의 문명충돌   142
    - 기독교 공인 이후 파괴되어간 인류의 문화유산

16. "함라돔의 피" 그 이후   149
    - 투탕카멘의 저주, 그리고 예수의 저주

17. 코우덱스의 여로   157
    - 심리학자 카를 융에게 헌정된 제1 코우덱스

18. 프로이트와 융   165
    - 나는 신화를 창조한다, 고로 나는 존재한다

19. 신화를 찾아서   175
    - 너를 낳은 자궁을 축복하라!

20. 삶의 의미	184
- 인간 실존의 자리는 증오 아닌 사랑일 뿐	
21. 역사적 예수에 관하여	191
- 예수는 누구인가?	
22. 사도바울의 예수	199
- 예수에서 그리스도로	
23. 엘레우시스의 비의종교	207
- 예수는 새로운 미스테리아일까?	
24. 케리그마	218
- 예수는 과연 부활했는가?	
25. 요세푸스의 증언	225
- 예수는 賢者였다	
26. Q자료의 발견	236
- 복음서 속에 나타나는 다른 예수들	
27. 도마복음서와 Q복음서	243
- 살아있는 예수의 말을 들어라	
28. 천당과 천국	255
- 사망의 몸에서 누가 나를 건져내랴?	
29. 바울과 Q	261
- 이 사람이 마리아의 아들 목수냐?	

30. 산상수훈과 Q   271
    - 가난한 자들이여! 천국이 너희 것이다

31. 지혜담론과 묵시담론   277
    - 이 뺨을 치는 자에게 저 뺨도 주라

32. 선민의식과 종말론   288
    - 하나님을 버리고 돈을 섬기려느뇨?

33. 쿰란공동체와 예수   295
    - 성서의 오리지날 정본이란 존재하지 않는다

34. 스토익과 그노스틱   305
    - 종교란 하늘과 땅 사이의 도랑을 메우려는 노력

35. 콥트어와 기독교   313
    - 초기기독교는 이집트에서 대세를 형성했다

36. 옥시린쿠스 사본   321
    - 성서의 텍스트들은 어떻게 변형되었는가?

37. 디두모 유다 도마   333
    - 예수에게 쌍둥이가 있었다?

38. 노자(老子)와 도마복음서   340
    - 도마복음서는 언제 집필되었나?

39. Q복음서의 저작연대   349
    - 지혜담론이 먼저냐, 묵시담론이 먼저냐?

색 인   355

서(序)

번지(樊遲)라는 사람은 공자에게 매우 친근한 문도(門徒)였는데, 어느날 번지가 공자에게 물었다: "앎(知)이라는 게 도대체 무엇입니까?" 요즈음 말로 하면 지식(knowledge)의 정의를 물은 것이다. 우리 동방인들은 예로부터 추상적 개념에 대한 직접적 정의를 거부해왔다. 공자가 제자의 질문에 직접적 정의를 내릴 리는 만무하다. 그러나 깨달음이 파생할 수 있는 맥락에 따라 그 소문(所問)에 대한 여러 상황을 제시할 수는 있을 것이다. 번지가 지식이 무엇이냐고 묻는 데 대한 공자의 대답은 가히 충격적이다: "귀신을 공경하되 그것을 멀리할 수 있으면, 가히 안다고 말할 수 있을 것이다."(敬鬼神而遠之, 可謂知矣。)

우리가 일상회화에서 흔히 "경이원지"(敬而遠之)라고 하는 숙어의 출전이 된 이 유명한 말이 원래 "인간의 앎"을 논의하는 인식론적인 맥락에서 나왔다는 사실을 깨닫는 것은 매우 중요한 일이다.

귀신(鬼神)이라고 하는 종교적 사태가 경(敬)의 대상이라고 하는 것을 공자는 거부하지 않는다. 귀신 즉 하나님은 공경의 대상이라는 것이다. 많은 기독교인들이 귀신과 하나님을 일치시키는 나의 논리에 우선 불쾌감을 표현할 것이다. 그러나 그들의 논리는 대부분 귀신은 다신론적 개념(polytheistic concept)이고 하나님은 유일신론적 개념(monotheistic concept)이라는 것을 주장하는 것에서 크게 벗어나지 않는다. 그러나 야훼는 분명 유대민족의 민족신이며, 다신론적 인식체계 속에서 유일한 신앙의 대상으로 선택되어갔을 뿐이다. 그 선택이 곧 이스라엘민족과 야훼간의 계약이다.

이러한 유일계약의 귀신개념을 아무리 기독교가 순결하게 확대시켰다 해도, 동방인이 생각하는 귀신의 개념과 하나님 사이에 큰 차이를 발견하기는 어렵다. 유일신의 주장은 다신론의 바탕 위에서만 가능한 것이며, 동방인의 귀신 개념 속에서도, 유일신적 요소는 얼마든지 발견된다. 그러나 물론 이러한 힐난이 본 서(序)의 주제는 아니다.

내가 여기서 말하고자 하는 것은 인간의 지식은 종교적 세계를 공경하는 데서 성립하는 것이 아니라 멀리하는 데서 성립한다는 것, 그것을 공자가 우리에게 갈파하려 했다 함을 재확인하려는 것이다. 공자는 공자라는 역사적 개인으로 끝나버리지 않는다. 그는 동아시아 인민들의 건전한 상식의 바탕을 형성하고 있는 것이다. 하나님을 공경하는 것은 인간 개개인의 신앙의 결단에 속하는 것이며, 그것은 일일이 논구할 소재가 아니다.

그러나 인간의 지식은 하나님을 경(敬)하는 데 있는 것이 아니라, 원(遠)하는 데 있다. 인간의 합리적 지식과 불합리한 신앙의 세계를 이원화 시키는 데서 중세 교부철학은 그 존립가능성을 추구했을지 모르지만, 신앙과 지식이라는 인간의 영적 활동의 두 측면을 별개로 본다는 것은 인간에게서 생명을 빼앗는 것이요, 인간의 복합적·유기적 기능을 말살시키는 것이요, 인간의 일상적 삶을 위선의 장으로 형해화(形骸化)시키는 것이다. 참 신앙인은 참 지식인일 수밖에 없고, 참 지식인은 참 신앙인일 수밖에 없다. 신앙과 지식이 따로 논다면 그 인간의 진실성과 도덕성을 과연 어디서 찾을 것인가?

이 책은 경(敬)의 책이 아니라 원(遠)의 책이다. 기독교에 관한 경의 책은 근교 아무 책방에나 가도 산적해 있을 것이니, 자신의 전통적 신앙을 돈독하기 위하여 책을 찾는다면 세간에 가히 부족함이 없을 것이다. 그러나 내가 여기 원의 책을 우리 민족에게 제시하는 뜻은 기독교로부터 이 민족을 원(遠)하게 하고자 함에 있는 것은 아니다. 오직 바르게 원지(遠之)함을 제시하는 길만이 바르게 경(敬)하게 만드는 첩경이라고 나는 확신하는 것이다. 그것이 일찍이 내가 나의 어머니로부터 물려받은 신앙의 길이었다.

예수는 하나님을 경(敬)한 사람이라기보다는 원(遠)한 사람이었다. 하나님의 율법으로부터 인간을 원(遠)케 하려는 사람이었다. 하나님을 경(敬)할 줄만 알고 원(遠)할 줄을 모르면 그는 하나님의 크신 사랑을 깨달을 수가 없다. 하나님은 멀리 볼수록 더 바르게 보인다. 가깝게 경(敬)할수록 그것은 독선과 아집과 편애와 질투와 부귀와 권세의 대상이 되어버리고 마는 것이다.

그리고 번지에게 공자는 말한다: "오직 백성들의 마땅한 바를 힘쓸지어다."(務民之義。) 인간의 지식은 분명 하나님을 공경할 줄은 알되 멀리할 줄 아는 거리감(distancing)에 있는 것이다. 그와 동시에 우리가 힘써야 할 것은 백성들의 마땅한 바를 힘쓰는 것이다. 백성들의 마땅함(民之義)이란, 사람들이 모두 사람다운 삶을 향유토록 만드는 사회적 정의를 실천하는 것이다. 공자는 결국 모든 종교적 진리의 궁극적 소이연이 백성들의 마땅함, 즉 사회정의에 있다고 본 것이다.

여기서 말하는 정의가 물론 사회과학적인 좁은 공리적 정의를 지칭하는 것은 아니다. 모든 정의는 동·서를 막론하고 하나님의 정의이다. 예수도 험난한 로마식민지시대를 살면서 하나님을 공경하는 것을 공부했다기보다는 주변의 버림받은 일반백성들의 마땅함을 구현하기 위하여 산 사람이었다. 이렇게 말하면 또 많은 기독교도들이 야소지도(耶蘇之道)를 공맹지도(孔孟之道)에 예속시키려 하고 있다고 나를 비방할 것이다. 그러나 진리에는 예수와 공맹의 차별이 있을 수 없다. 예수가 공맹에 예속될 일도 없고, 공맹이 예수에 예속될 일도 없다.

그들은 또 말할 것이다. 예수를 너무 인간화시키지 말라! 인간은 오로지 하나님의 영광을 드러내기 위하여 존재한다. 인간이 인간의 좁은 소견으로써만 하나님을 헤아린다면 과연 하나님을 신앙할 소이연이 어디에 있는가? 맞는 말이다. 인간은 인간을 넘어서 하나님의 영광을 드러내기 위하여 살아야 한다. 그러나 나 도올은 말한다. 하나님은 하나님을 넘어서 인간의 영광을 드러내기 위하여 살고 있다. 이것은 내 개인의 신념이 아니라 예수의 신념이었다.

이 도마복음이야기가 중앙일보사의 중앙SUNDAY판이라는 언론의 보편적 장을 통하여 광범한 대중의 공감을 얻으며 연재될 수 있었다는 사실을 나는 한국기독교의 성숙의 지표라고 생각한다. 그만큼 우리 신앙인들은 겸손하게 끊임없이 자신을 반추하면서 성서에 쓰여진 하나님의 말씀의 본의에 관한 모든 해석의 가능성을 개방시켜야 한다.

누구를 특칭할 수 없기에 일일이 호명치는 않겠으나 중앙SUNDAY의 연재가 가능하도록 음·양의 협조를 아끼지 않은 수많은 분들에게 충심의 감사의 정을 표한다. 여기 묶여지는 글들은 중앙SUNDAY 연재기사와는 달리 하나의 유기체로서 새로운 생명력을 가질 수 있도록 세밀히게 다듬고 증보하였다. 독자들은 사진설명 문정도 입체적으로 같이 읽어주었으면 한다. 그리고 말씀에 관한 이 글이 기독교의 진리에 헌신하는 위대한 신앙인들에게 조그만큼이라도 반추의 실마리를 제공했다면 나에게 더 이상의 큰 기쁨은 없을 것 같다.

2008년 1월 14일
낙한재(駱閒齋)에서

不肖 도올 쓰다

모세(Moses)도 반드시 보았을 사하라사막 기자(Giza)의 3대(代) 피라미드. 왼쪽에 작게 보이는 것이 가장 높은 것으로 할아버지 쿠푸왕 (Khufu, BC 2551~2528 재위)의 것이다. 피라미드 뒤켠으로 저 멀리 카이로와 나일강이 보인다. 모든 피라미드는 나일강 범람지역과 사막의 경계에 위치하고 있다. 사막에서 머리를 보호하는 가장 좋은 방법이 아랍인의 두건을 두르는 것이라는 지혜를 나는 곧 터득했다.

순례역정대강

"이집트 문명은 단합된 공동체 모습 과시한 것"
― 지금 이 시간 한반도서 그런 성과 어떻게 이룰지 고민해야

인간은 시간을 경외한다. 그런데 시간은 피라미드를 경외한다. 만고의 명언이다. 이집트 나일문명! 인류문명의 태고의 요람으로서 그 신비감은 엄마의 뭉클한 젖을 빨던 그 모호함처럼 나의 의식의 한 벽을 장식하고 있었지만 끝내 그것을 명료하게 포커싱할 수 있는 기회는 내 인생에 주어지지 않았다. 실제적으로 그것은 중동권 아랍문명 속에 갇혀버린 한 변방의 고문명처럼 고독하게 남아있었다. 2007년 4월 14일 아침, 먼동의 서기가 사막의 열기를 훅훅 뿜어대는 그런 훈훈함 속에, 나는 현란한 네온사인이 눈을 부시게 만드는 인위의 극치, 두바이의 상공을 경유하여, 카이로 공항에 도착하였다. 머리털 나고 처음 밟아본 나일 델타! 머리털 다 빠진 뒤에나 오다니! 회오가 앞선다. 사막은 인류의 영감의 원천! 나는 그 찬란한 햇살아래 청춘의 로망과 열정을 회복했다. 이집트, 시나이 광야, 팔레스타인 전 지역을 누비고 파리를 거쳐 나는 4월 30일 인천공항에 안착했다.

"중동(Middle East)이라는 말은 쓰지 마십시오. 그 개념 자체를 파기해버리십시오. 아랍이면 아랍(민족개념)이고, 이슬람이면 이슬람(종교개념)이지, 중동이라는 지역개념은 서구인이 오리엔트문명을 서구, 즉 옥시던트로부터 분리시키기 위해 만든 고약한 편견을 내포한 말이지요. 아랍이나 이슬람이라는 개념 속에 소속될 수 없는 이스라엘 사람들이 중동이라는 지역개념을 만들어 마치 그들이야말로 중동의 패자(覇者)인 것처럼 세계인을 세뇌시켰지요." 언뜻 이해되기 어려운 말 같지만 매우 강렬한 진실이 들어 있다. 카이로대학에서 공부하고 옥스퍼드에서 아랍권 정치학으로 박사를 한 자격 있는 중동전문가, 중앙일보 서정민 특파원의 충언이다.

― 정치적으로는 안정되어 있습니까?
"너무 안정되어 탈이지요. 잊지 마십시오! 여기는 계엄치하입니다."
무바라크는 1981년 사다트 저격 사건으로 권좌에 오른 뒤 오늘까지 굳건하게 자리를 지키고 있을 뿐만 아니라 아들에게 권좌를 계승시키는 데 열중하고 있다고 했다. 분위기는 쉽게 파악된다. 시내에서도 아무 데나 카메라를 들이대기 위해 차를 세웠다가는 득달같이 달려드는 것이 비밀경찰들이다. 담배를 권하며 통사정해도 통할까 말까. 80년대 고려대학 교정에 깔려있었던 짭새들보다 이집트 전역에 더 촘촘하게 깔려 있는 것 같다. 전국 방방곡곡 작은 시골마을 골목에까지 걸려 있는 것이 무바라크의 초상화이다. 큰일났다! 내가 가려는 곳은 모조리 관광객에게는 생소한 비허가 지역이었다. 사선을 뚫고! 나는 전투 의지를 굳혔다. 나의 총은 카메라였다.
그래도 이집트에서 피라미드는 봐야겠지. 내가 제일 먼저 간 곳은 사카라의 피라미드군(群)이었다. 사람들이 흔히 기자(Giza)의 대피라미드는 가본다. 그러나 그 피라미드의 원형인 사카라의 초라한 모습은 보지 않는다. 사카라의 피라미드는 우리나라 광개토경호태왕의 무덤 보다도 오히려 초라하게 느낄 수도 있다. 높이 146m에 이르는 쿠푸(Khufu)왕 대피라미드의 위압적 장관을 외계인의 미스터리 스토리로 해석하고 싶어하는 싸구려 신비주의자들의 호언은 하찮은 말장난이다. 피라미드의 진실은 오직 이 땅에서 살아간 인간들의 이지(理智)와 노력의 산물이다. 개미도 사막에 거대한 탑을 쌓아올리는데 하물며 인간의 노력으로써랴! 그러나 사카라의 60m밖에 안 되는 초라한 돌무덤이 불과 백 년도 안 되는 사이에 완벽한 기하학적 구도를 갖춘 기자의 대피라미드로 진화한 것은 참으로 경이롭다. 그 백 년의 도약이 BC 2600~2500년 사이에 이루어졌다는 이 사실만으로도 우리의 인류문명사에 대한 통념을 전환시켜야 하는 새로운 해석이 요청된다.

우리는 고문명(古文明) 하면 가까운 데부터 중국의 황하문명을 생각하고, 갑골문 하면 인류 태고의 문자의 탄생인 것같이 생각한다. 내가 갑골문을 연구한다고 하면 아주 태초의 문자를 탐색하고 있는 듯한 인상을 주는 것이다. 웃기는 이야기다! 갑골문이 탄생한 것은 기껏해야 BC 1200년 언저리의 사건이다. 그리고 그 당대 혹은 그 이전의 문명 유적을 살펴보면 그 규모가 초라하기 그지없다. 중국문명은 인류문명사의 전 스케일에서 조감하면 결코 고문명이 아니다. 그것은 차라리 최근세문명의 시발이라 해야 옳다. 지금 이집트의 피라미드는 중국의 갑골문의 생성보다도 1400년이나 앞선 사건인 것이다. 이집트라는 최고(最古)문명은 이미 최고(最高)문명의 수준을 과시하고 있었다. 21세기 컨템퍼러리 감각에도 조금의 손색이 없는 문명이 이미 4600년 전에, 황하문명이 여명의 꿈을 꾸기도 훨씬 전에 이미 나일강 주변에 완성되어 있었다는 이 엄연한 사실을 어떻게 해석해야 할까?

BC 12세기 람세스 3세의 신전. 사람들이 잘 안 가지만 룩소르에서 가장 가볼 만한 신전이었다. 보이는 기둥과 같은 거대 석주가 134개나 된다.

이 미스터리는 "범람"이라는 왜곡된 한 단어에서 풀린다. 나일강의 범람을 토인비가 "도전과 응전"(Challenge and Response)이라는 획일적 도식으로 설명한 데서부터 이미 우리는 잘못 세뇌당해 왔다. 범람은 결코 도전이라 말할 수 있는 불운한 홍수(Flood)가 아니다. 나일은 적도 부근의 풍요로운 밀림지역의 극대의 강우량이, 강우량이 극소한 사막을 빠져나가는 유일한 문명의 젖줄이었다. 이집트문명은 나일의 선물이다. 이집트인은 하늘에 빌 필요가 없었다. 기우제를 지낼 필요도 없었다. 어차피 일 년 내내 쨍쨍한 태양만 있다. 그 태양 아래 흘러가는 강물의 예측가능한 주기적 수위의 변화! 이것은 홍수가 아닌 이넌데이션(Inundation)이라고 부르는 것이다. 이것은 동양철리의 수화론(水火論)으로 풀린다. 극대치의 화와 극대치의 수가 만나는 풍요로운 평원, 그것이 나일 주변의 범람지역인 것이다. 이집트인들은 범람지역의 땅을 재기만 하면 되었다. 이 땅(geo) 잼(metry)을 지오메트리(geometry), 즉 기하학이라고 부른다. 이것이 희랍으로 넘어가 피타고라스학파를 잉태시키고 플라톤주의(Platonism)라는 서구문명의 홍류를 탄생시켰다.

예측가능한 수위의 변화와 일 년 내내 보장된 태양! 여기서 결과된 것은 인간의 기하학적 이성과 무진장한 하부구조의 축적이었다. 나일 주변은 인간이 만날 수 있는 최고의 잉여가치 축적지였다. 게다가 6월에서 10월에 이르는 아케트(*akhet*) 범람 시기에는 전 국민이 아무것도 할 일이 없었다. 이 잉여를 모조리 문명의 건설에 투여한 것이다. 이집트문명의 성과를 우리는 파라오라는 독재자 밑에서 신음하던 노예들의 잔인한 노역의 결과로 왜곡해서는 아니 된다. 그것은 구약의 출애굽드라마에서 유추된 그릇된 인상이다. 그것은 오히려 하나의 이념에 헌신한 공동체의 단합된 모습의 과시였다. 우리도 지금 이 시간, 여기 삼천리금수강산에서 그런 문명의 성취를 이룩할 수 있는가 하는 것만을 반추해야 한다.

나는 너무도 많은 곳을 맨발로 뒹굴고 뛰었다. 철조망에 찢기고 정강이와 손바닥에 피멍이 든 곳이 한두 군데가 아니다. 사해문서가 발견된 쿰란지역 절벽동굴에 기어올라갔다가 하마터면 절벽에서 떨어질 뻔했다. 다행히 내 손엔 카메라가 없었다. 같이 간 임 기자가 룩소르 신전에서 헛발을 디뎌 카메라를 떨어뜨렸을 때 난 호통을 쳤다. "전쟁터에 나간 병사가 총을 버려?" 그런데 부끄럽게도 내가 뒹군 것이다. 가까스로 바위에 매달려 추락을 면했다. 지금도 나의 몰래카메라를 뒤쫓는 이집트 경찰들의 요란한 사이렌 소리가 내 귀에 쟁쟁하다. 예수가 묻혔을 법한 동굴도 찾아냈다. 이 모든 얘기를 어찌 여기 다 담으리오? 이집트 아라비아 사막과 시내 광야, 팔레스타인 사해, 요단강, 갈릴리 바다, 그리심, 헤르몬 성산 등지에서 느낀 모든 감회를 도마복음서라는 새로운 성서문헌의 해석과 함께 매 일요일 아침 중앙SUNDAY에 연재한다. 고문명의 재발견은 오늘 우리가 이 땅에서 어떻게 살아가야 할 것인가 하는 우리 민족 현존의 문제일 뿐이라고 나 도올은 생각하는 것이다.

도마복음서를 게벨 알 타리프 절벽에 숨긴 사람들은 인류사상 최초의 조직적 공동체 수도원을 만든 파코미우스의 제자들이었다.

콥틱 양식을 보여주는 이 성화는 파코미우스(오른쪽)와 그의 스승 팔라몬을 그린 것이다. 엘 카스르의 팔라몬기념수도원에서 찍었다.

1. "나그함마디"로 가는 길

1600년 암흑을 뚫고 나온 도마복음의 첫 운명

기독교는 2000여 성상을 거쳐 형성되어 온 것이다. 이 말은 곧, 모든 종교가 한 시점에서의 완성된 고정적 모습으로는 존재하지 않는다는 것을 의미하는 것이다. 1세기의 기독교나 4세기의 기독교나 16세기의 기독교나 21세기의 기독교가 다 동등한 자격을 지니는 기독교의 모습이다. 기독교는 물론 예수교(예수의 가르침)에서 발전한 것이지만 역사적 예수(Historical Jesus)가 과연 누구인지 모든 신학자의 견해가 분분하다. 그런데 더욱 재미있는 것은 우리가 알고 있는 성경(The New Testament)도 똑같이 2000여 성상을 거쳐 같이 형성되어 온 것이라는 사실이다.

성경의 정본은 어느 곳에도 없다. 오늘의 27서 체제 신약성경은 4세기 후반에나 그 모습을 드러내기 시작한 것이지만 4세기의 성경이나, 오늘날 한국인이 읽고 있는 한글 개역판 성경은 똑같은 자격을 지니는 성서의 다른 판본일 뿐이다. 신학도들이 정본의 기준으로 삼는 희랍어 성경도 그 자체가 19세기 말에나 겨우 구비된 모습을 갖춘 것이다. 예수는 희랍어가 아닌 아람어(Aramaic)라는 갈릴리 지역에서 통용된 고대 메소포타미아 언어를 말한 사람이었다.

20세기는 인류 사상 가장 위대한 고고학 발굴 성과의 시기였다. 그중 성서와 관련된 두 개의 발굴이 있다. 하나는 구약과 관련된 사해 부근의 쿰란 공동체 동굴 라이브러리 문서의 발견이고, 하나는 신약과 관련된 나일강 중류 나그함마디 체노보스키온 문서의 발견이다. 후자의 문서는 외경으로 가볍게 처리될 그런 문서가 아니라 성경 자체의 이해를 풍요롭게 만드는 진본일 뿐 아니라 역사적 예수를 재구성하는 데 결정적 실마리를 제공하는 위대한, 아니 가히 혁명적이라 말할 수 있는 문헌임이 밝혀지고 있다. 이에 따른 신학 논쟁도 날로 깊어지고 있다.

성서를 성령의 강림이라고만 믿고 있는 많은 사람도 이 한 가지 사실만은 알아야 한다. 성령도 반드시 시간 속에, 우리의 삶의 역사 속에 강림하는 것이다. 이제 마음을 열고 하나님의 말씀을 찾아 나와 함께 시간 속으로 여행을 떠나 보는 것이 어떠할는지! 모든 종교나 진리는 형성 중에 있다(All religion is in the making). 완결은 죽음이다. 새로운 형성을 향한 나의 발돋움이 한국의 기독교와 우리 사회를 보다 생명력 있고, 보다 풍요롭고 아름답게 만들 수 있게 되기만을 간절히 기도한다.

파코미우스는 알렉산드리아의 주교 아타나시우스와도 교분이 있었다. 나는 알렉산드리아와 카이로 주변을 둘러보았다. 카이로 근교의 쿠푸왕 대피라미드는 146m에 달하는 거대한 것이었다. 1889년 에펠탑이 건설 되기까지 세계에서 가장 높은 건축물이었다. 이것은 모세시대보다도 1300년이나 앞선 것이다.

1. "나그함마디"로 가는 길

사바크(*sabakh*)! 백문불여일견이라. 나는 실제로 나일강 언저리의 척박한 사막고원 일대를 밟아 보고야 알았다. 그것은 바위산 절벽 밑에서 캘 수 있는 층층비늘처럼 쌓인 암석층인데 쉽게 부스러진다. 겉은 누르스름하지만 쇠 절구로 빻으면 하얀 석회처럼 고운 가루가 된다. 질소를 풍부히 함유한 천연비료가 되는 것이다. 과거 이집트 농부들은 그것을 땅에 뿌리곤 했다. 요즈음은 화학비료를 선호한다고 했다. 아스완 댐으로 범람이 사라지고 땅은 점점 산성화되어 가고 있는 것이다.

사바크를 캐 오는 것은 통상 동네 아이들의 몫이다. 이집트 사막을 통과하는 나일강은 아스완을 지나 룩소르(Luxor)에 이르러 "왕들의 계곡"(Valley of the Kings)을 끼고 크게 휘돈다. 그 굽이가 끝나는 지역에 나그함마디(Nag Hammadi)라는 나일강 서안의 도시가 있다. 나그함마디에서 강 건너편 마주 보는 곳에 엘 카스르(El Qasr)라는 작은 농촌이 있다. 그 농촌을 체노보스키온(Chenoboskion)이라고도 부른다. 내가 찾아간 엘 카스르에는 우리의 주제와 관련된 초기 기독교 수도승 세인

나그함마디 지역 사람들이 비료로 쓰는 사바크. 이런 돌을 분쇄하여 농토에 뿌린다.

트 파코미우스(St. Pachomius, AD 292~346)의 스승이었던 세인트 팔라몬(St. Palamon, Anba Balamun)을 기념하는 수도원이 우뚝 서 있었다. 그 수도원을 지키는 매우 노쇠하게 보이는 파파 노인이 한 명 있었는데 통성명을 해보니 나보다 나이가 한두 살 어렸다.

1945년 12월의 사건이었다. 이 엘 카스르 동네의 어린아이들이 일곱 명 떼지어 낙타를 타고 사바크를 캐러 원정을 떠났다. 12월은 날씨도 선선하고 땅이 물러 사바크를 캐기도 좋고 그때가 마침 나일강 유역이 경작기라서 비료를 줄 시기인 것이다. 엘 카스르에서 3km 정도 떨어진 곳에 게벨 알 타리프(Gebel al-Tarif)라는 기암절벽 산이 있다. 그 기슭에 사바크는 무진장 있다. 한 아이가 곡괭이질을 해대는데 파각하고 부딪치는 소리가 났다. 심상치 않은 공명 소리에 곡괭이를 멈추었다.

큰 바위 밑 구덩이를 파고 들어가니 거대한 붉은색 토기 항아리가 자태를 드러냈다. 아가리와 밑동은 좁고 중간은 불룩하다. 목 네 귀퉁이로 손잡이 고리가 달려 있고, 아가리는 사발로 덮여 있었는데, 가장자리는 천연 아스팔트 역청으로 완벽하게 밀봉되어 있었다. 이것을 처음 발견한 아이는 15세의 아부 알 마지드(Abu al-Majd)였다. 이 아이는 겁이 덜컥 나 그 사실을 같이 간 큰형에게 알렸다. 형 무함마드 알리(Muhammad Ali al-Samman)는 26세로 사바크 원정대의 팀장 격이었다. 알리는 높이 70㎝가량의 이 신비로운 항아리를 개봉하기를 매우 두려워했다. 『아라비안 나이트』의 스토리에도 나오듯이, 이집트인의 관념에는 대개 이런 항아리 속에는 진(jinn)이라는 사기(邪氣)가 들어 있다고 믿었다. 잘못 뜯었다간 그 사기가 빠져나와 거대한 사람이나 동물 형상의 귀신이 되어 사람을 해한다는 액운의 믿음이 있었던 것이다. 삼만 족속의 이 무함마드 알리는 흑인 권투선수 무함마드 알리와 이름은 같지만 그렇게 똑똑한 사람이 아니었다. 무지렁이 촌놈이었다. 불행하게도 찬란한 이집트 고대문명의 성과가 이들 후예에게는 전혀 전달되어 있질 않았다.

알리는 진에 대한 공포도 있었지만 퍼뜩 불순한 탐욕에 사로잡힌다. 그래! 이런 마법의 항아리 속에 찬란한 파라오의 금은보화가 가득 차 있을 수도 있다. 용기가 솟았다. 순간 알리는 곡괭이를 들어 힘차게 내리쳤다. 학계의 추산으로 따지면 정확하게 1578년 동안 이 항아리의 흑암 속에 갇혀 있었던 인류문명의 한 거대한 보고가 인간세의 광명으로 드러나는 그런 위대한 순간이었다.

항아리는 산산조각 났다. 어찌 되었을까? 그 순간 알리의 눈은 휘둥그레졌다. 정말 번쩍이는 금은보화가 가득 차 있다는 착각에 사로잡혔다. 금가루의 진이 하늘을 수놓는 듯 허공이 빛났다. 그러나 그것은 환상이었다. 그의 발 아래 드러난 것은 파피루스(papyrus) 다발을 가죽으로 정중하게 포장하고 묶은 13개의 코우덱스(codex)였다. 아마도 이 코우덱스 겉가죽이 금박으로 장식되었을 수도 있다. 순간 그 금가루들이 증발했을 것이다.

김이 팍 샜다. 우선 돈이 되지 않는다. 그들은 파피루스 파편의 가치를 알 수 있는 고문명의 후예들이 아닌 것이다. 기원 전후 시기에 책은 크게 두 종류가 있었다. 하나는 양피지(parchment)라는 것인데, 양이나 염소·소가죽을 재료로 쓴 것이다. 이것은 요즈음 우리가 보는 족자 형태의 두루마리로 되어 있다. 이것은 볼륨으로 센다. 또 하나는 파피루스인데 이것은 나일강 하류 델타 지역에서 페니키아 일대에 자생하는 4~5m가량의 갈대풀인데 이것을 잘라 엮어 편편한 바위로 눌러 놓으면 저절로 풀 성분이 나와 접착되어 종이처럼 된다. 파피루스는 1~2세기께는 꼭 요즈음 책(册)처럼 한쪽으로 묶어 제본을 했다. 그 제본된 책을 가죽 보자기로 싸고 네 귀퉁이에 묶인끈으로 둘러 묶는다. 이것을 우리는 코우덱스라고 부른다. 그러니까 하나의 코우덱스 속에는 대여섯 개의 책이 같이 제본되어 있는 것이 보통이다. 알리가 깬 항아리에서 나온 13개의 코우덱스 속에는 필경 60여 개의 책이 들어 있었을 것이다. 물론 우리의 신약성경보다 많은 분량이다.

사바크 절벽 비탈에 나둥그러진 이 지저분한 가죽 코우덱스를 바라보던 아이들은 모두 재수없다는 듯이 입을 삐죽거렸다. 그렇다고 항아리를 깨고 얻은 전리품을 혼자 독식하는 것도 별로 체면이 서지 않았다. 알리는 그 코우덱스를 북북 찢어 일곱 명에게 골고루 나누어 주었다. 코우덱스를 북북 찢는 그 장면은 생각만 해도 몸서리쳐진다.

도마복음서가 발견된 게벨 알 타리프 절벽

파피루스를 손에 든 아이들은 별로 기분이 내키지 않았다. 우선 아무 짝에도 쓸모없는 듯이 보였다. 그리고 알리가 나누어 주는 품새가 뭔가 내키지 않는 느낌이 있었다. 아이들은 곧 파피루스를 모두 알리에게 되돌려주었다. 우린 담배도 안 피운다. 너나 팔아 담배 몇 개비라도 얻어 먹어라! 썅. 그나마 그것을 알리에게 돌려준 아이들의 푸념의 심정이라도 하나님께서 내려주시지 않았더라면 21세기 정신혁명의 한

> 모든 종교나 진리는 항상 형성과정 중에 있다. 하나님도 항상 형성과정 중에 계신 하나님이다. 우리가 지금부터 탐구할 성서도 2천년의 성상을 거치면서 형성된 것이다.

도화선이 될 수도 있는 이 위대한 발견이 흔적 없이 사라졌을 수도 있다. 알리는 아이들이 돌려준 코우덱스를 터번을 풀어 두루루 말아 등에 메고 어깨를 둘러 가슴에 잡아맸다. 그리고 낙타에 올라타 터덜터덜 다시 엘 카스르로 향했다. 그 순간 알리는 무엇을 생각하고 있었을까?

나는 인류사의 한 희·비극이 교차되는 그 운명의 장소를 꼭 찾아가서 두 눈으로 확인해 보고 싶었다. 그런데 이집트에서는 관광 코스로 지정되어 있는 국립공원을 벗어날 경우 반드시 경찰에 신고를 해서 허락을 받아야 한다. 나는 룩소르 경찰청에 신청서를 냈다. 그리고 이틀이나 기다렸다. 겨우 허가가 떨어졌다. 무장한 경찰차가 우리를 앞뒤로 호송했다. 우리 일행 6명이 나타나니깐 나머지 54명은 어디 있느냐고 했다. 경찰청은 한국인 관광객 60명이 게벨 알 타리프를 방문하는 것으로 알고 있었던 것이다. 60명이라는 숫자 때문에 허가가 떨어졌을 수도 있다. 그러나 문제는 60명의 호송 비용을 나 혼자 부담해야 한다는 것이다. 내가 가는 함라돔(Hamra Dom)은 특별 분쟁지역이며 엊그제도 총격전이 벌어졌다고 했다. 대통령 무바라크도 안 가는 곳이라 했다. 룩소르를 출발해서 검문소마다 그 지역 경찰들이 차를 갈아탔다. 내 차에는 사복경찰이 한 명 올라탔다. 그 지역 지리에 밝은 그 지방 사람이었다. 우리 차가 엘 카스르에서 에즈발 부우사라는 작은 동네를 거쳐 드디어 함라돔에 도착했을 때 사복 경찰은 허리에 찬 권총을 꺼내더니 안전핀을 풀었다.

"왜 그러슈?"

"가까이 오면 가차없이 쏴 버릴 겁니다."

이집트 콥틱 크리스찬의 순례지 아부메나 수도원

1. "나그함마디"로 가는 길

"사례금" 덕분에 모시고 올 수 있었던 에즈발 부우사의 청년. 앞의 두건 두른 사람이 필자. 바로 왼쪽의 큰 바위 아래가 코우덱스 문서 발견지. 저 뒤로 보이는 동네가 함라돔.

2. "함라돔"의 피비린내

"엘 카스르" 농가의 불쏘시개로 사라질 뻔한 도마복음

한편 13개의 코우덱스(codex)를 어깨에 걸머지고 터덕터덕 귀가의 발길을 옮기고 있는 낙타등에 몸을 내맡기고 있었던 26세의 청년 무함마드 알리는 매우 침울하게 그리고 아주 골똘하게 묵상에 잠겨 있었다. 그가 이 파피루스 문서들의 소중한 가치를 그 억만분의 일이라도 알기나 했을까?

지난 4월 21일 사막의 열기가 이글이글 타오르는 한낮, 나는 바로 그 길을 몸소 걸어가면서 여기저기 사람들에게 무함마드 알리의 소식을 물어보기도 하고, 정확한 문서발견 장소를 알아내기 위하여 이 동네 저 동네를 탐문했다. 안내인은 나보고 매우 위험한 짓이라고 했다. 그리고 평범한 사람들의 일상적 삶의 모습에 관하여 사진 찍는 것을 금지시켰다. 내 카메라의 대상은 사람들의 생생한 삶일진대, 사람 빠진 유적만 찍으라니! 그러나 막상 시골사람들에게 사진기를 들이대면 물론 질겁하고 거부하는 사람도 있었지만 대부분의 사람들은 무관심하거나 사진 찍힌다는 사실에 대한 호기심으로 즐거워했다. 더구나 디지털카

물어물어 함라돔으로 가는 길, 에즈발 부우사 동네에서. 내가 이렇게 가정집에 사진기를 들이대도 수줍은 듯하면서도 즐거워했다. 어디가나 이토록 발랄한 민중의 생명력 속에서 나는 하나님을 발견한다.

메라는 금방 찍힌 모습을 보여줄 수가 있다. 그들은 그 모습을 보면서 행복한 표정을 지었다. 그들은 순박한 것이다. 이집트의 시골은 한없이 풍요로웠다. 구석구석이 생명력이 넘치는 옛 우리 농촌의 모습이었다. 그들은 쓸데없는 금기에 억눌려 있을 뿐이다. 나는 나를 수반했던 사복경찰에게 개인적으로 충분한 사례를 따로 하겠으니 나의 행보를 좀 자유롭게 해달라고 애걸해야만 했다. 이집트는 아직도 "개인적인 사례"의 약발이 멕히는 사회였다.

문서가 발견된 사바크(*sabakh*, 암석 비료) 채집장소는 함라돔(Hamra Dom)이라는 동네에서 가깝다. 그런데 무함마드 알리는 엘 카스르(El Qasr) 즉 체노보스키온의 사람이다. 내가 직접 걸어가보니 엘 카스르에서 함라돔은 한 10리 정도의 길이었다. 그런데 이 두 마을 사이에는 셰익스피어의 『로미오와 줄리엣』에 나오는 카퓨렛 집안과 몽테그 집안의 패밀리 퓨드(family feud)와도 같은 피맺힌 누대의 반목과 원한이 쌓여 있었다.

알리는 낙타 등 위에서 지난 5월 억울하게 유명을 달리하신 아버지에 대한 사모의 정으로 가득 차 있었다(경찰기록에 의하면 1945년 5월 7일 사망). 그 대강의 스토리는 이러하다.

그의 아버지는 엘 카스르의 수리조합에서 경비원을 하고 있었다. 범람시기에 넘친 물을 저장하거나, 또 부족하면 나일강에서 물을 끌어올리는 수로는 이집트 농촌의 생명줄이다. 그는 독일에서 수입해온 비싼 관개시설의 밤경비를 하고 있었는데, 관개시설이라고 해봐야 뭐 대단한 것이 아니고 좋은 물펌프 모터 정도의 물건이었을 것이다. 그런데 어느 날 밤, 함라돔 마을에서 그 관개시설을 훔치려는 침입자가 발생했다. 알리의 아버지는 그 침입자를 죽여버렸다. 그런데 다음날 함라돔 사람들이 몰려와서 알리 아버지의 머리에 총을 디밀었다. 24시간 후에 알리 아버지는 자기가 쏘아 죽인 침입자의 시체가 놓였던 바로 그곳에 시체로 누워 있어야 했다. 함라돔의 하

동네마다 이렇게 무장한 민병들이 지키고 있다.

우와리스(Hawwaris) 집안 사람들은 자기들이야말로 선지자 무함마드의 직계 자손이라는 의식에 사로잡혀 있었다. 그래서 선민의식과 프라이드가 강했다.

무함마드 알리의 엄마는 남편의 시체 앞에서 일곱 아들(아들만 7명 낳았다)을 모아놓고 대성통곡을 하며 긴 낫의 칼날을 세워놓으라고 훈계를 했다. 그들은 반드시 복수하겠다고 맹세했다. 그 뒤로 매일 알리는 숫돌에 낫을 갈면서 맹세를 다짐해왔던 것이다. 자기 등에 둘러멘 코우덱스 문서가 얼마나 고귀한 인류문명의 유산인지, 그것 하나만으로 열일곱 세기에 걸친 가톨릭교회 도그마 중심의 인류사가 다시 쓰이고, 그것 하나만으로도 신화적 세계를 탈피하여 동서문화의 진면목이 새롭게 소통되는 개벽의 역사가 도래할 수 있다는 일말의 하중도 느끼지 못하는 알리는 낙타 등 위에서 오로지 아버지 복수할 일에만 골몰하고 있었던 것이다.

알리는 집에 돌아오자마자 아무 생각 없이 등에 메고 있었던 파피루스 코우덱스를 쇠죽 쑤는 곳간 방 지푸라기 더미 위에 내던져버렸다. 너무도 끔찍한 참변이었다. 사실 1578년간 밀폐된 옹기의 고요한 암흑 속에서 일체의 빛이나 신선한 공기의 흐름에 노출된 적이 없는 유물은, 갑자기 환경변화에 노출되면 변색·퇴색하거나 바스러지게 마련이다. 그런데 다행스럽게도 파피루스 위에 쓰여진 물감은 용케 새 환경을 견디었던 모양이다. 진시황릉의 토용들이 뚜껑을 열자마자 그 찬란한 색깔이 곧 신기루처럼 휘발해버린 것에 비하면 파피루스 위에 쓰여진 광석 혹은 카본계열의 물감이나 그 접착제의 강력성은 참으로 대단한 것 같다. 그리고 우리나라의 천 년이 넘는 지하분묘나 유적에서 종이유물을 발견한다는 것은 상상키 어렵다. 그러나 이집트의 파피루스는 수천 년을 견딘다. 파피루스가 더 우수해서일까? 천만에! 사막이라는 건조한

> "도마복음의 출현으로 신화적 세계를 탈피하여 동서문화의 진면목이 새롭게 소통되는 개벽이 가능할 수도 있다."

풍토의 덕분인 것이다. 삼천리금수강산과도 같은 옥토에서는 모든 공기가 생명으로 가득 차 있다. 습기 때문에 박테리아의 서식을 막을 길이 없다. 그러나 비극은 결코 이런 자연재해가 아니었다.

그날 밤 알리의 엄마가 화덕 오븐에 불을 지피러 나갔다가 헛간에 파피루스가 보이니까 죽죽 찢어서 지푸라기와 함께 불쏘시개로 썼다는 사실에 있다. 열여섯 세기의 이단 박해를 견디어낸 사막의 코우덱스가 일순간에 엘 카스르 농갓집 아궁이로 들어가다니! 하긴 겸재 정선의 화첩 등 소중한 우리 문화재도 이런 봉변을 당한 것이 한두 번이 아니니 어찌 알리 어미만을 탓하리오마는, 다행스럽게 불 지피는 쏘시개로만 썼기 때문에 많은 파피루스가 타지는 않았다. 하여튼 우리의 도마복음서는 불쏘시개 리스트 속에는 들어있지 않았다.

드디어 복수의 날이 왔다. 나그함마디 문서가 발견되고 꼭 한 달! 동네친구 한 사람이 알리의 집으로 헐레벌떡 뛰어왔다. 알리 아버지를 죽인 함라돔 마을의 한 사람이 먼지 나는 신작로에서 내리쬐는 태양에 지쳐 드러누워 낮잠을 자고 있다는 것이다. 사탕수수를 고아 만든 조청단지를 끼고 누워 있는 그 사람이 바로 알리 아버지를 죽인 사람이라고 일러주는 것이 아닌가? 그 사람의 이름은 아흐마드 이스마일(Ahmad Ismail), 그가 정확한 범인이었는지 어쩐지 누가 알리오마는, 하여튼 일곱 형제들은 엄마의 말대로 서슬 퍼렇게 날을 세워둔 낫과 곡괭이를 하나씩 차고 용전(勇戰)의 길을 떠났다. 피의 복수! 그들에게는 지하드였다.

함라돔의 재수없는 이 양반의 가슴엔 도망칠 새도 없이 잠결에 7형제들의 칼날이 들이닥쳤다. 가슴을 헤치고 팔딱팔딱 뛰는 심장을 꺼내 들었다. 그것을 일곱 등분하여 일곱 형제들은 당장에서 질겅질겅 씹어 먹었던 것이다. 그들의 얼굴엔 희색이 만면했다. 이들의 관습으로는 마땅한 복수의 충직한 상징적 행동이었다. 하긴 위대한 선지 엘리야도 바알의 예언자 450명을 갈멜산 기손 개울에서 한 명도 남김없이 도륙했으니…(왕상18:40).

나는 엘 카스르에서 알리의 족적을 찾을 길이 없었다. 지금 살아있다면 그는 88세일 것이다. 그의 친척이라도 찾으려 했으나 나의 빈약한 정보로는 실마리가 잡히질 않았다. 나는 엘 카스르에서 함라돔으로 가는 도중 에즈발 부우사라는 동네에서 문서발견지를 안다고 하는 사람 두 사람을 만났다.

"함라돔이란 그 동네에서 나는 과일 이름 땜에 붙여진 이름이라오. 그 과일이 껍질이 붉은데 그게 바로 피멍 들어 그렇다고들 하죠. 그렇게 지랄스럽게 싸워요."

"아직도 함라돔 사람하고 엘 카스르 사람이 싸웁니까?"

"요즘은 함라돔 마을 사람들 지들끼리 싸운다우. 함라돔 근처에는 아무도 안 가요."

그들은 문서발견지는 알고 있지만 내가 같이 가자고 하니까 한사코 같이 가기를 꺼려했다. 엊그제께도 총기사건이 나서 사람이 죽었다는 것이다. 나는 또다시 "사례금"을 두둑하게 준비해야 했다. 그리고 나와 동행한 사복 경찰은 허리에 찬 권총의 안전핀을 풀었던 것이다.

풍요로운 이집트 농촌 엘 카스르에서

나그함마디 문서 발견지를 탐방하고 내려왔을 때 나를 둘러싼 함라돔의 어린이들. 뒤로 보이는 절벽 밑에 큰 바위가 두 개

놓인 곳이 바로 문서 발견지이다. 사진에 보이는 것보다는 꽤 먼 거리다. 이런 아이들이 도마복음을 발견한 것이다.

3. 함라돔의 아이들

초기기독교 수도승의 降魔成道,
"타리프" 절벽에 묻힌 비밀

발견지를 안다는 청년보다도 앞서 나는 낑낑대며 바위 절벽을 올라갔다. 올라갈수록 드넓게 펼쳐지는 나일강변의 평원은 정말 풍요로웠다. 그리고 사막의 바위산은 느낌이 강렬하다. 풀 한 포기 없는 붉은빛 나는 강석회암의 강인한 열기는 깎아지른 절벽의 압도적인 웅장함에 위용을 더해준다. 사실 내가 가고 있는 이곳을 두 발로 찾아온 사람은 아직도 생존해 있는 미국 캘리포니아주 클레어몬트 신학대학의 제임스 로빈슨(James M. Robinson, 1924~) 교수를 제외하고는 나밖에 없을 것이다. (로빈슨은 은퇴했다.)

문서는 이미 발견되었고 그 뒤로 이 문서의 연구가들이, 고고학 발굴 탐색단이 아닌 이상, 이곳을 방문해야 할 하등의 이유가 없다. 1975년 로빈슨 교수에 의하여 단 한 번의 탐색이 시도되었지만 사실 대대적 예산이 없는 상황에서 사막의 발굴이란 불가능하다. 더구나 '영지주의'로 잘못 분류되고 있는 이 콥틱 문서들은 세계 기독교인들의 환영을 받는 문서가 결코 아니다. 주변 바위동굴 하나에서 구약 시편의 몇 장이 쓰여져 있는 벽낙서를 발견한 사실은 있으나 별다른 성과가 없었다. 그 뒤로 나와 같이 위험을 무릅쓰고 여기까지 땀을 뻘뻘 흘리면서 찾아온 신학자가 있을 까닭이 없다. 위대한 문서의 발견지로서의 역사 유적 팻말 하나가 꽂혀 있질 않았다. 그 문서 항아리를 캐낸 곳을 바라보면서 감개가 무량했지만 나로서도 아무 할 일이 없었다. 이 척박한 바위절벽에서 도마복음이 나왔다니!

내가 절벽에서 내려왔을 때 나를 둘러싼 것은 총기를 든 괴한들이 아니라 하라돔의 나귀를 탄 귀여운 어린아이들이었다. 그들은 나를 둘러싸고 빙빙 돌면서 유쾌하게 웃고 장난을 쳤다. 나는 그들의 나귀에 올라타 보기도 하면서 사진을 찍고 재미있게 놀았다. 사막의 여우가 번개처럼 지나가는 것이 보였다. 그러자 갑자기 안내인이 사색이 되어 뛰어왔다.

문서 발견지를 탐색하는 필자.

"무궁화가 떴어요!"

나그함마디 전 지역의 무궁화 4개짜리 총경이 떴다는 것이다(그들 계급장으로는 말똥 2개). 갑자기 "우앵~"하는 경보소리가 들리고 백차가 나타났다. 나보고 얼른 사라지라고 마이크로 소리를 빽빽 질러댔다. 쾌씸한지고! 이 위대한 문서발견지에 관광온 게 뭔 잘못이라고 이리 부산한고! 우리는 십 리 이상을 그 백차 사이렌 소리에 쫓기면서 속력을 내야 했다. 나일강변 수로를 따라 우리는 도망치듯 질주했다. 경찰은 자기 관할지역에서 위험요소가 빨리 제거되기만을 원했던 것이다.

이 나그함마디 문서의 역사를 알기 위해서는 파코미우스와 아타나시우스의 관계를 주목할 필요가 있다. 이들에 관한 역사이야기는 나의 저술 『기독교성서의 이해』(서울: 통나무, 2007) 속에 상술되어 있다. 그러나 이 책을 읽는 독자들을 위해 다시 간략히 서술할 필요를 느낀다. 1세기부터 4세기에 이르는 초기기독교는 이집트지역에 엄청나게 광범위하게 분포되어 있었다. 우리나라 사람들에게 압록강·두만강 이북의 만주땅이나 저 연해주의 광막한 발해땅이 결코 우리에게 소외될 수 없는 자연스러운 생활터전이듯이, 팔레스타인의 유대인들에게 있어서 시나이반도나 이집트땅은 자기네 삶과 연속성을 이루는 공간이었다. 육로로 그곳을 여행해 보면 실제로 그러한 연속성을 실감할 수 있다. 우리나라 사람들이 일제에 나라를 빼앗기자 만주·연해주를 해방구처럼 활용했듯이, 로마의 압정으로 AD 1·2세기에 나라를 빼앗긴 유대인들은 독립전쟁을 몇 차례 치른 후 이곳으로 상당수의 사람들이 이주했다. 과거 모세 시절부터 집단거주했던 이집트땅은 결코 그들의 역사의식 속에 이방의 땅만은 아니었다.

그러나 당시 이곳은 이미 철저히 헬라화되어 있었다. 마케도니아의 청년 알렉산더 대왕(Alexander the Great, BC 356~323)은 BC 332년

> **"**
> 초기 기독교는 이집트 다신론문화, 헬레니즘, 유대교, 기독교가 융합된 토양에서 자라났다. 그리고 수도원문화가 중심이었다. 그 최초의 전기를 만든 사람이 안토니였다.
> **"**

안토니의 수행동굴로 가는길.
게벨 엘 갈라라(Gebel el-Galala)
해발 781m. 우리나라 삼각산·백운대에 가까운 높이.

3. 함라돔의 아이들

이곳을 정복했다. 그의 사후 헬레니즘 제국이 3분될 때 이곳은 프톨레미 왕조가 되었던 것이다. 그러니까 예수시대에까지 4세기 동안 이 지역은 철저히 희랍문화의 지배 속에 있었다. 언어도 희랍어가 통용되었고 전통적인 이집트 고전상형문자와 공존했다. 줄리어스 시저, 마크 안토니우스와 세기적 로망스를 펼친 이집트의 여왕 클레오파트라(Cleopatra Ⅶ, BC 69~30)도 알고 보면 이집트 토착민이 아니라 마케도니아 여자였다. BC 6세기부터 이미 이곳에 예레미야 선지자 등 유대인들이 대거 이주하고 또 1·2세기경부터는 유대계 기독교인들이 새로운 보금자리를 틀면서부터 이곳은 절묘한 문화적 융합이 일어났다. 다원주의적 신화세계의 원조 격인 풍요로운 이집트의 다신론 문화와, 율법주의적인 유일신론의 헤브라이즘과, 사랑의 복음인 기독교 문화의 자연스러운 혼융(混融)이 일어나게 되었던 것이다.

세월이 흘러가면서 유대교는 쇠퇴하고 기독교공동체가 이 지역의 주류로 부상하게 되었는데, 그들의 신앙적 삶의 형태는 수도원 중심으로 이루어졌다. 다시 말해서 초기불교가 비하라(*vihāra*, 동굴승방) 중심으로 수도하는 비구들의 운동으로 시작되었듯이, 초기기독교도 이집트 아라비아사막의 동굴에서 수도하는 수도승들의 운동으로 시작되었다고도 말할 수 있다. 초기 수도승은 매우 개인적이었는데, 이러한 개인적 수도생활을 영위하는 자를 앵코라이트(anchorite)라고 부른다. 이 앵코라이트를 대변하는 인물로서 우리는 이집트의 안토니(Antony, c.251~356)라는 수도승을 꼽을 수 있다.

나는 요번 여행을 통해 홍해 옆 게벨 엘 갈라라(Gebel el-Galala) 지역에 있는 안토니의 수행동굴에 가보았다. 카이로에서 수에즈운하 쪽으로 135km를 달리고 다시 홍해를 끼고 아라비아사막을 160km 남하하

안토니의 수행동굴 앞에 서있는 이 십자가야말로 초기기독교의 질박한 진실, 그 모든 것을 말해주고 있다.

3. 함라돔의 아이들

안토니 수행동굴로 들어가는 비좁은 크랙.

면 안토니 수도원에 도착하는데 참으로 험난한 사막길이었다. 그런데 그 뜨거운 사막에 수도승들이 자리를 잡는 곳에는 반드시 신비롭게도 샘물이 솟는다. 일년 내내 땡볕만 내려쬐는 물 한 방울 없는 사막에서 솟아오르는 맑은 샘물의 경이는 실제로 가보지 않으면 실감하기 어렵다. 그것도 쫄쫄쫄쫄 조금씩 흐르는 우리나라 약숫물과는 비교도 안 될 만큼 펑펑 솟아나는 청정한 물길이다. 안토니는 그 물길 곁에 예수님을 모시는 사당과도 같은 조그만 움막을 지었고, 막상 수도는 그곳에서 한참 떨어진 돌산 절벽꼭대기 자연동굴 속에서 했다. 나는 그 동굴까지 기어 올라가 봤는데 참으로 피땀이 맺히는 고행길이었다.

인도에서 싯달타가 우루벨라의 아리따운 처녀 수자타에게 유미죽을 얻어먹고 기운을 회복하고난 후 깨달음을 얻기 위해 수도생활을 하려 했다는 전정각산(前正覺山, Prag Bodhigiri)의 유영굴(留影窟)의 험준한 모습과 매우 유사한 곳이었다. 그러나 유영굴보다 훨씬 더 가파르고 깊고 캄캄했다. 안토니는 이 비좁은 동굴에서 자그마치 20년을 홀로 수행했다. 안토니의 전기를 쓴 아타나시우스 주교의 표현에 의하면 그는 끊임없이 악의 세력을 대변하는 악마의 형상들과 투쟁하면서 모든 유혹으로부터 자유로워지는 영적 순결성의 완벽한 상태에 도달했다. 욕계의 주인 마왕 파피야스의 요염한 세 딸 등등, 다양한 마왕의 변신들과 투쟁하며 보리수 아래서 선정하는 싯달타의 모습이나 이집트의 초기기독교 수도승려들의 모습은 너무도 흡사하다. 모두 항마성도(降魔成道)의 치열한 투쟁이었다.

안토니의 항마성도지. 완벽한 암흑이었다. 이 캄캄한 동굴속에서 20년 동안 기도 생활을 했다.

4. 파코미우스를 찾아서

개인수행에서 집단수행으로 옮겨간 초기기독교

안토니가 동굴에서 단식하고 있는 동안 어느 인자한 노승이 빵을 가지고 와서 먹으라고 권유하기도 하고, 어떤 때는 날짐승이 덮치기도 했다. 어떤 때는 아리따운 여인이 요염하게 유혹하기도 하고, 어떤 때는 군인이 창을 들고 나타나 찌르기도 하고, 어떤 때는 채찍으로 그를 휘갈겼는데 거의 죽음의 직전까지 휘몰아가기도 했다. 사탄에 의하여 나타나는 이 모든 환영을 그는 열렬한 기도와 참회의 행동으로 물리쳤다. 안토니의 이러한 고행 과정은 후대 문학과 회화의 끊임없는 주제가 되었다. 특히 중세 후기의 매우 창조적인 성상화가였던 히에로니무스 보쉬(Hieronymus Bosch, 1450~1516), 당대 중세기 독일의 최고의 종교주제 화가였던 마티아스 그뤼네발트(Matthias Grünewald,

안토니 수도원. 수도원 공동식사의 한 전형을 나타내주는 장소. 이곳은 안토니 수도원의 식사 장소로서 고대 형태를 보존하고 있다. 우윳빛 강석회암 통돌을 깎아 만든 긴 식탁과 긴 의자가 너무도 깨끗했다. 앞쪽의 설교대와 같은 돌덩이는 식사시간 동안에 헤구멘이 성구를 봉독하는 곳이다. 그들은 성구를 들으며 밥을 먹는데, 밥 그 자체를 하나님의 아가페로 생각했다. 해설자는 루메우스 수사.

1455~1528), 그리고 20세기 독일의 초현실주의 오토마티즘 운동의 창시자 막스 에른스트(Max Ernst, 1891~1976)의 그림 속에서 그 내면적 고뇌, 그 상징성과 낭만주의적 신비성이 걸출하게 표현되고 있다.

샘물이 솟아나는 오아시스 자리와 그가 수행한 절벽 중턱 바위동굴 사이의 거리는 꽤 멀었다. 해발고도가 301m나 차이가 났다. 험난할 뿐 아니라 도무지 그 사막의 열기를 견디기가 어려웠다. 나는 그 길을 한 시간 이상 헉헉거리며 올라가면서 안토니가 어떻게 그 긴 세월을 살 수 있었는지가 궁금했다. 동반한 수도승에게 물었다.

"누가 그를 수발들었습니까? 최소한의 빵과 물을 가져다주는 사람이 있었을 것 아닙니까?"

"그는 혼자서 다 했습니다. 샘과 동굴 사이도 혼자 다녔습니다. 먹을 것도 혼자 다 만들었고요."

하긴 그 사막에서 그를 보필하기 위해서만 생활한 사람이 있었을 것이라고 상상하기도 어려웠다. 그는 그렇게 고독하게 20년을 살았다(AD 286~305). 그 기나긴 항마성도의 고행을 박차고 하산했을 때 그는 성자로서 추앙받기에 충분했다. 그의 일거일동에는 성스러운 아우라가 감돌았다. 그 뒤로 이 지역은 그를 추앙하고 본받으면서 동굴수행을 감행하는 수도승으로 가득 찼다. 안토니는 건강한 모습으로 장수하다가 105세에 죽었는데(356년 1월 17일), 이 사막에는 자그마치 한 3000여 명의 그의 지도를 받는 토굴수행승들이 있었다고 했다. 아마도 인도 데칸고원 아잔타(Ajanta)의 석굴을 방불케 하는 그러한 광경이 있었을 것이다. 그가 남긴 편지 중에 이런 말이 있다:

"주님 안의 사랑하는 형제들이여! 너 자신을 알라. 너 자신을 알면 하나님을 알게 되고, 하나님을 알게 되면 하나님을

안토니 성화. 안토니수도원 교회 오른쪽 벽면. 안토니가 생활한 장소에 그려져 있는 성화.

바르게 섬길 수 있게 된다. 자신을 아는 자는 자신의 시간을 깨닫는다. 자신의 시간을 깨달으면 부질없는 인간의 언설에 동요됨이 없다."

안토니의 수행을 본받는 이 수도승들의 움직임은 어디까지나 평신도운동이었으며, 집단적이 아닌 개별적 수행운동이었다는데 그 큰 특징이 있다. 이러한 극히 개인적인 수행운동을 에레미티즘(eremitism)이라고 부르는데 이 에레미티즘의 배경에는 로마 식민통치의 혈세(血稅)에 시달린 농민 엘리트들의 반체제적인 각성이 자리 잡고 있다는 사실도 우리는 주목해야 한다. 빈한(貧寒), 독신(獨身), 명상(冥想)을 실천하는 이들의 삶은 참된 초기기독교의 신앙정신을 위협하는 부패된 세상으로부터 자신을 격리시키고, 사막의 고독과 열기와 최소한의 생존조건에 만족하면서, 자유롭게 일대일로 하나님을 만나려는 수행의 열정에 헌신했던 것이다. 그리고 AD 4세기에 이르면 이미 기성의 교회들이 제식적 율법주의, 관습화되어 버린 형식적 예배, 그리고 겉

안토니수도원 전경. 아라비아 사막 열기속의 한 낙원이었다.

치레의 봉사운동으로 이미 영성을 상실해갔다는 사실도 아울러 생각할 필요가 있다.

 그러나 이러한 개인 단위의 독자적 수행방식은 그 나름대로 문제가 많았다. 그 수행이 바른 길을 가고 있는지 체크할 수도 없고, 체크할 기준도 애매모호하다. 그리고 간섭 안 받는 개인의 행동은 정신병자를 양산할 수도 있고, 마귀에 씌어 제멋대로 행동하는 자를 성자로 추앙하는 해괴망측한 일도 비일비재할 수도 있다. 이러한 부작용을 막는 가장 좋은 방법은 탁월한 영적 지도자가 수행의 규칙을 만들고 그 규칙에 따라 수도승들이 모여 집단적으로 효율적인 수행을 하는 것이다. 등산도 홀로 갈 때 그 특유한 즐거움도 있지만, 험난한 등반은 반드시 집단조직과 행동을 요구한다. 계획이 있어야 하고 규율이 있어야 하며, 캡틴의 리더십과 판단에 무조건 복종해야 하는 대장―대원 간의 도덕성이 확보되어야 한다. 공자(孔子)도 "사이불학즉태"(思而不學則殆)라고 말했는데, 명상만 하고 배움의 규율을 등한시하면 엉뚱한 길로 가기 쉽다는 뜻이다.

개인주의적 에레미티즘에 대비되는 집단주의적 수행방법인 세노비티즘(cenobitism)을 창시한 탁월한 수행자가 바로 파코미우스(Pachomius, c.290~346)였다. 파코미우스는 안토니보다 한 세대 아래고 알렉산드리아의 주교 아타나시우스보다 약간 연상이다. 파코미우스는 바로 우리가 지금 생각하는 모든 공동체적 기독교 수도원의 첫 모델을 만든 사람이기 때문에 역사적으로도 큰 의미를 띠지만, 무엇보다도 우리에게 도마복음서를 전해준 주역이기 때문에 그의 중요성은 더 말할 나위 없이 크다. 게벨 알 타리프의 항아리 속에 묻혀 있던 도마복음서는 바로 파코미우스의 수도원 도서관에 간직되어 있었던 것이다.

파코미우스는 내가 여행하고 있는 이 나그함마디 지역 체노보스키온의 콥트어를 쓰는 집안에서 태어났다. 그는 콘스탄티누스의 북아프리카 로마군대의 병정으로 징집당해 끌려나가, 나일강변에 있는 룩소르보다 약간 상류지역인 이스나(Isna)에 주둔하던 중 동료 장병 가운데 콥틱 크리스찬들이 있는 것을 발견하게 된다. 그리고 그들의 삶의 진지함과 신분·계급을 완전히 해탈해 버린 개방적인 이웃사랑 정신에 감명을 받고, 제대 후 체노보스키온에 귀향하자마자 세례를 받고 기독교인이 된다(314).

그 후 그는 팔라몬(Palamon)이라는 은둔자를 만나 그의 영적 지도 아래 수도승으로서의 삶을 실천한다. 그런데 그 지역은 이미 안토니의 영향 아래 수없는 에레미티즘의 수도승들이 개인적으로 토굴 속에서 영적 생활을 하고 있었다. 파코미우스는 개인적 수도의 한계를 절감하고, 단체적인 규칙생활로써 보다 효율적인 수도인의 삶을 살아야 한다는 신념에 이르게 된다. 그는 덴데라(Dendera) 가까운 곳, 나일강 동편의 버려진 동네에 수도원을 짓고 담을 높게 둘러쌓았다. 그는 이곳을 타벤니스(Tabennis)라고 불렀는데(318), 이것이 인류 사상 최초로 본격적으로 시도된 기독교 수도원이다. 의외로 호응이 컸고, 고독하게 방황하던 많은 수도승들이 높은 담 안으로 모여 들어 파코미우스의 지도를 받았다.

이러한 수도원의 산발적 사례가 그 이전에 이미 타처에 있었을지도 모르지만 파코미우스는 집단수도 생활에 관한 상세한 규율을 문서로 남겼고, 그 문서가 탁월한 성서 번역자 제롬(Jerome, c.347~420)에 의하여 라틴어로 번역됨으로써 서양의 수도원 제도에 엄청난 영향을 끼쳤던 것이다. 제롬은 파코미우스가 콥트어로 쓴 것의 희랍어 역본을 구하여 라틴어로 번역하였다. 파코미우스는 이 규율들은 자기의 임의적 창작이 아니라 한 천사가 지속적으로 나타나 말해주었고 그 천사의 말을 옮긴 것이라고 주장했다. 따라서 이 규율집은 성서와 동일한 권위를 갖게 되었고, 수도승들은 누구든지 복종하지 않으면 안 되었다.

앵코라이트는 토굴승처럼 혼자 자유롭게 스스로의 규율에 따라 생활하는 반면, 세노바이트는 선방(禪房) 안거승(安居僧)처럼 완벽하게 규정된 공동규율 속에서 평생을 보낸다. 일어나는 시간, 낮에 사는 생활 스케줄, 자는 시간이 모두 결정되어 있으며, 공동기도, 공동식사, 공동경작, 공동복장, 공동 다이어트 규칙, 공동사용이 결정되어 있다. 그리고 이 모두에 엄격한 공동매너가 결정되어 있다. 그리고 이 수도원

덴데라 하토르 신전의 일부분으로 남아 있는 기독교 성전 건물 폐허. 파코미우스 수도원 전통이 계승된 곳인데 이 유적 자체는 6세기 중엽의 것이다.

에는 수도승들의 영적 지도자가 있어, 헤구멘(hegumen)이라고 불렸다. 헤구멘은 영적 스승일 뿐 아니라, 수도승들이 아무 생각 없이 수도 생활에만 전념할 수 있도록 모든 재정적 지원을 해야 하는 책임을 감당해야 한다. 그러니까 사판주지(事判住持)와 이판조실(理判祖室)의 양면을 다 구비해야 한다. 파코미우스는 매우 유능한 헤구멘이었다.

> " 너 자신을 알라. 너 자신을 알면 하나님을 알게 되고, 하나님을 알게 되면 하나님을 바르게 섬길 수 있게 된다. 자신을 아는 자는 자신의 시간을 깨닫는다. "

4. 파코미우스를 찾아서

신비로운 기운이 감도는, 파우 키불리 동네 한복판의 파코미우스 수도원 본부 터. 우람찬 화강암 기둥이 뒹굴고 있다. 그 한복판에 서 있는 아이의 모습이 기나긴 인간세의 성쇠의 한 단면을 말해주고 있는 듯하다.

5. 파바우 수도원 본부

돌기둥만 뒹구는 인류 최초의 기독교 수도원 터

파코미우스는 타벤니스의 수도원에 사람들이 몰려 넘쳐나게 되자, 주변지역에 수도원을 개척했다. 남자를 위해 9개를 지었고, 여자를 위해 2개를 지었다. 그는 이 11개의 수도원을 관할하기 위해 근거지를 타벤니스에서 파바우(Pabau)로 옮겼다. 파바우에는 파코미우스의 수도원 본부가 자리잡았던 것이다. 파바우라는 지명은 현재 파우 키블리(Faw Qibli)라는 이름으로 불리고 있었다. 나는 파우 키블리에서 반드시 파코미우스의 수도원 본부의 유적을 찾아내야만 했다. 왜냐하면 도마복음서는 이 수도원 본부의 도서실, 혹은 주변의 수도원에 보관되어 있던 것으로 추정되기 때문이다.

이야기를 하자면 길어지지만, 알렉산드리아의 아타나시우스 주교는 삼위일체 논쟁을 거치면서 오히려 아리우스파에게 밀려 기나긴 "도바리" 방랑생활을 해야만 했다. 그러나 기나긴 투쟁 끝에 그는 실세를 장악했다. 그리고 흩어진 성서문헌에 대한 정경화(Canonization) 작업을 수행했다. 그러니까 그 정경(正經)의 목록에 들지 못하는 책들은 하루

아침에 갑자기 외경(外經) 신세가 되어버릴 수밖에 없었던 것이다.

AD 367년 3월 말 이곳 파바우 수도원 본부에는 아타나시우스 대주교의 서한이 전달되었다: "외경적 텍스트들은 이단자들의 날조에 불과한 것들이다. 사도의 이름을 팔기도 하고, 마치 고문서인 것처럼 집필시기를 위장하기도 하여 순박한 영혼들을 타락시킨다. 이제(마태복음으로부터 요한계시록에 이르는) 27서 이외의 문헌은 읽어서도 아니 되며 소장되어서도 아니 된다. 이제 정경과 외경을 확연히 구분하는 신중한 분별심을 가지고 외경은 없애버려야 한다."

불행하게도 우리의 도마복음서는 이 정경 목록에 편입되는 행운을 얻지 못했다. 그러나 누누이 말하지만 이 AD 367년의 정경화 목록 발표 이전에는 정경과 외경의 구분은 존재하지 않았다. 아니, 존재할래야 할 수가 없었다. 정경이 없으니 외경이라는 개념 자체가 성립할 수 없었던 것이다.

파우 키블리 동네사람들의 생활풍경. 골목 끝으로 밀밭이 펼쳐지고, 그 너머에 도마복음서가 발견된 게벨 알 타리프가 있다.

안내인에게 나는 파바우 수도원 본부를 꼭 찾아가봐야 한다고 강짜를 부렸다. 안내인은 난색을 표명했다. 관광객이 한 번도 간 일이 없을 뿐 아니라 호위하는 경찰들이 평온한 시골마을의 내부로 진입하는 것을 허락하지 않는다는 것이다. 수도원 본부의 폐허는 마을 한가운데 있었다. 나그함마디에서 지역경찰이 올라타는데, 그 사람이 "별"이면 어렵고 그 이하면 "사바사바"가 통할 수도 있다고 했다. "별"이란 장교급을 일컫는다. 그들은 엘리트 의식이 강해 사례금을 안 받는다고 했다. 그런데 다행히 하위급의 경찰이 올라탔다. 우리는 그를 설득하여 파우 키블리 어귀까지 갔다. 가는 길은 매우 아름답고 풍요로운 농촌 길이었다. 무르익어 가는 밀밭에는 내가 어릴 적에 우리 농촌에서 보았던 것과 똑같은 허수아비가 꾸부정하게 서 있는가 하면, 사탕수수를 나귀에 가득 싣고 그 위에 앉아 유유자적 몸을 맡기고 가는 할아버지

파우 키블리 동네 어귀에 있는 파출소에서. 샤알을 쓴 내가 파출소장의 맥을 잡고 있다. 절대 찍지 말라는 사진을 임진권기자가 몰래 찍었다.

농부의 모습이 보이기도 하고, 부유한 집 자제들같이 보이는 반반한 제복 차림의 여학생들이 아이스크림을 핥으면서 지나가기도 했다. 나의 의식 속에서는 이미 까마득한 옛날에 지나가버린 추억의 스크린들이었다.

동네마을 소형버스가 휘익 먼지를 휘날리면서 지나가는데 뒤에 매달린 사람들이 많았다. 왜 저렇게 매달려 가는가 하고 물으니 저렇게 매달린 사람들은 공짜라는 것이다. 인도에서는 그렇게 차 밖에 매달린 사람들을 원숭이처럼 따라잡으며 지붕까지 다 훑어대는 조수가 있었다. 역시 인도보다는 이집트가 덜 계산적이고 더 여유로운 듯이 보였다. 동네 어귀에 파출소가 있었는데 우리 차는 그 앞에 섰다. 파출소 소장이 오케이를 하면 들어갈 수 있고, 그러지 않으면 못 들어간다는 것이다. 나는 더위를 피하기 위해 머리에 사막유목민들이 쓰는 샤알을 뒤집어썼는데 그것이 호감을 준 모양이었다.

"저는 한국에서 왔습니다. 너무도 아름다운 나라, 이 이집트의 모든 것을 사랑합니다. 저는 이집트 사람들의 풍요로운 삶의 모습을 긍정적으로만 담아내겠습니다. 그리고 파바우 수도원 유적은 인류문화의 소중한 자산입니다."

파출소 소장은 비록 시골에 쑤셔박혀 있기는 했지만 카이로 출신의 엘리트였다. 그는 나의 말을 잘 이해했다. 샤알을 쓴 것을 보니 이집트에 호감이 많은 사람인 줄 알겠다고 했다. 그리고 차를 시켰다. 그것도 시골다방에서 가져오는 모양이었다. 주둥이가 긴 양철주전자로 차를 부어주는데 유리잔에 설탕이 반이나 담겨 있었다. 설탕을 녹여가면서 계속 들이키는 것이다. 사막에서는 당분이 필요하다고 했다. 길거리에서도 사람들은 사탕수수를 잘 씹어먹는다. 그래서 이집트 사람들은 충치가 많다고 한다. 내가 어릴 때도 우리 아버지는 립튼 티에다 설탕을 한 열 숟가락은 넣어 잡수신 것 같다. 나는 파출소 소장의 맥을 잡아주었다. 그리고 "태음인"이라고 하면서 그 사람의 장부 구조와 성격을 줄줄 읊어댔다. 그랬더니 내가 예언자 마호메트처럼 잘 안다고 신기해했다.

"간이 커서 술을 먹어도 잘 안 취하시겠군요."

"우리는 술을 먹은 적이 없습니다."

나는 아랍국가에 있다는 것을 새카맣게 잊어버리고 있었던 것이다.

파바우 유적은 아무도 거들떠보지 않는 곳으로 동네 쓰레기로 덮여 있었다고 한다. 그런데 최근에 정규 시장이 열리는 곳으로 변하면서 동네 곡마당처럼 말끔히 치워진 모양이었다. 그 지역의 어느 누구도 이곳이 유구한 역사를 간직한 인류 최초의 수도원운동 센터였다는 것을 아는 사람은 없는 듯했다. 우람찬 돌기둥들이 나뒹굴고 있는 것을 보면 꽤 훌륭한 수도원이었던 것 같다. 화강암 기둥에 상형문자가 새겨져 있는 것을 보면 기존의 이집트 신전 건물들의 부재들을 재활용한 듯하다. AD 346년에 열병이 휩쓸어 약 100여 명의 수도승이 희생되었는데 파코미우스도 바로 이곳에서 346년 5월 9일 열병 속에 그들과 함께 영면했다.

그가 죽었을 때 그의 관할하에 약 7000명의 남녀 수도승이 있었다고 한다. 당시 기독교의 위용을 이 폐허는 간직하고 있었다. 그러나 내가 나타나자 나를 둘러싼 것은 엄숙한 수도승이 아닌 나귀를 탄 동네아이들의 깔깔대는 웃음이었다. 그들에게는 사진을 찍어대는 내가 너무도

히잡을 쓴 해맑은 십대 소녀들. 입고 있는 것은 교복인 듯한데 스타일이 자유롭다. 그리고 너무 귀여운 얼굴들.

신기한 이방인이었다. 외계에서 온 이티를 바라보듯 날 바라보았다. 그들은 외국인관광에 노출된 닳아빠진 아이들이 아니라 먼 옛날 순박한 농촌의 나의 옛 모습이었다. 나는 그들과 같이 히히덕거리며 즐거운 시간을 보냈고 파출소 소장은 여유롭게 관망하면서 나에게 최대한의 자유를 주었다. 나는 파바우 구석구석을 다니면서 사진을 찍었다.

아타나시우스를 지원하던 로마의 콘스탄스 황제가 암살되고(350년), 그의 형 콘스탄티우스 황제가 독존의 황제가 되면서 아타나시우스는 다시 탄압을 받는다. 아타나시우스와 아리우스의 대결은 기실 서방교회와 동방교회의 세력 대결이기도 했다. 아리우스는 동방교회의 주축 세력이었다. 물론 이집트의 교권도 동방교회에 속해 있었다. 아타나시우스는 이 동방교회의 느슨한 다원적 사유를 이단으로 휘몰고 로마

5. 파바우 수도원 본부

중심의 서방교회를 주축으로 하여 동·서 교계를 일원화시키려고 노력했다. 아타나시우스의 아리우스 비판은 아리우스가 예수의 인성만을 고집하고 예수의 신성을 거부했다는 테마에 집중되어 있지만, 아리우스는 예수를 또 하나의 신으로 인정한다면 그것은 전통적 다신론사유의 아류밖에 안 된다고 보았다.

예수가 인간일 뿐이다라는 아리우스의 주장은 예수를 격하시키려는 음모가 아니라 하나님의 절대유일성을 강조하기 위한 것이며, 예수의 인간됨을 통하여 오히려 인간이 하나님과 합일될 수 있는 신비주의적 가능성을 열어놓으려 했다. 그러나 아타나시우스는 아리우스의 신비주의는 예수가 신적인 권능으로써 인간의 죄악을 대속한다고 하는 구원론적 의미를 약화시키고 기독교적인 독특한 유일신관의 기저를 파괴한다고 보았다. 아리우스 편에 서 있는 콘스탄티우스 황제는 아타나시우스를 대주교 자리에서 물러나게 하기 위해서 북부이집트와 리비아에 주둔하고 있던 5000 명의 로마군단을 동원하여 파로스 등대가 있는 해안에 상륙시키고 완전무장한 채 알렉산드리아 중심가로 신속히 입성시킨다. 356년 2월 어느 날밤이었다.

> "
> AD 367년의 정경목록 확정 이전에는 기독교에 정경과 외경의 구분이 있을 수 없었다. 정경이 없으니 외경도 있을 수 없었다. 모든 문헌이 바이블이었고 성서였다.
> "

6. 셉츄아진트와 콥틱기독교

마가복음의 저자 마가는
이집트 콥틱기독교의 초대 교황

알렉산드리아는 희랍·로마세계의 가장 찬란하고 아름다운 항구도시였으며, 가장 선진문명을 자랑하는 문화도시였다. 알렉산더 대왕의 정통성을 계승한 프톨레미 1세는 아리스토텔레스의 제자 디미트리오스의 도움을 받아 전대미문의 위대한 도서관을 지었다. 당대에까지 전해 내려온 모든 희랍·유대·이집트·인도·페르시아 기타 모든 아시아문명권의 소중한 문헌을 50만 권이나 소장했다. 이 도서관 덕분에 기하학의 원조 유클리드, 위대한 수학자이자 발명가인 아르키메데스, 네오플라토니즘의 거장 플로티누스, 르네상스시대의 관측을 선구하여 지구의 둘레를 계산한 천문학자 에라토스테네스(Eratosthenes, BC 276~194), 매우 정교한 지구중심설의 천체이론을 수립한 천문·지리·수학자 프톨레미(Ptolemaeus, AD 127~145년경 알렉산드리아에서 활약)와 같은 위대한 학자들이 알렉산드리아에서 배출되었고, 성서문헌학의 획기적 저술인 히브리 바이블의 희랍어역 셉츄아진트(*Septuagint*)가 성립되었다.

나일강 위로 떠오르는 태양의 모습으로 설계된 알렉산드리아의 국립도서관. 벽면에 세계문명을 상징하는 모든 나라의 글자들이 새겨져 있다. 우리나라 글씨로는 "세월"이 들어가 있다. 매우 잘 지은 건물이었다. 우리나라 파주 출판도시에 이 정도 수준의 국립도서관이 새로 들어서기를 나는 갈망한다.

셉츄아진트는 보통 "70인역"이라고 불리는데 로마숫자 LXX로 기호화한다. 70인역은 정확하게는 72인역이다. 이집트의 왕 프톨레미2세(PtolemyⅡ, BC 285~246)는 유대인 12지파에서 각각 6명씩을 선발하여 그 72인을 알렉산드리아의 도서관 독방에 각기 따로따로 가두어놓고 72일 동안 히브리 성서를 희랍어로 번역하게 했다는 것이다. 72일이 지난 후에 72인의 번역을 맞추어보니 모두 일치했다는 것이다. 이 거짓말 같은 설화는 BC 2세기경에 쓰여진 『아리스테아스書』(*Letter of Aristeas*)에 쓰여져 있지만, 결코 신빙성이 없는 거짓말은 아닌 것으로 학자들은 추론하고 있다. 그만큼 엄밀한 문헌학적 고증과 다수학자들의 철저한 대조를 거쳐 성립한 공동번역이었음을 방증하는 이야기일 것이다. 엄밀하게 고증을 해보면 셉츄아진트도 일시에 한꺼번에 성립한 것은 아니다. 모세5경에 해당되는 부분이 제일 먼저 성립했고, 그 후로도 그 모세5경을 포함한 셉츄아진트의 전 체계는 BC 3세기로부터 시작하여 AD 1세기에 이르기까지 몇 차례의 개정을 거친 것으로 사료된다.

이 셉츄아진트가 알렉산드리아에서 성립했다는 사실은 우리의 논의와 관련하여 너무도 중요하다.

첫째, 당시까지만 해도 구약이라는 문헌이 토라(모세5경)를 제외하고는 각기 개별적 독립 편들로서 산재해 있었으며 오늘날 우리가 구약이라고 생각하는 그러한 체제를 갖추어 한군데 모아진 문헌이 아니었다. 그런데 이 유대교 경전들이 모두 한 책으로 집대성되었다는 사실은 문헌학적으로 최초의 사건이며 그것이 히브리어가 아닌 희랍어로, 더구나 이집트 땅에서 이루어졌다는 사실은 매우 놀라운 사실이다.

둘째, 알렉산드리아에서 최초의 구약집대성인 셉츄아진트가 성립했다는 사실 하나만으로도 알렉산드리아 지역에 얼마나 방대한 유대인들의 다이애스포라(교민집단)가 성립하고 있었으며, 이들이 얼마나 프톨레미 왕조의 문화적 전통 속에서 헬라화되었는가를 말해준다. 이것은 LA지역에 한국인 다이애스포라(교포사회)가 광범위하게 성립한 것과 유비될 수 있다. 그리고 그 교포자녀들이 점점 한국말을 모르고 한국인 아이덴티티를 잃어가게 되자, 그곳의 지도층 사람들이 영어만 아는 자녀들을 위하여 『조선왕조실록』을 영역했다고 한다면, 그러한 사례와 정확하게 일치하는 것이다. 이 경우는 교민사회 지도자가 아닌, 프톨레미2세 자신이 그 유대교 경전 희랍어번역 집대성 작업을 주도했다. 그만큼 유대인 사회의 정치적 영향력이 대단했다는 것을 말해준다.

셋째, 바로 이러한 알렉산드리아의 유대인 다이애스포라의 사람들에 의하여 초기기독교의 원형이 성립했다고 하는 것은 두말할 나위도 없다. 이 유대인들은 당시 영어인 희랍어를 말하는 헬라화된 개방적 전통의 사람들이었으며, 협애한 율법주의에 얽매이지 않고 다양한 문화전통을 흡수할 수 있는 기량을 갖춘 사람들이었다. 그리고 로마군단에 의하여 예루살렘 성전이 파괴되고, 마사다 요새에서의 처참한 최후항전(AD 74), 바르 코크바(Simon Bar Kokhba)가 주도한 독립전쟁의 좌절(AD 135) 이후, 유대인을 멸절시키려는 듯한 탄압이 강화되자 유대인들은 이미 해방구를 형성하고 있었던 알렉산드리아의 다이애스포라로 대거 몰려들었다. 이들 중 상당수가 기독교화된 유대인들이었다. 알렉산드리아의 유대인 사회는 점점 기독교화되어 갔을 뿐 아니라 주변의 헬라화된 이집트 지식인들에게도 기독교는 급속도로 전파되었다. 이 기독교화된 이집트 지식인들이 헬라어의 자모를 이두식으로 빌

> "유대인 12지파에서 6명씩 선발된 석학들 72인이 72일 동안 번역한 희랍어 구약성경을 셉츄아진트라고 부른다. 신약속에 인용된 구약은 모두 셉츄아진트였고, 그것은 알렉산드리아 유대인 다이애스포라 문화의 소산이었다."

려 쓰는 최초의 어문일치형의 이집트말 표기법, 콥트어(the Coptic language)를 만들었다. 우리의 도마복음서는 바로 이 콥트어로 쓰여진 것이다. 물론 콥트어 번역의 원본에 해당되는 희랍어 텍스트가 있었을 것이지만, 그 원본은 극히 일부 이외는 발견되지 않았다.

넷째, 구약에 대한 기독교인의 관념의 형성은 모두 헬라어 구약성경인 셉츄아진트를 중심으로 이루어진 것이다. 그러니까 초기기독교의 구약전승 중시 사상은 모두 알렉산드리아에서 성립한 셉츄아진트 때문에 이루어진 것이라 해도 과언이 아니다. 따라서 신약성서에 인용되고 있는 구약성서의 구절은 거의 모두가 히브리성경에서 인용된 것이 아니라 알렉산드리아에서 성립한 셉츄아진트를 인용한 것이다. 그러니까 신약성서 자체가 알렉산드리아의 유대인 다이애스포라의 문화를 전제하지 않고서는 그 총체적 이해가 불가능한 것이다.

다섯째, 뿐만 아니라 셉츄아진트의 성립과 그에 따른 기독교인들의 구약에 대한 이해방식의 특수성, 그리고 부수적인 곡해와 왜곡이 바로 역으로 유대교 정통을 고집하는 보수주의적 학자들에 의한 히브리정경 편찬작업을 촉발시켰다는 재미있는 사실도 같이 기억할 필요가 있다. 그러니까 구약의 체제도 희랍어 셉츄아진트가 히브리어 텍스트의 편찬작업을 선구한 것이다.

내친김에 한마디 하자면, 이 초기기독교의 전승을 그대로 보존하고 있는 콥틱기독교는 아직도 이집트에 엄청난 성세를 유지하고 있다. 로마교황청에 필적되는 콥틱본산교황청이 있으며 그 인구는 이집트 전체인구의 13%나 되는 1000만 명 수준을 유지하고 있다. 그러니까 이집트는 결코 이슬람국가라고 말할 수는 없다. 그들은 마태복음서가 말하고 있는 헤롯왕의 진노를 피한 예수 성가족, 요셉과 마리아와 아기 예수의 피난생활로부터 콥틱기독교의 시원을 잡는다. 예수가족을 박해한

알렉산드리아 성 마가교회의 지하에 있는 마가무덤.

성 마가교회의 세 장면 벽화. 왼쪽부터 마가의 샌달끈을 수선하는 장면, 마가가 구두수선공 아니아누스에게 세례를 주는 장면, 마가의 순교 장면이 연속적으로 그려져 있다.

헤롯대왕은 BC 4년에 죽었다. 그 전후로 예수 가족이 한 3년 동안 이집트에서 머물렀는데, 그 삶의 족적 곳곳에 교회가 세워진 것이다. 그리고 마가복음의 저자 성 마가(St. Mark)도 알렉산드리아에 와서 포교를 했고, 그곳에서 순교를 당했다고 믿고 있다. 베드로의 순교지에 로마 베드로성당이 세워진 것처럼, 마가의 순교지에 알렉산드리아 마가성당이 치립(峙立)하고 있는 것이다.

마가는 생의 초반에도 이집트에 온 적이 있고, 기나긴 전도여행 끝에 결국 이집트에 안착했다고 한다. 바울 혹은 베드로와 전도여행을 마치고 로마에서 알렉산드리아로 왔다는 설도 있다. 그가 라코티스라는 지방의 돌길을 걷는데 그의 샌달 끈이 끊어졌다. 그때 구두수선공 아니아누스(Anianus)가 마가의 구두를 꿰매다가 송곳으로 자신의 손을 찔렀다. 그때 피가 솟구치자 그는 무의식적으로 외쳤다: "아이쿠! 하나님!" 그러자 마가는 그에게 말했다: "당신은 하나님을 믿으시는군요." 그 순간 피가 멈추었다: "사랑을 전파하는 예수님의 말씀을 받으시오." 아니아누스는 최초의 수세자(受洗者)가 되었고 그의 집은 최초의 교회가 되었다.

마가는 인간평등을 외쳤고 그의 교회신도는 급격히 불어났다. 그러자 이집트의 세라피스 신도들과 로마병정은 마가를 잡아 밧줄로 목을 매어 길거리를 질질 끌고 다녔다(AD 68년 부활절사건으로 기술되고 있음). 그리고 그것도 모자라 그의 시신을 태우려 했다. 그러자 하늘에서 천둥번개가 치며 폭우가 쏟아졌고, 그의 시신은 온전히 보존되었다. 그의 시신은 미소를 띠고 있었는데, 아니아누스 집으로 모셔져 봉헌되었다.

이 마가의 시신을 AD 828년, 이슬람이 이집트를 지배하고 있던 시절, 베니스사람들이 훔쳐갔다. 이슬람사람들의 시선을 피하기 위해 돼지고기로 그 유해를 덮어 갔다고 한다. 이 마가의 유해를 봉헌한 성당이 바로 베니스에 있는 상 마르코성당(Basilica di San Marco)이다. 상 마르코에 있던 마가의 유해는 1968년 6월 22일 116대 콥틱 교황 키릴로스(Pope Kyrillos VI of Alexandria)의 끈질긴 노력으로 로마교황 바오로6세에 의하여 원위치로 봉환되었다. 현재 마가는 콥틱교황청의 제1대 교황으로 모셔지고 있다. 나 도올은 그 마가의 두개골이 모셔진 알렉산드리아 무덤성소 앞에 엎드려 기도를 했다. 이와 같이 기독교전승에 관한 다양한 설화의 실마리는 끝을 모른다.

파로스 등대 자리에 세워진 카이트베이 요새 1층 옥상의 베란다에서 내다보이는 지중해. 이집트 여인들이 한가로운 정취를 만끽하고 있다.

7. 알렉산드리아의 파로스 등대

세기적 영웅들의 로망 간직한 비감의 도시

알렉산드리아는 우리나라 해운대를 연상케 하는, 해변을 따라 길게 뻗친 도시였다. 그러나 해운대와는 비교도 안 될 만큼 길게 뻗쳐 있다. 해운대 해변이나 그 앞바다의 오염된 모습에 비한다면 알렉산드리아 해변의 지중해 모습은 너무도 청정하다. 물론 종교적·정치적 구속력이 강해 그러한 측면도 있겠지만, 이집트 알렉산드리아 시민의식의 수준이, 폭죽이나 터뜨려서 모든 해변을 불결한 소음의 아수라장으로 만들고 있는 우리나라 사람들의 민도보다는 더 높은 것 같았다. 그리고 알렉산드리아는 국제도시답게 매우 개방적이었다. 사람들의 표정이 밝았고 내가 카메라를 들이대도 적극적으로 응해주었고 유머가 풍부했다. 옛 도서관이 있던 지중해 해변에서 나는 서너 명의 활달한 소년들에게 말을 걸어보았다.

— 나는 한국에서 왔다.

"남에서 왔냐? 북에서 왔냐?"

— 한국이 남북으로 갈렸다는 것은 어떻게 아는가?

필자와 담론하는 알렉산드리아의 소년들. 다양한 인종의 느낌이 다양한 알렉산드리아의 문화전통을 말해준다. 뒤로 파로스섬과 제방이 보인다.

"그런 것쯤은 누구나 다 안다. 우린 학교 역사책에서 그렇게 배웠다. 당신이 우리나라에 올 수 있는 것처럼 우리도 당신 나라에 갈 수 있으면 너무도 좋겠다."

― 여비만 있으면 되지 않나?

"여권 얻기가 하늘의 별 따기다."

― 한국에 대한 인상은?

"남한은 매우 잘사는 나라이고 북한은 매우 못사는 나라라는 인상이 강하게 박혀 있다."

― 그대들은 콥틱 크리스찬인가?

보통 종교적 문제를 건드리면 매우 경직되니까 묻지 말라고 가이드가 말해준다.

"우리는 이슬람이다."

― 기독교에 대해서는 어떻게 생각하는가?

"하나님에게 기도하는 것은 똑같다."

매우 간결한 대화였지만 이집트 사람들의 기독교에 대한 관용적 태도를 잘 나타내준다.

예로부터 알렉산드리아는 그 항구 앞에 있었던 파로스(Pharos)라는 섬에 세워진 등대로 유명했다. 내전에서 알렉산드리아로 도망간 폼페이우스를 무찌르기 위해 시저가 로마 군단을 상륙시킨 곳도 바로 이 등대섬이었다. 시저의 승세(勝勢)를 감지한 이집트의 왕 프톨레미 13세는 시저가 파로스섬에 상륙하기 6일 전에 이미 폼페이우스의 모가지를 쳤다. 그리고 파로스섬에 올라오는 시저에게 그 모가지를 바친다. 폼페이우스는 비록 정적이었지만 전우였으며, 사위였으며, 절친한 친구였다. 시저는 그 비운의 모가지를 붙잡고 오열하며 비통한 눈물을 흘린다. 시저의 통곡소리가 알렉산드리아의 푸른 하늘을 뒤흔들었을 것이다. 시저는 매우 결단력 있는 사람이었지만 정감이 풍부한 사람이었다. 나는 파로스섬에 서서 그 장면을 연상하면서 파란만장한 인간세의 성쇠를 그려보았다. BC 48년 10월 4일의 사건이었다. 시저는 그 자신의 전쟁 기록인 『내전기』(*Commentarii De Bello Civili*)에서 파로스 등대에 관해 이렇게 쓰고 있다.

"파로스섬에는 경탄할 만한 건축물이자 그 섬의 이름을 따 파로스라 불리는 매우 높은 등대가 서 있다. 알렉산드리아 앞바다에 떠 있는 파로스섬은 항구의 일부를 이루고 있다. 이집트의 선왕들은 이 섬에서 도시까지 약 1.4km의 제방을 쌓았다. 섬 위에는 이집트인들의 집과 도시 규모의 주거지가 있는데, 앞바다를 항해하던 배가 부주의나 궂은 날씨 탓에 조금이라도 길을 잘못 들면 섬 주민들이 마치 해적처럼 달려들어 배를 약탈한다. 또한 섬과 육지 사이의 해협이 워낙 좁아 파로

카이트베이 요새 1층 모스크의 천장. 파로스 등대의 분위기가 반영되고 있다.

7. 알렉산드리아의 파로스 등대

스섬을 지배하는 자들이 허락하지 않으면 어떤 배도 항구로 드나들 수가 없다."

> "파로스섬에는 경탄할 만한 건축물이자 그 섬의 이름을 따 파로스라 불리는 매우 높은 등대가 서 있다. 알렉산드리아 앞바다에 떠 있는 파로스섬은 항구의 일부를 이루고 있다."

시저는 친구 폼페이우스의 모가지를 벤 프톨레미 13세를 오히려 실각시키고, 그와 대결하고 있었던 그의 누이 클레오파트라를 왕위에 올린다. 클레오파트라는 당시 21세의 토실토실한 미녀였다. 벽화를 보아도 그 리얼한 모습을 상상해볼 수 있는데, 마리아 칼라스를 연상케 하는 시원한 희랍 미녀상과 비옥하고 단단한 나일강의 검은 흙의 싱그러움이 결합된 그런 모습이다. 하늘로 치솟다시피 한 젖꼭지에서 흐르는 유방의 선율은 이집트 미녀의 강렬한 기력(氣力)을 발산하고 있다. 시원하게 찢어진 눈, 우뚝 솟은 매부리코, 도톰한 입술, 의젓한 바위처럼 단단하게 자리 잡은 광대뼈, 마케도니아의 섬세함과 나일강의 풍요로움이 결합되어 있는 매력적인 모습이다. 시저는 클레오파트라와 사랑에 포옥 빠져버린다. 그리고 그녀와의 사이에서 유일한 아들인 카이사리온을 낳는다. 그러나 4년 후 아이러니컬하게도 폼페이우스의 거대한 석상 아래서 로마 원로원 배신자들에게 둘러싸여 수십 군데나 찔리고 선혈이 낭자한 가운데 최후로 "브루투스 너도냐!"를 외치면서 절명한다.

시저가 죽자 그의 옥좌를 둘러싸고 안토니우스와 옥타비아누스가 세기의 대결을 벌이지만 결국 악티움 해전이 옥타비아누스의 승리로 귀결되면서 모든 것은 끝나버린다. 사가들은 안토니우스와 클레오파트라의 사랑을 "아무도 흉내낼 수 없는 그들만의 세기적 사랑"이라고 표현한다. 절망 속의 안토니우스는 자신의 칼을 세우고 가슴을 던진다. 그리고 피 흘리는 몸을 이끌고 자살을 시도하려는 클레오파트라의 능묘로 달려가 옥타비아누스와 화해하라고 권유하면서 숨을 거둔다. 그러나 이미 클레오파트라는 39세, 옥타비아누스의 차가운 마음을 움직

1721년에 피셔 에르라 흐 (Fisher Von Erlach)가 그린 파로스 등대 모습. 135m. 정확한 실제모습과는 거리가 있다 하더라도 알렉산드리아의 찬연한 모습이 잘 나타나 있다. 알렉산드리아 도서관에 보존되어 있다.

7. 알렉산드리아의 파로스 등대

일 수는 없었다. 클레오파트라는 능묘 속 죽음의 침상 위에 누운 채 장엄하게 보석으로 치장하고 충직한 시녀로 하여금 그녀의 오른쪽 손목 요골동맥에 날카로운 이집트 독사의 이빨을 물리게 한다. 클레오파트라는 옥타비아누스에게 안토니우스와 합장케 해달라는 최후의 유언을 남긴다. BC 30년 8월 30일의 사건이었다. 냉혹한 옥타비아누스는 클레오파트라의 유언을 거룩하게 거행하기는 했지만, 줄리어스 시저의 유일한 아들인 카이사리온은 가차없이 죽여버린다. 이 옥타비아누스가 바로 누가복음 2:1에 나오는 "가이사 아구스도"이다. 이 모든 영웅들의 이야기가 바로 이곳 알렉산드리아에서 일어났던 것이다.

원래 이집트의 해변은 수심이 얕고 숨은 암초가 많아 지중해의 항해사들에게는 악몽이었다. 알렉산드리아를 지중해 물류의 중심항구로 만들기 위하여 프톨레미 1세는 파로스섬에 거대한 등대를 만들게 했다. 설계자는 크니두스의 소스트라투스(Sostratus of Cnidus)로 알려져 있다. 12년의 공사를 거쳐 BC 283년에 완공되었는데 그 높이가 자그마치 135m에 이른다. 이 파로스 등대를 고대 사가들은 "세계 7대 불가사의"(the Seven Wonders of the World) 중 하나로 꼽았다. 그 모습은 현재 베니스에 있는 상 마르코 성당의 벽화에 남아 있다.

아마도 처음에는 이 등대는 단순한 표식의 기능만 있었을 것이다. 그래서 꼭대기에 알렉산더대왕 혹은 프톨레미 1세의 석상을 태양신 헬리오스의 모습으로 만들어 올려놓았을 것이라고 한다. 그러나 AD 1세기에 로마인들이 기름 횃불을 태우는 봉화대를 만들고 그 배경에 반들반들하게 빛나는 동판을 세워 불빛을 반사시켰다고 한다. 그 뒤로 이 파로스 등대는 모든 등대의 원형이 되었다. 뿐만 아니라 이슬람사원의 첨탑인 미나렛이 모두 이 등대를 모델로 해서 발전한 건축양식이라고 한다.

3단의 거대한 기단이 있고 그 위에 4각형의 성채가 있고 그 위에 8각형의 높은 타워가 있고, 그 위에 원통형의 봉화대가 있는데 나선형의 램프로 올라가게 되어 있다. 이 장엄한 건물은 모든 풍랑과 해일을 17세기나 견디어냈다. 그러나 1303년 동부 지중해 전역을 뒤흔든 지진으로 무너져버렸다. 아직도 그 잔재가 주변 바다 속에 파묻혀있다.

1480년 맘룩크 왕조의 술탄인 카이트베이(the Mamluk sultan Qaitbey)는 그 유적지에 군사목적의 요새(Fort Qaitbey)를 지었다. 파로스 등대의 석재 적색화강암을 재활용한 흔적을 그 요새의 외벽 기둥에서 찾아볼 수 있다. 1층은 이슬람학교 양식의 모스크, 2층에는 갤러리와 병사들의 막사, 3층에는 무기고와 지휘관들의 집무실이 자리 잡고 있는, 너무도 견고하고 고색창연한 건물이었다. 그 우윳빛 사암이 동굴처럼 갤러리를 이루고 있는 그곳 성채의 아름다운 창문을 통해 비쳐 들어오는 지중해의 물결은 너무도 찬란했다.

항구 안쪽에 위치한 알렉산드리아의 원래 중심부 라코디스 지역의 폐허. 클레오파트라의 남동생에게 살해된 로마장군 폼페이를 생각하면서 옛 여행객들이 폼페이 기둥이라고 불렀지만, 이 기둥은 본시 로마황제 디오클레티아누스를 숭상하여 AD 291년에 세운 것이다. 디오클레티아누스는 피가 무릎에 찰 때까지 기독교인들을 죽이겠다고 선언했다. 그런데 순교자들의 피에 미끄러져 넘어져 무릎에 피가 닿자 그는 박해를 멈추었다. 그래서 그 박해자 디오클레티아누스 황제에 대한 고마움의 표시로 이 29m나 되는 적색 화강암 통기둥을 세웠다고 한다. 옛 지도에 보면 이 기둥이 알렉산드리아의 상징처럼 우뚝 서 있다.

8. 알렉산드리아와 세례요한

알렉산드리아의 석학 아폴로, 요한의 세례만 알 따름

여러분은 이제 신약성서 중에서 초대교회의 선교역사를 다룬 기행문적 기록인 사도행전이라는 한 편을 펼쳐볼 필요가 있다. 18장 23절부터 사도 바울의 제3차 전도여행이 시작되는 초기상황이 묘사되고 있다.

"얼마 있다가 떠나 갈라디아와 브리기아 땅을 차례로 다니며
모든 제자를 굳게 하니라."(18:23).

여기서 "떠났다"하는 것은 제2차 전도여행을 안티옥(Antioch: 시리아 지역의 지중해 연안 도시. 현재는 터키 소속의 안타캬 Antakya)에서 종료하고, 그 안티옥에서 얼마동안 쉬었다가 그곳에서 제3차 전도여행을 떠났다는 뜻이다. 그가 안티옥에서 육로로 간 지역은 갈라디아(Galatia)와 브리기아(Phrygia)인데 이곳은 현재 소아시아 터키의 중심부 지역이다. 바울은 1·2차 전도여행을 통해 이 지역에 교회를 세웠고 또 제자들을 심어놓았다. "모든 제자를 굳게 하니라"라는 것은 그 지역에 심어놓은 제자들을 다시 만나 그들의 예수 그리스도에 대한 신앙

심을 굳게 만들었다는 뜻이다. 문제는 다음 구절이다.

> "알렉산드리아에서 난 아폴로라 하는 유대인이 에베소에 이르니, 이 사람은 학문이 많고 성경에 능한 자라. 그가 일찍 주의 도를 배워 열심으로 예수에 관한 것을 자세히 말하며 가르치나 요한의 세례만 알 따름이라. 그가 회당에서 담대히 말하기를 시작하거늘, …."

"알렉산드리아에서 난 아폴로라 하는 유대인"에 관한 신약성서의 묘사는 우리가 여태까지 고구(考究)하여온 알렉산드리아의 지적 분위기를 너무도 정확하게 전달해준다. 제우스의 아들이며 델피신전의 주신인 아폴로를 따른 그의 이름(Apollos)이 말해주듯이 그는 헬레니즘 세계에 완벽하게 동화된 알렉산드리아 유대인(Alexandrian Jew) 디아스포라의 지적 거성이었다. "이 사람은 학문이 많고 성경에 능한 자라." 여기 "학문이 많다"는 뜻은 영어개역표준판(RSV)에서 "an eloquent man"이라 했는데, "지식이 풍부할 뿐 아니라 유창한 웅변가였다"는 뜻이다. 물론 아폴로의 풍요로운 지식은 바로 알렉산드리아의 도서관에서 왔다. 그리고 그는 대도시의 지성다웁게 달변의 소유자였으며, 타인을 설득시키는 카리스마가 있었다. 그것은 사도 바울의 어눌한 변론을 뛰어넘는 힘이었다. 여기 "성경에 능한 자"라 한 것은 바로

폼페이 기둥을 지키고 있는 스핑크스.

알렉산드리아에서 성립한 셉츄아진트 구약성서에 능통한 대학자였다는 것을 의미한다.

"그가 일찍 주의 도를 배워"라 했는데 여기 우리는 "주의 도"(the Way of the Lord)라는 표현에 주목해야 한다. 동양인들이 말하는 도(道)와 거의 유사한 개념으로 쓰는 "호도스"(길, 행위, 삶의 실천방식)라는 단어가 선택되고 있는 것이다. 여기서 "주의 도"가 과연 무엇을 의미하는 것인지는 명확하지 않다. 그것이 정확하게 기독교를 의미하는 것으로 해석하기는 어렵다. 만약 "주의 도"를 기독교라고 해석할 수 있다면 바울이 활약하던 AD 50년대에 이미 알렉산드리아 유대인사회에 기독교가 성립했다는 것을 의미하는 것이다. 과연 그럴까?

디오클레티아누스 황제 기둥 밑, 세라페움신전 지하에 있는 도서관. 이곳에 알렉산드리아 도서관 문헌의 사본이 보존되어 일반인들에게 열람되었다. 그래서 이곳에 실제로 많은 학자들이 바글거렸다고 한다.

물론, 이 사도행전의 기록은 초기기독교의 입장에서 기술된 것이다. 그럼에도 불구하고 사도행전 저자의 기술방식은 놀랍게도 편견이 없다.

"열심으로 예수에 관한 것을 자세히 말하며 가르치나 요한의 세례만 알 따름이라."

이 한 문장에서 상반절인 "열심으로 예수에 관한 것을 자세히 말하며 가르치나"는 별 의미가 없는 진술이다. 그 핵심은 주절인 "요한의 세례만 알 따름이라"는 진술이기 때문이다. 실상 알렉산드리아에서 배를 타고 지중해를 건너 소아시아의 항구도시인 에베소로 온 아폴로라는 유대인지식인은 "주의 길"을 선포하는 사람이었지만 그 "주"는 실상 "예수"가 아니라 "세례요한"이었다. 그가 선포하는 "주의 길," 즉 주님을 믿고 따르고 실천하는 삶의 방식은 다름아닌 "요한의 세례"였다. "요한의 세례만 알았다"라는 표현에서 "만"(only)이라는 부사는 매우 중요한 의미를 지닌다. 알렉산드리아의 석학 아폴로는 실상 예수의 교도가 아니라 세례요한의 교도였던 것이다. 이 사도행전의 정확한 기술에 의하여 우리는 AD 50년경에는 이미 알렉산드리아 유대인 다이애스포라에 세례요한의 종파가 성립해 있었다는 역사적 실제 정황을 추론할 수 있게 된다.

공관복음서가 모두 예수가 그의 공생애를 세례요한에게서 세례받는 것으로 시작했다는 것을 시인하고 있다. 그 시인은 실상 예수가 현실적으로 세례요한의 제자였다는 것을 시인하는 것이다. 세례(baptism)라는 것은 유대교 전통에는 부재하였던 전혀 새로운 혁명적 발상이었다. 세례는 오로지 세례요한으로부터 시작된 뉴에이지 무브먼트(New Age Movement)였다. 요단강 강물에 한번 들어갔다 나오는 것만으로 율법(토라)이 규정하는 모든 인간의 죄가 씻겨져 사함을 얻는다는 새로운 구원의 사상은 유대교의 율법주의에 대한 최대의 반역이었다.

이 반역적 세례운동이 당대 로마학정과 바리새의 형식적 율법주의의 기미 속에서 신음하던 민중의 광범한 지지를 얻고 있을 당시, 예수는 깨달음을 얻은 후 그 요한의 세례운동에 동참하였던 것이다. 그리고 결국 "물의 세례"가 아닌 "불의 세례"라는 새로운 영성운동, 즉 물리적 죄사함의 논리를 뛰어넘는 새로운 천국의 논리를 선포하기에 이르렀던 것이다. 따라서 공관복음의 기술은 예수가 세례요한의 추종자였다는 역사적으로 엄연한 사실을 부정할 수가 없었기에, 그 사실을 시인하면서도 그 수세(受洗)장면의 의미구조를 역전시켜 놓았다: "나보다 능력 많으신 이가 내 뒤에 오시나니 나는 굽혀 그의 신들메를 풀기도 감당치 못하겠노라. 나는 너희에게 물로 세례를 주었거니와 그는 성령으로 너희에게 세례를 주시리라."(막 1: 7~8).

그러나 이 사도행전의 기술은 AD 50년대의 알렉산드리아 유대인사회에 예수종파는 존재하지 않았어도 세례요한종파는 존재하고 있었다는 것을 입증하고 있는 것이다. 그리고 아폴로는 알렉산드리아의 코스모폴리탄적인 감각을 가지고 세례요한의 "세례구원사상"을 선포하러 다녔고, 에베소에까지 전도여행을 왔던 것이다. 그리고 바울 전도그룹과 맞부닥치게 되었던 것이다.

아폴로는 "담대하게" 에베소에 있는 유대인회당에서 선포하였다. 그 선포의 내용은 예수의 메시지가 아닌 세례요한의 메시지였다. 그리고 그것은 소아시아의 유대인들에게 설득력이 있었다. 따라서 아폴로의 무서운 감화력을 감지한 바울파의 사람들은 그를 "예수의 길"로 인도한다: "브리스길라와 아굴라가 듣고 데려다가 하나님의 도를 더 자세히 풀어 이르더라."(행 18:26). 그리고 그를 그의 소망에 따라 고린도교회로 파송한다. 그러나 그는 끝내 알렉산드리아의 개방적인 지적 분위기를 잃지 않았다. 바울 자신이 그의 고린도서한에서 아폴로에 관하여 이야기하는 것을 보면 아폴로는 결코 바울의 제자로서 예수를 설파하지는 않았다. 아폴로는 바울과 동급의 또 하나의 지적 거성이었다.

> "세례는 오로지 세례요한으로부터 시작된 뉴에이지 무브먼트였다. 요단강 강물에 한번 들어갔다 나오는 것만으로 인간의 죄가 씻겨져 사함을 얻는다는 구원의 사상은 유대교 율법주의에 대한 최대의 반역이었다."

"어떤 이는 말하되 나는 바울에게 속한다 하고, 다른 이는 나는 아폴로에게 속한다 하니 너희가 속된 사람이 아니고 무엇이리오? 그런즉 아폴로는 무엇이며 바울은 무엇이뇨? … 나는 심었고 아폴로는 물을 주었으되 오직 하나님은 자라나게 하셨도다. … 심는 이와 물주는 이가 일반이나, 각각 자기의 일하는 대로 자기의 상을 받으리라. 우리는 하나님의 동역자들이로라."(고전 3:4~9).

신약성서에 나타나고 있는 알렉산드리아의 분위기는 이와 같다. 아랍권 최초의 노벨문학상 수상자인 나기브 마푸즈(Naguib Mahfouz, 1911~2006)도 알렉산드리아 사람이었다. 그는 기독교와 이슬람의 평화공존을 외쳤고, 사회주의, 호모섹스, 신(神) 등 당시 금기시되었던 모든 테마를 깊이 있게 다루었다. 그는 자유로운 영혼이었다.

갈릴리바다에서 요단강이 시작되는 최상류지점. 아직도 요단강 세례를 받기 위해 몰려드는 기독교도들의 모습을 목격할 수 있다.

8. 알렉산드리아와 세례요한

아타나시우스와 동시대의 성자인 메나가 순교당한 후 묻힌 자리에 세워진 콥틱교도 최대순례지 아부 메나 성지. 한때는 치유능력이 탁월해서 예루살렘 성지보다도 더 많은 기독교도들이 전 세계에서 몰려들었다(5~7세기). 밀밭 위로 아련히 보이는 모습이 아름답다. 알렉산드리아 근교.

9. 알렉산드리아와 삼위일체

삼위일체의 핵심, 아버지와 아들이 하나냐 둘이냐?

파로스 등대가 서있는 알렉산드리아의 항구로 들어온 사람들의 이름은 찬란하다. 파로스 등대가 세워지기 이전이긴 하지만 그 리스트는 알렉산더 대왕으로부터 시작해야 할 것이다. 파로스 등대에 발을 디디자마자 목이 잘린 폼페이우스, 천신만고 끝에 파로스 등대를 장악한 줄리어스 시저, 그리고 클레오파트라의 영접을 받은 안토니우스, 최종의 승자로서 당당하게 군림한 옥타비아누스, 로마를 화염에 휩싸이게 했던 네로 황제, 그 뒤로 동서방의 황제들이 파로스 등대의 빛줄기를 따라 알렉산드리아의 땅을 밟았다. 트라이아누스, 막시무스, 하드리아누스, 디오클레티아누스, 그리고 기독교를 공인한 콘스탄티누스, 그리고 동로마제국의 열렬한 기독교 수호천사 유스티니아누스. 그러나 이제 우리는 356년 2월 어느 날 밤에 일어났던 이야기를 해야 한다(제5편 "파바우 수도원 본부" 참조).

기독교 역사에서 삼위일체(Trinity)라는 것은 참으로 해괴한 논쟁이다. 왜냐하면 예수는 삼위일체 따위의 이야기를 그의 입으로 말한 적

알렉산드리아 파로스 등대 자리에 재건된 카이트베이 요새. 이 속에 이슬람사원이 들어있다. 석재는 지진으로 무너진 등대 원석을 많이 썼다.

> 그대들의 근본적인 차이가 어디서 비롯되었는지 충실하게 조사한 결과, 나는 그 원인이 참으로 사소한 것이며 격렬한 쟁점으로서는 너무도 부족하다는 점을 깨달았소. 실은 이런 질문을 제기한 것 자체가 잘못이었소.

도 없거니와, 신약성서에서 삼위일체의 논쟁거리를 직접적으로 언급한 사례는 발견할 수 없기 때문이다. 삼위일체는 기독교신앙 자체의 문제일 수 없으며, 오로지 초대교회 조직의 역사인 교회사에서 생겨난 신앙외적 교리문제일 뿐이다. 예를 들면, 구약의 세계에서는 삼위일체니 뭐니 하는 이야기가 생겨날 수가 없다. 오늘날까지도 유대교에서는 삼위일체니 하는 따위의 교리는 일체 배제되고 있다. 하나님은 오직 한 분일 뿐이며, 3위가 존재할 수가 없다: "이스라엘아 들으라! 우리 하나님 여호와는 오직 하나인 여호와시니, 너는 마음을 다하고 성품을 다하고 힘을 다하여 네 하나님 여호와를 사랑하라!"(신 6:4~5).

그런데 정확하게 초기기독교의 상황에서 말하자면 초대교회에 모인 사람들이 생각한 종교는 전통적 여호와신앙 종교가 아니라, 예수의 새로운 말씀 즉 복음을 신앙하는 예수신앙 종교였다. 그것은 여호와교가 아니라 예수교였던 것이다. 만약 그것이 단순한 여호와신앙 종교라고 한다면 전통적 유대교(Judaism)와 다를 하등의 이유가 없다. 오늘날에도 "여호와 증인"(Jehovah's Witness)은 기독교의 한 종파로 간주되기 어렵다. 그들의 근원적 신앙체계는 예수의 증인이 아닌, 여호와의 증인으로서 일차적인 의미를 가지기 때문이다. 그래서 그들은 자신을 "크리스찬"이라고 부르지 않는다. 단지 "증인"이라고만 부른다.

초대교회에서도 이러한 문제는 계속 발생되었다. 특히 초대교회를 형성한 유대인그룹 속에서는 새로운 신앙의 대상으로 가슴에 모신 예수라는 역사적 존재, 그 존재를 구원의 메시아 즉 그리스도로서 생각할 때에, 그 예수 그리스도와 전통적인 여호와 하나님의 관계가 매우 궁금한 문제로 부상될 수밖에 없었다. 예수 그리스도와 여호와 하나님이 하나냐 둘이냐? 한 몸이냐 따로따로냐? 그 관계가 무엇이냐? 인간 예수가 곧 하나님이란 말이냐? 인간 예수는 하나님에 의하여 파견된 또 하나의 선지자일 뿐이냐? 아니면 그 이상이냐? 게다가 궁금증을 더욱 증폭시키는 사실은 초대교회에 팽배한 긴박한 재림사상(Imminent Second Coming)의 기대였다. 곧 예수가 재림할텐데 그 예수를 우리는 어떻게 해석해야 할까? 그가 인간의 모습으로 올 것이냐? 그가 오면 이제 이 어둠의 세상은 완전히 끝나버린다는데 그가 곧 하나님이냐? 이러한 초대교회 내의 논쟁이 필연적으로 삼위일체라는 문제를 유발시킬 수밖에 없었던 것이다.

이에 대한 복음서의 입장은 매우 간결한 것이었다: "아버지와 아들." 즉 하나님은 아버지이고, 예수는 아들이라는 것이다. 제4복음서인 요한복음은 이 "아버지와 아들"이라는 주제를 고도의 추상적인 철학적 담론으로 승화시켰다. 그렇지만 아버지와 아들의 관계를 어떻게 볼 것이냐 하는 문제는 해소될 길이 없었다. 아버지와 아들이 하나냐? 둘이냐? 그것이 그냥 하나라고 속 시원하게 해버리면 예수교의 특성이 사라지고, 아예 둘이라고 잘라 말해버리면 유일신교의 원칙에서 벗어난다. 여호와와 예수는 제우스와 아폴로 같은 다신론의 두 이름이 되어버리는 것이다.

더구나 요한복음에서는 재림을 시사하면서 "보혜사"(파라클레토스: 원래 법정에서 변호사 역할을 맡는 사람. 요 14:15~17, 25~26, 15:26, 16:4~11, 12~15)를 언급하였고, 그 "보혜사"가 의인화된 성령(the Holy Spirit)으로서 해석될 여지를 남겼기 때문에, 아버지와 아들과 성령의 세 존재에 관한 문제는 초대교회의 골칫거리였다. 교인들이 만나면 시도 때도 없이 이런 문제를 가지고 싸우고 치고받고 하면서 분당을 형성하였던 것이다. 사실 삼위일체 논쟁의 스트럭처는 요한복음의 로고스기독론(Logos Christology)에 내장되어 있었다고 말해도 과언이 아니다.

현재 우리가 말하는, 성부·성자·성신의 문제에 있어서 성신(聖神)의 항목은 그다지 중요하지 않다. 논쟁의 핵심은 어디까지나 성부와 성자의 관계설정이었다. 콘스탄티누스 대제가 기독교를 공인했을 때(AD 313), 즉 그토록 집요하게 로마제국을 위협하던 기독교라는 유일신 사상을 공인함으로써, 오히려 분열되어 가고 있던 로마사회에 새로운 응집력을 도입하고 유일황제신앙을 강화시켜 로마제국을 재건하려는 야심찬 반전을 시도했을 때, 지중해 연안의 기독교세계 그 자체는 이 삼위일체 논쟁으로 분열되어 있었던 것이다. 그 논쟁의 센터가 다름 아닌 알렉산드리아였다.

분열된 로마제국을 하나로 통합하려는데(콘스탄티누스는 분열의 요소를 제거하기 위해 끔찍한 살상의 만행을 계속 자행하여 왔다), 분열된 기독교를 가지고서는 도저히 그 목적을 달성할 수 없었다. 그래서 그는 니케아종교회의를 열고 그 회의를 직접 주재하면서까지, 기독교계에 통일된 정론을 세우려 했다. 그의 목표는 신학적인 것이 아니라 순수하게 정치적인 것이었다. 사실 그는 니케아종교회의를 열기 전에 이미 알렉산드리아의 격렬한 논쟁의 두 적대세력인 알렉산더 주교와 아리우스 장로에게 다음과 같은 편지를 각기 보냈다:

그대들의 근본적인 차이가 어디서 비롯되었는지 충실하게 조사한 결과, 나는 그 원인이 참으로 사소한 것이며 격렬한 쟁점으로서는 너무도 부족하다는 점을 깨달았소. … 여가를 오용하여 심심풀이처럼 제기한 논점은 우리 자신의 생각으로만 제한해야 하며, 대중집회에서 서둘러 발표하거나 경솔하게 대중의 귀에 들어가게 해서는 안 될 것이오. 그토록 숭고하고 난해한 문제를 정확히 이해하고 적절히 설명할 수 있는 사람은 매우 드물기 때문이오. 실은 이런 질문을 제기한 것 자체가 잘못이었소.

매우 현명한 조언이 아닐 수 없다. 알렉산드리아의 두 거두가 이 콘스탄티누스 대제의 현명한 조언에 귀를 기울였다면 오늘의 기독교는 매우 여유로운 기독교가 되어 있었을 것이다. 양천년(兩千年)의 고통과 분열과 유혈극을 막을 수 있었을 것이다. 그러나 콘스탄티누스 대제의 호소도 종교적 지도자들의 마음에는 쇠귀에 경읽기였다. 그리고 드디어 325년 5월 20일 니케아에서 대규모 공의회가 열렸던 것이다. 이 공의회에 알렉산드리아의 알렉산더 주교의 비서로서 따라간 사람이 바로 우리의 주인공 아타나시우스였다.

현재의 알렉산드리아 거리. 도시의 역사적 하중이 그래도 느껴지는 분위기다.

아부메나 수도원의 수사. 대단히 이지적인 사람이었고 아타나시우스의 생애에 관해 많은 이야기를 했다. 아마도 아타나시우스가 이 사람같이 생겼을 것이다. 철저한 "무소유"를 말했으며, 종교신념과 무관하게 누구든지 세례를 받을 수 있다고 말했다.

10. 삼위일체의 정치사적 맥락

예수는 하나님인가 인간인가?

니케아 종교회의에 참석한 주교들의 대부분은 동방에서 왔다. 서방에서 온 주교들은 6명에 지나지 않았으며, 실제로 300여 명에 이르는 참석자들은 모두 동방의 주교들이었다. 동방주교들은 대부분 아리우스의 견해에 우호적이었다. 아리우스(Arius, c.250~336) 하면, 우리는 후대의 기술 때문에 그를 무조건 안티크리스트의 이단자, 예수인간론의 수호자로 낙인찍고 만다.

그러나 알렉산드리아의 개방적 분위기에서 성장한 아리우스에게는 예수를 무조건 하나님과 동일시한다는 것은 오히려 인간과 하나님의 관계를 단절시키는 불행한 결과를 낳을 뿐이었다. 예수가 인간이 아닌 하나님이라면, 인간 예수의 모습은 하나님의 가현(假現)에 불과한 허상이 되어버리고 말 위험성이 있다. 예수를 인간으로 이해할 때만이 오히려 하나님의 유일절대성이 확보되며 다신론의 가능성을 봉쇄할 수 있게 된다. 예수가 인간이기 때문에 오히려 인간에게는 구원의 가능성이 확실히 보장된다고 그는 보았다. 그리고 그는 알렉산드리아에 당시 유행하던 네오플라토니즘의 영향을 받아, 인간도 신과 합일이 될 수 있다고 하는 엑스타시스의 가능성을 열어놓고 있었다.

그러나 콘스탄티누스 대제는 예수를 단지 인간으로 보는 것은 모처럼 공인된 기독교라는 국교의 권위를 실추시키는 것으로 보았다. 예수에게 완벽한 신적 권위를 부여해야만 기존의 그레코·로망의 다신교적 다양한 종교형태를 극복하고 통합할 수 있다고 생각했다. 그렇지만 아버지와 아들의 관계설정은 여전히 어려운 문제였다. 아들에게 아버지와 똑같은 신성을 부여하면 당시의 로마세계에서는 다신론으로 오해될 소지가 많았다. 아리우스는 하나님은 절대유일하며 창조될 수 없는 (*agennētos*) 존재라고 주장했다. 반면 예수는 태어났으며 죽었으며 부활했다. 따라서 예수는 분명 생산된(*gennētos*) 존재이므로 하나님일 수는 없다고 주장했다.

이러한 대립을 해소하기 위하여 콘스탄티누스 대제는 절묘한 절충안을 내놓기에 이르렀다: "아들 예수는 아버지 하나님과 동일한 실체이다"(*homoousion to Patri*). 이것은 아버지와 아들은 겉으로는 다른 모습을 지니고 있지만 그 본질에 있어서는 동일한 실체라고 하는 뜻이다. 호모우시온(*homoousion*)이라는 말에서 "호모"는 동일하다는 뜻이다. "우시아"(*ousia*)는 감각적 현상의 배후에 놓여 있는 본질, 실체라는 뜻으로 전통적 희랍철학의 흔한 개념이었다. 그러니까 아버지와 아들은 본질에 있어서는 동체(同體)이고 겉으로 보기에는 다른 위(位, *hypostasis*)를 갖는다는 것이다. 황제에게는 이러한 종교적 판결문은 애매할수록 좋고, 해석의 여지가 많을수록 좋다. 해석의 여지가 많을수록 다양한 언설들을 황제의 권위 아래 포섭할 수 있기 때문이다.

> 삼위일체는 겉으로 보면 매우 난해한 신학논쟁처럼 보이지만 그 실상은 단순하다. 알렉산드리아는 살찐 로마 거인을 먹여 살리는 암소라 불렸다. 로마 시민은 곡식의 상당 부분을 이집트 곡창에 의존했다. 알렉산드리아 교구의 안정은 로마 사회의 하부구조의 안정을 의미했다.

 니케아 종교회의의 이러한 결정을 많은 사가들이 반아리우스파의 논리적 승리처럼 기술하지만, 실상은 그 반대였다. 니케아 종교회의의 전반적 분위기는 친아리우스적이었다. 그럼에도 불구하고 이러한 결정이 내려진 것은 콘스탄티누스의 정치적 감각에 의한 것이었다. 사실 콘스탄티누스의 이러한 결단은 정치사적으로 보면 매우 현명한 조치였다고 보아야 할 것이다. 그리고 향후 서방중심의 기독교 정통론을 수립하는 데 매우 결정적인 기준을 제시했다. 이러한 니케아 종교회의의 결정으로 아리우스는 실각되었고 알렉산드리아로 돌아가는 것조차 금지되었다. 알렉산더 주교와 그의 제자 아타나시우스는 소수파였지만 득의양양하게 개선했다.

 그러나 이러한 승리는 잠정적이었을 뿐 결코 오래 가지 못했다. 알렉산더 주교가 죽고(328) 그를 계승한 아타나시우스 주교는 오히려 아리우스파의 집요한 탄압 속에서 기나긴 세월을 보내야 했다. 그리고 아타나시우스는 니케아 종교회의의 원래 결정인 "호모우시온" 즉 동체론을 견고하게 정통으로 고집했으며, 그 동체론의 입장에서 아리우스파에 대한 집요한 공격을 계속했다. 그리고 그러한 공격 때문에 그는 계속 실각·도바리의 인생을 살아야 했고, 그러한 피신의 삶 때문에 오히려 이집트 콥틱 기독교인들의 존경을 받았고, 민중의 영웅으로 부상되었다.

 이러한 삼위일체론에 대한 집요한 싸움을 우리는 매우 난해한 신학적인 논쟁인 것처럼 착각하지만 그 실상인즉슨 보다 단순한 문제에서 유발된 것이다. 우리는 알렉산드리아라고 하는 지정학적 위치가 차지하는 경제사적 문제를 고려하지 않으면 안 되는 것이다. 나일강의

아부메나 수도원 본당 내부. 들어가자마자 새들의 소리가 하늘의 찬송처럼 울려 퍼졌다.
대평원에 우뚝 솟은 본당 내부로 새들이 들어오는 것을 막을 길이 없다고 했다.

10. 삼위일체의 정치사적 맥락

대평원은 삼모작이 가능한 엄청난 곡창지대였다. 5만㎢에 이르는 이 곡창지대의 소출의 70%가 당시 로마로 갔다. 매년 30만t에 이르는 곡물이 알렉산드리아 항구에서 로마로 갔다. 알렉산드리아는 "살찐 로마거인을 먹여 살리는 암소"라고 불렸다. 따라서 알렉산드리아의 정치적 안정은 로마의 하부구조를 견고하게 만드는 데 결정적인 요인이었다.

그런데 당시 알렉산드리아 교구는 아리우스파와 아타나시우스파의 대결로 분열되어 있었던 것이다. 따라서 이 대결구도에 대해 황제가 어떠한 입장을 취하느냐에 따라 판세는 바뀌게 마련이다. 대체적으로 본다면 아리우스파는 동방중심이었고 아타나시우스는 서방중심이었다. 아타나시우스의 궁극적 승리는 기독교 세계가 서방 로마기독교 중심으로 재편되어 가는 과정을 의미했다.

이러한 과정에서 아타나시우스는 파란만장의 생애를 살았고, 피신생활을 하는 동안 나일강 주변의 콥틱 수도사들과 깊은 우정을 맺었다. 그는 주교가 되자마자 나그함마디 주변으로 성세를 누리고 있었던 수도승 파코미우스를 방문하여 깊은 우정관계를 맺었던 것이다.

콘스탄티누스 대제가 죽고난 후(337년), 그를 이은 황제는 다섯 명이나 되었다. 대제의 세 아들과 두 조카였다. 이들 사이에선 피비린내 나는 암투가 계속된다. 결국 둘째아들 콘스탄티우스(Constantius)가 모두를 죽이고 유일한 황제로 등극한다. 그러나 콘스탄티우스는 친아리우스적 정책을 펴온 사람이었다. 그리고 아타나시우스에게 수모를 당한 적까지 있었다. 아타나시우스를 알렉산드리아의 주교직에 머물러 있게 할 수는 없었다. 그러나 아타나시우스파들의 저항은 완강했다. 황제라도 교권의 질서를 마음대로 쥐고 흔들 수가 없었다.

『로마제국쇠망사』를 쓴 기번은 다음과 같은 흥미로운 평어를 적고 있다: "콘스탄티누스 대제의 아들, 콘스탄티우스야말로 세속적 권력의 가장 격렬한 발휘조차도 거부하고 저항할 수 있는 종교적 명분의 원리의 힘을 체험해야 했던 최초의 기독교도 황제가 되었다."

알렉산드리아 행정당국은 아타나시우스를 주교의 자리에서 물러나도록 설득하거나 강요할 힘이 없었다. 콘스탄티우스 황제는 이집트의 총독 시리아누스에게 명하여 알렉산드리아 시내 중심가로 북부 이집트와 리비아에 주둔하고 있었던 5000명의 로마군단을 이동시켰다. 356년 2월 어느 날 밤 12시쯤, 위기상황을 감지한 아타나시우스 주교가 휘하의 성직자와 백성들과 함께 야간예배를 드리고 있었던 성 테오나스(St. Theonas)교회를 덮쳤던 것이다. 맹렬한 공격으로 성당 문이 열리고 끔찍한 유혈사태가 벌어졌다. 성처녀들이 발가벗겨지고 채찍질 당하고 거친 병사들의 욕망의 분출의 제물이 되고 말았다.

아타나시우스가 지은 교회의 폐허. 아부메나의 원래 터.

아타나시우스가 도바리 생활을 했어야 했던 아라바아사막에 지금은 "6일전쟁"의 여파로 일어난 "제4차 중동전쟁" (1973)에 쓰였던 탱크가 뒹굴고 있다. 이 전쟁으로 "캠프 데이비드 협정"(1978)이 성립했고 그 협정의 대가로 사다트는 목숨을 잃어야 했다. 나와 가이드는 이 장면을 절대 못 찍게 했다. 나의 안전을 보장할 수 없다며 벌벌 떨었다. 군사지 설물을 찍을 시 중형을 받는다고 했다. 사다트가 피살된 아래 이집트는 아직도 계엄치하에 놓여 있는 것이다.

11. 아타나시우스의 도바리

AD 367년 이전에는 "신약성경"은 없었다

성 테오나스 교회가 시리아누스 군대에게 습격받아 피살자들의 시체가 즐비하게 교회당에 쌓이게 되는 그날 밤, 아타나시우스는 대주교의 의자에 앉아서 침착·담대한 모습으로 죽음을 기다리고 있었다. 고함과 비명 때문에 예배를 계속 진행할 수 없게 되자, 벌벌 떨고 있는 회중에게 "이스라엘 하나님"의 승리를 찬양하는 다윗의 시편 136편을 암송토록 독려했다. 마침내 빗장이 뻐개지고 문이 열리고 화살이 비오듯 쏟아졌다. 군인들이 칼을 뽑아들고 성소로 몰려갔고, 제단 주위의 촛불에 반사되어 로마군인들의 갑옷이 번쩍거렸다. 아타나시우스는 사제들의 간청을 뿌리친 채 회중의 마지막 한 사람이 안전하게 나갈 때까지 자리를 떠나지 않겠다고 버티고 있었다. 밤의 어둠과 소란이 그의 탈출을 도왔다. 허둥대는 인파에 밀려 넘어진 채 의식과 행동력을 잃기도 했다. 그렇지만 그는 불굴의 용기를 되찾아 자신의 대가리를 값진 선물로 콘스탄티우스 황제에게 바치려는 아리우스파 앞잡이들의 지시를 받은 군인들의 수색을 용케 벗어났다. 이때부터 아타나시우스는 모습을 감추고 6년이 넘도록 벽지에 숨어 살았다.

이때의 아타나시우스의 삶은 박정희·전두환 치하 민주투사들의 "도바리" 역정과 비슷했다. 황제의 칙령에 따라 전 군민이 그를 추적했고, 산 채로나 죽은 채로 그를 잡아오는 사람에게는 후한 보상금이 지급된다는 방문이 여기저기 나붙었다. 아타나시우스는 국가의 적이었으며 그를 숨겨주는 사람은 엄벌에 처한다고 발표되었다. 아타나시우스는 이러한 상황에서 어떻게 살아남을 수 있었을까?

그를 보호해준 것은 체노보스키온 근처, 테베사막에 산재해 있었던 파코미우스의 수도원과 그에 소속된 수도승 집단들이었다. 파코미우스는 이미 저승에 가고 없었지만 사막의 수도승들은 자기들의 헤구멘인 파코미우스와 젊은 날 우정을 맺었던 아타나시우스 주교를 자기들의 교부로서 받아들였다. 인내심과 겸손한 마음으로 자기들의 엄격한 제도를 준수하는 아타나시우스를 존경했고, 그의 입에서 나오는 모든 말을 영험스럽게 수용했다. 기도, 금식, 철야예배보다도 그의 무고함을 입증하는 것이 주님의 영광을 드러내는 더 위대한 봉사라는 생각을 가지고 매진했다. 성스러운 뿔피리로 나팔을 불면 수천 명의 건장하고 신념에 찬 수도승들이 모여 아타나시우스를 보호했다. 그들 대부분이 이 근처의 순박한 농민출신들이었으며 자기들이 존경하는 스승을 위해 기꺼이 목을 내밀면서 사형집행인의 팔만 아프게 했다. 어떠한 고문을 통해서도 이 훈련된 수도승들의 자백을 받아낼 수는 없었다. 아타나시우스는 그들과 똑같은 옷을 입고 신속히 여기저기로 몸을 숨겨 다닐 수 있었다. 기번의 『로마제국쇠망사』에는 다음과 같은 매혹적인 일화가 소개되고 있다.

아타나시우스는 빈 큰 수조에 숨어 살다가 여자 노예의 배반으로 발각되기 직전에 간신히 도망친 적도 있었다. 그리고 기상천외의 은신처에 몸을 숨기기도 했는데, 그곳은 섬세한 미모로 온 도시에서 흠모의 대상이 되었던 20세의 소문난 처녀의 집이었다. 몇 년 후에 그녀가 들려준 이야기에 의하면, 한밤중에 거의 옷도 제대로 걸치지 않은 채 황망히 문을 두드린 대주교의 모습에 그녀는 경악했다. 대주교는 감싸주는 그녀의 지붕 아래서 거처를 구하라는 하늘의 계시에 인도되어 이곳까지 오게 되었노라고 하면서 보호해줄 것을 간구했다. 이 신앙심 깊은 처녀는 자기를 믿고 찾아온 이 성스러운 인질을 받아들이고 보호했으며, 용기와 신중함으로 신의 계시에 보답했다. 그녀는 이 일을 아무에게도 알리지 않은 채 즉시 아타나시우스를 그녀의 가장 비밀스러운 체임버로 안내하여 다정한 친구처럼, 그리고 부지런한 하녀처럼 그의 안전을 지켜주었다. 그녀는 위험이 계속되는 동안 그에게 책과 음식을 가져다주고, 발을 씻어주고, 서신연락을 도와주었다. 그리고 이 두 사람 간의 너무도 친근하고 고독한 교제를 의혹의 눈길로 바라보지 않도록 매우 적절하게 은폐시켰다. 한 사람은 흠집 없는 순결을 생명으로 하는 성자였고, 한 사람은 열화 같은 위험한 감정을 도발시킬 수 있는 매혹적인 여인이었다. 아타나시우스는 6년간의 박해와 추방생활 중에서 여러 차례 이 아름답고 성실한 동반자를 찾아갔다.

아타나시우스는 생애를 통하여 이 6년간의 추방생활 외에도 대여섯 차례의 도바리 생활을 해야만 했다. 그러나 결국 그의 소신에 따라 아리우스파를 제압하는 데 성공했으며, 콘스탄티우스를 겁약하고 간악한 군주, 음험한 자기 가족의 살인마, 제국의 폭군, 그리고 안티크리스트라고 매도했다. 콘스탄티우스는 율리아누스와의 싸움에서 결국 과로

알렉산드리아의 시내에서 카메라를 들이대자 삼복더위에서도 느깝으로 몸을 감싼 이슬람 근본주의자들이 욕설을 퍼붓는다. 과연 이들이 가톨릭 교황 베네딕토 16세의 선언문에 콧방귀라도 뀔 것인가?

끝에 병사하고 만다(361년 11월 3일). 아타나시우스는 민중의 열렬한 환호 속에 당당히 알렉산드리아로 입성하였고, 362년에는 알렉산드리아 종교회의를 소집하여 삼위일체론을 정론으로 확립한다. 그리고 기독교회사에서 흔히 "배교자"(Apostate)라고 매도하는 율리아누스 황제의 종교 간 평등정책으로 일시 또다시 도바리 생활을 해야 했지만, 363년 6월 26일 율리아누스가 사망하자 다시 알렉산드리아로 입성했고, 365년에는 아리우스파를 옹호하는 발렌스 황제에 의해 다시 추방되었지만 곧 복권되었다. 366년 2월 1일 마지막으로 화려한 입성을 한다. 그리고 다음해 부활절 메시지에서 27서 정경안을 권위롭게 발표하기에 이른다. 예수가 십자가에 못박혀 죽은 지 337년 만에야 비로소 우리가 알고 있는 신약성서의 모습이 최초로 역사의 지평 위로 부상하게 되는 것이다. 우리는 명확히 알아야 한다. 367년 이전에는 기독교에는 "신약성경"이라는 것이 존재하지 않았다. 예수님의 행동과 말씀과 그에 관한 사도들의 구전과 편지와 개별적 전기자료(복음서)들만 산재해 있었을 뿐이다. 이 산재한 문헌들에 대해서는 우리는 일절 정경과 외경의 구분을 논구할 수 없다. 정경이 없는데 어찌 외경이 있을 수 있으리오?

 2007년 7월 10일, 2년 전 새로 취임한 교황 베네딕토 16세는 "가톨릭 이외의 다른 기독교종파는 결함이 있거나 진정한 교회가 아니다. 가톨릭만이 인간을 구원할 수 있는 유일한 길이다"라고 선포함으로써 전 세계에 충격파를 던졌다. 기독교 교파 내의 통합과 다양한 인류의 종교들 간의 화합을 도모했던 제2차 바티칸 공의회의 합의에 역행하는 해석을 내리면서 동방정교회와 개신교를 진정한 교회로 볼 수 없다고 선언한 것이다. 가톨릭 정통주의의 우월성과 분열정책을 표방한 것이다. 가톨릭만이 유일한 교회라는 선언은 인류의 기나긴 종교적 열망의 역사의 일곡(一曲)도 파악하지 못한 치졸한 생각일 뿐이다. 우리가 논의해온 초기기독교의 입장에서 보자면, 그리고 기독교의 최후보루인 성서주의적 입장에서 본다면, 오히려 교황이야말로 성서의 근거가 전무하며 그러한 선언을 감행할 아무런 자격이 없다. 로마교황 중심의 하이어라키는 기독교의 본의와 아무런 관련이 없는 것이다. 그리고 교황무오류설도 이미 한스 큉(Hans Küng, 1928~2021)과 같은 가톨릭신학자에 의하여 부정된 것이고, 아무런 실제적 효력을 갖지 못하는 우설(愚說)일 뿐이다.

가톨릭은 제2차 바티칸 공의회(1962~65년)를 통하여 비가톨릭적인 사고에 대하여 보다 개방적이고 탄력적인 자세를 취함으로써 아름다운 모습으로 교세를 넓혀왔다. 베네딕토 16세는 당초에는 공의회의 입장을 수용했으나 그 이후의 삶의 역정을 통하여 공의회의 결정에 심한 회의감을 품게 되었다고 한다. 지금 교황이 됐다고 해서 그 반세기의 대세를 역행한다는 것은 새로운 아리우스를 양산하는 결과밖에는 초래하지 않는다. 그것은 가톨릭 자내(自內)의 분열일 뿐이다. 이제 우리는 교황의 메시지가 아닌 예수의 말씀으로 돌아가야 한다.

> 삼위일체의 정통론을 고집하는 아타나시우스는 아리우스파와 타협 없이 대결했고, 아리우스파를 지지하는 로마황제들의 탄압을 받았다. 기나긴 사막의 도바리 생활을 지켜준 사람들이 바로 수도승 파코미우스의 제자들이었다. 아타나시우스는 결국 승리했다. 그리고 367년 부활절 메시지에서 27서 정경체제를 발표한다.

바로 알렉산드리아의 이 교회에서 아타나시우스 주교가 27서 정경목록을 선포하는 부활절 메시지를 낭독했다. 이곳에는 마가의 무덤을 비롯하여 55대까지의 콥틱교황들이 묻힌 무덤이 들어 있다. 아타나시우스는 20대 콥틱 교황이다. 이들은 오히려 로마 가톨릭교회야말로 사도의 정통성에서 빗나간 방계라고 말한다.

12. 아타나시우스의 정경목록

신약 27서는 어떻게 생겨났나?

알렉산드리아 교회에서 AD 367년에 발표된 그 유명한 아타나시우스의 역사적 메시지는 다음과 같다:

> 많은 사람들이 외경적(apocryphal)이라고 규정지을 수 있는 책들을 가지고 근사하게 장난질을 쳐서 하나님의 영감을 받는 성서와 혼동시키고 있기 때문에, 나는 여러분들에게 하나님의 것으로 간증되고 우리에게 전승되어 온 정경(the Canon) 속에 들어갈 수 있는 책들의 목록을 제시하는 것이 매우 중요하다고 생각하게 되었다.

그리고 그는 구약의 목록을 전부 제시한 후 다음과 같이 말하였다.

> 이제 또다시 여러분에게 신약(the New Testament)의 책들을 열거하여 말하는 것이 결코 지루한 이야기는 아닐 것이다. 우선 4개의 복음서가 있는데, 그것은 마태·마가·누

알렉산드리아에 프톨레미 왕조 시대 때부터 존재했던 야외극장 오데온. 내가 서 있는 곳에서 말을 하면 신비롭게도 마이크 확성 효과가 난다. 그리고 연설자 스스로 자신의 말에 도취하게 되어 있다.

가·요한에 의한 것이다. 그 다음으로 사도행전이 있고, 또 가톨릭(보편교회적)이라고 부를 수 있는 7개의 서한이 있다. 그 7개는 야고보의 편지 하나, 베드로의 편지 둘, 요한의 편지 셋, 그리고 유다의 편지 하나이다. 이에 덧붙여 바울의 14서한이 있다. 그것은 다음의 순서대로 쓰여진 것이다. 제일 먼저가 로마 사람들에게 보낸 편지이다. 다음으로 고린도 사람들에게 보낸 두 편지가 있다. 이 두 편지 다음에 갈라디아 사람들에게 보낸 편지가 있다. 다음에 에베소 사람들에게, 다음에 빌립보 사람들에게, 그 다음에 골로새 사람들에게 보낸 편지가 있다. 이것들 다음에 데살로니카 사람들에게 보낸 두 개의 편지가 있고 히브리 사람들에게 보낸 편지가 있다. 그것들 다음에 디모데에게 보낸 두 개의 편지, 디도에게 보낸 하나의 편지, 그리고 마지막으로 빌레몬에게 보낸 편지가 있다. 그리고 이 모든 것 이외로 요한계시록이 있다.

우리가 신약성서라고 알고 있는 27서 체제의 이토록 명료한 목록을 발견한다는 것은 매우 감동적이다. 27서라고 하지만 이것은 크게 보면 5가지 그룹으로 나누어진다. 먼저 4복음서가 있다. 복음서는 기본적으로 예수라는 역사적 인간을 중심으로 한 4종류의 전기문학(biographic literature)이다. 그리고 하나는 초대교회의 성립사를 기술한 역사문학이다. 그리고 초대교회를 성립시키는 데 매우 혁혁한 공을 세운 바울의 14개 편지(Pauline letters), 그리고 교회와 관련된 사도들의 7개 편지, 그리고 계시록 하나이다.

전기문학(4복음서) biographic literature	4
역사문학(사도행전) history	1
바울의 편지 Pauline letters	14
사도의 편지 Apostolic letters	7
묵시문학 apocalyptic literature	1
합 계	27

그런데 이 문헌들을 자세히 살펴보면 예수시대에 성립한 문헌은 하나도 없다는 사실이 명명백백하게 드러난다. 예수의 전기문학은 당연히 예수의 사후에 성립한 것이다. 그리고 사도행전이라는 역사문학은 당연히 예수의 사후로부터 시작된 사도들의 전도여행을 기술한 것이다. 바울의 편지와 사도들의 편지도 당연히 AD 50, 60년대 이후의 문헌들

오데온 앞에 서 있는 초기 교회 십자가 문양. 아타나시우스시대에 이 오데온 극장은 노천예배당으로 사용되었다. 헬레니즘시대의 놀이장소가 4세기 로마시대에는 예배장소로 변모한 것이다.

이다. 묵시문학인 요한계시록도 교부들의 증언으로 미루어 보아 1세기 말부터 2세기 초에나 성립한 문헌이다.

그러니까 예수시대에 성립한 문헌은 아무것도 없다는 것이다. 이것은 기독교를 폄하시키는 발언이 아니다. 오히려 기독교의 원래적 성격을 잘 나타내주며, 그 실상에 관한 우리의 이해를 촉진시키는 것이다. 예수는 원래 지혜로운 사람이었지 지적인 사람이 아니었다. 그를 따르는 민중도 원래 지적인 민중이 아니라 소외받고 버림받고 수세대상으로서 착취당하는 하층의 군중(오클로스)이었다. 그리고 예수를 가까이 따르던 제자들도 거개가 지식인이 아니었다. 구체적으로 말하면 그들은 문맹자들이었다. 어부인 베드로가 문자를 알 리가 없다(행 4:13). 따라서 예수를 따라다니던 사람들은 예수의 말을 지적인 언어로 기록해 두거나 문서화할 수 있는 능력의 소유자들이 아니었다. 이뿐 아니라 예수도 그들에게 그런 지적 작업을 요구하지 않았다.

예수의 관심은 하나님 나라의 선포였고 당면한 인간의 구제상황이었다. 그는 제자들에게 그가 말한 것을 전하고 가르치고(마 28:20) 설파하라(막 3:14)고 명령했지, 그의 말씀을 써놓으라고 권고한 적이 없다. 한마디로 기독교는 행위의 종교며 구두(말씀)의 종교이다. 경전의 종교도 아니요, 문헌의 종교가 아닌 것이다. 더군다나 초대교회는 긴박한 예수의 재림에 관한 믿음을 중심으로 모여든 군중의 집단이다. 이들은 곧 예수가 재림하여 이 어두운 세상에 대한 심판을 끝내고 그들 신앙공동체의 사람들을 천국으로 휴거해 가리라고 믿었다. 따라서 이런 사람들이 지상에서 무슨 경전을 만들어 두어야 할 하등의 필요성을 느꼈을 리 없다. 어차피 최후의 심판의 날이면 이 세상은 불바다가 되어버릴 판인데 파피루스 쪼가리가 큰 의미를 지닐 까닭이 없는 것이다. 이것은 경전의 결집(結集)을 중심으로 전개된 초기불교의 역사와는 아주 대조를 이루는 역사적 상황이다.

따라서 아타나시우스가 27서 정경체제를 발표했다는 것은 초대교회의 긴박한 재림(파루시아)의 꿈이 깨져버리고 지상에서의 교회와 교권에 대한 확고한 신념이 생겨났다는 새로운 역사적 상황을 반영한다. 더구나 콘스탄티누스의 기독교 공인으로 인하여 로마제국 내에서의 확고한 세속권력이 확립된 이후의 사건이라는 것을 상기할 필요가 있다. 마태·마가·누가·요한이라는 4복음서는 이미 2세기 말에 시리아 에데사왕국 중심으로 활약한 타티안(Tatian, AD 160~175 활동)이라는 사람에 의하여 디아테사론(*Diatessaron*)이라는 이름으로 결집되어 있었다. 그러니까 아타나시우스의 27서 목록은 그가 임의적으로 정한 것이 아니라, 기나긴 박해상황과 이단의 발호에 대한 디펜스로 성립한 호교론적 역사과정을 통하여 점진적으로 형성된 관념의 총체적 결집이라는 사실을 우리는 이해해야 한다.

그리고 27서 체제에서 가장 많은 부분을 차지하는 것이 사도바울의 편지이다. 이것도 사실 경전의 내용으로 볼 때는 매우 빈곤한 사태이다. 그것은 어디까지나 개인의 서한에 지나지 않는 것이기 때문이다. 그러나 사도바울의 편지는 이미 2세기 중반에 이단으로 몰린 마르시온(Marcion, ?~160)이 편집한 아포스톨리콘(*Apostolikon*)에 의하여 그 권위가 확립되어 있었다. 마르시온은 바울의 편지 10개를 정경으로 존숭하였던 것이다.

그럼에도 불구하고 마르시온의 영지주의나 아리우스파의 관용적 태도를 철저히 배격했던 아타나시우스가 사도바울의 편지를 14개나 정경으로 편입시켰다고 하는 것은 알렉산드리아 교회 전통이 사도바울에 대해 매우 호의적이었다는 역사적 사실을 추론할 수 있다. 알렉산드리아 교회는 마가의 전도로부터 시작된 것이다. 그들은 마가가 바울과 함께 전도여행을 하면서 동방교회들을 세웠다는 막연한 믿음을 가지고 있었던 것이다. 이제 우리가 이야기해야 할 것은 정경과 외경의 구분에 관한 것이다.

> "
> 신약성서는 크게 보면 5가지 그룹으로 나누어진다. 먼저 4복음서가 있다. 예수라는 인간을 중심으로 한 전기문학이다. 그리고 초대교회의 성립사를 기술한 역사문학, 바울 14개 편지, 사도들의 7개 편지, 계시록 하나다.
> "

13. 정경과 외경

성경이 교회를, 교회가 성경을?

앞사진 설명. 어려서부터 성경을 읽으면서 그토록 궁금했던 사해를 바라보다. 사해는 고립된 내륙의 호수인데도 바다처럼 크다. 더욱 놀라운 것은 수면이 일반 바다보다 392m나 낮다는 것이다. 길이가 75km, 폭이 15km. 염도가 30%나 되며 일반 바다보다 10배가 짜다. 브로민·마그네슘·아이오딘 등 고체성분이 33%나 된다. 들어가면 몸이 둥둥 뜨고 관절염·피부병에 특효가 있다. 호수 주변 공기도 산소가 10%나 더 많고 그 물은 청정하기 그지없다.

이제 우리는 아타나시우스의 말을 세밀하게 분석해볼 필요가 있다. 우리가 흔히 외경(外經)이라고 말하면, 우리말 자체가 가지고 있는 뜻 때문에 "밖으로 벗어나버린 경전"이라는 이미지가 머리에 쏘옥 들어온다. "외경"이란 당연히 "내경"(內經)과 상대를 이루는 말로서 존재한다. 그러나 전통적인 의미맥락에서 내·외는 정통과 이단이라는 뜻을 지니지는 않는다. 내경이란 내부적인 사람들만 비밀스럽게, 은밀히 보는 경전이라는 뜻이고, 외경이란 외부적인 사람들도 볼 수 있는 개방적·대중적 경전이라는 뜻이다. 한대(漢代)의 의서(醫書) 중에 『황제내경』이니 『황제외경』이니 하는 경전이 있었는데 모두 그런 뜻이었다. "내"는 "esoteric"으로, "외"는 "exoteric"으로 번역될 수 있다.

그런데 아타나시우스가 "외경적"이라는 말을 했을 때, 그 원어는 "아포크리팔"(apocryphal)이라는 표현을 선택하고 있다. 본시 "아포크리파"(apocrypha)라는 것은 "숨겨진 것들"(things hidden away)이라는 뜻인데, 우리 전통적 언어로 번역하면, 그것은 "외경"보다는 "내경"의 뜻을 내포하는 것이다. 그러나 아포크리파로 분류된 경서들이 결코 당시에 숨겨진 책이거나 비밀스러운 책들은 아니었다. 실제로 아포크리파라는 말은 "신앙의 척도가 되기에는 부차적인 경전"이라는 뜻으로, "듀터로캐노니칼"(deuterocanonical)이라고 불릴 정도의 의미맥락에서 쓰인 말이었다.

다음에 "하나님의 말씀으로 간중되고 전승되어 온 정경"이라는 표현에서 "성경"의 언어는 "카논"(Kanōn, κανών)인데, 이 카논이라는 말은 원래 "갈대" "지팡이" "막대기 자"라는 뜻으로 "기준"이나 "규범"의 의미를 지닌다. 카논은 정경이라기보다는 구체적으로 "신앙의 잣대가 되는 경전"이라는 뜻이다.

우리말의 경(經)이라는 것도 위(緯)에 대비되는 것이다. 천을 짤 때 먼저 경을 세워놓고 거기에 위를 접속시키기 때문에 경이 위보다는 항상 더 근본적인 것이다. 경(經)은 만물의 길(徑)이며, 항상 그러한 것(常)이며, 모든 것의 기준이 되는 법(法)이다. 그래서 경서(經書)니 위서(緯書)니 하는 표현이 있게 되었다. 경(經)과 카논(Canon)은 상통하는 표현들이다.

대체적으로 카논을 규정하는 기준(criteria of canonicity)으로서 다음의 세 항목을 꼽는다: 1) 사도저작성(apostolicity) 2) 신앙의 잣대(the rule of faith) 3) 교회 내의 의견일치(the consensus of the churches). 이 세 항목 중에서 첫째의 사도저작성은 온당한 기준이 되기가 어렵다. 왜냐하면 1세기로부터 4세기에 걸쳐 모든 경서의 저작자들이 사도의 저작을 가칭(假稱)했기 때문이다. 이것은 오늘날 우리가 생각하는 위서(僞書)나 표절의 문제가 아니라 당시에는 너무도 당연시된 공적 행위였다. 베드로니 바울이니 요한이니 하는 이름들은 "철수"처럼 매우 흔한 보편적 이름들이었으며, 그러한 사도 중의 한 이름을 책 제목이나 저자의 이름으로 사용하는 것은 저작 그 자체를 영예롭게 하는 고귀한 행동이었다. 그러한 위작의 방식은 당연시된 한 양식적 표현이었다. 그러므로 사도저작성의 기준만으로 외경과 정경을 구분하기는 어렵다.

> **정경을 규정하는 기준으로 세 항목이 있었다. 첫째는 사도저작성, 둘째는 신앙의 잣대, 셋째는 교회 내 의견의 일치.**

두 번째 신앙의 잣대(regula fidei)라는 것은 궁극적으로 성경은 하나님의 말씀의 구현체이며 계시라는 것이다. 그러나 과연 어느 저작이 더 참으로 하나님의 말씀의 계시인지를 가리는 것도 지극히 주관적인 문제에 속한다. 이 문제를 놓고도 초대교회에서는 논란이 매우 많았다. 히브리서 1장 1절에서도 말하고 있듯이 하나님의 말씀이 계시되는 방식 자체가 매우 다양하고 많아서(in many and various ways) 과연 무엇이 참된 계시인지를 인간으로서는 가리기가 어렵다. 그 종국적인 기준은 히브리서가 말하는 대로 하나님의 아들이신 예수를 통하여 계시된 말씀일 것이나, 예수의 말씀조차 당대에 기록된 것이 없고, 결국 인간의 언어에 의존하기 때문에 그 카논 저작자들의 주관적 의도가 적극적으로 개입되지 않을 수 없다. 인간의 주관적 인식이 빠진 객관적이고도 절대적인 하나님의 계시라는 것은 인간의 언어 속에서는 존재하지 않는다는 것이 이미 초대교회에서 논증되고 있었다.

결국 정경과 외경의 구분으로서 가장 현실적으로 설득력을 지니는 기준은 제3의 항목이 될 수밖에 없다. 교회 내의 의견의 일치인 것이다. 다시 말해 정경을 성립시킨 것은 교회였다. **정경이 교회를 성립시**

킨 것이 아니라, 교회가 27서 정경을 만든 것이다. 여기서 말하는 교회는 오늘날 시중의 큰 건물 속에 들어앉아 연보나 받고 있는 교회를 말하는 것이 아니다. 여기서 말하는 교회는 "정경을 형성시켜 간 교회" 즉 에클레시아(ekklēsia, ἐκκλησία)이며, 그것은 선택받은 인간들의 모임 즉 그리스도에 의하여 규정되는 휴먼 네트워크이다. 이 에클레시아는 디모데전서 3:15에서 말하고 있듯이, 그것은 살아있는 하나님의 공동체이며, 진리의 기둥이며 터전(the pillar and bulwark of the truth)이다. 정경은 바로 이 에클레시아에 속한 사람들의 절실한 요구에 의하여 형성된 것이다. 교회의 권위가 정경의 권위를 확보한 것이다. 그리고 교회의 권위는 궁극적으로 그 교회에 임재하는 성령의 권위에 의하여 확보된다고 그들은 믿었다: "두 세 사람이 내 이름으로 모인 곳에는 나도 그들 중에 있느니라."(마 18:20).

그러나 교회가 인간공동체인 이상, 교회 내에도 내분이 있게 마련이고 다시 정통과 이단의 싸움이 있게 마련이다. 오늘날 한국교회를 들여다봐도 큰 교회이건 작은 교회이건 꼭 쌈박질이 있게 마련이다. 장로와 목사가 싸우고,

혹설에 의하면 예수도 사해 가까운 요단강에서 세례를 받았고, 다윗도 사울을 피해 사해 근처를 헤매었다. 소돔과 고모라도 사해 지역. 뒤를 돌아보았다가 소금기둥이 된 롯의 아내도 여전히 소금기둥의 모습으로 사해를 바라보며 우뚝 서 있다(창 19:26).

장로와 장로가 싸우고, 또 아무개 권사가 목청을 높인다. 이런 쌈박질의 주장들을 살펴보면 서로가 자기만이 정통이고 상대방은 이단이라고 삿대질한다.

그런데 이러한 싸움에서 정통과 이단을 가를 수 있는 절대적 기준을 찾아내기란 극히 어렵다. 이런 문제는 초대교회 내에서도 동일하게 발생했으며 바울 서한의 대부분이 이런 주제와 연관되어 있다. 결국 정통과 이단의 쌈박질에서 우리가 흔히 내릴 수 있는 결론은 이것이다: "목소리 센 놈이 정통이다." 목소리 센 놈이라니 그놈이 세다는 것은 무엇으로 아는가? 목소리 세다는 것은 목소리 약한 놈에 비해 지지자를 더 많이 확보하고 있다는 것일 게다.

그렇다면 결국 정통과 이단은 다수(majority)와 소수(minority)의 문제로 결착나는 것일까? 다수파에 밀려 소수파가 떨어져나가 새롭게 교회를 개척하는 상황도 비일비재하지만 초대교회의 문제는 결코 이러한 숫자의 문제로 해결될 수는 없다. 시간의 함수를 넣고 본다면 다수가 금방 소수로 바뀔 수도 있고, 소수가 권불십년(權不十年)이라, 곧 다수가 될 수도 있다. 그리고 아이러니컬한 사실은 초대교회에서 우리가 정통이라고 부르는 사람들이 대체적으로 소수파에 속하는 사람들이었다는 것이다. 아타나시우스는 아리우스에 비하면 소수였다. 당시는 정통과 이단이 항상 티격태격하면서 공존하는 상황은 있을지라도, 일자가 타자를 이단으로 규정할 수 있는 그러한 배타적 권위가 부재했다. 이러한 분위기가 오히려 초기기독교의 생명력이었다.

사해 주변 유대광야 쿰란공동체가 우리에게 의미를 지니는 것은 초기기독교 공동체의 한 아키타입을 발견할 수 있기 때문이다. 물론 쿰란공동체는 기독교 성립 이전의 사태이다. 그러나 그것은 "예수 이전의 기독교"라고도 말할 수 있는 독특한 성격을 지니고 있다. 나는 쿰란공동체의 성경문서가 보관되어 있었던 제5동굴을 가보고 싶었다. 너무도 위험한 암벽등반이었다. 절벽의 돌은 시퍼런 칼날처럼 뾰족하고 단단했으며 길이 없었다. 나는 그 동굴에 가까스로 당도했을 때 헛발을 디뎌 굴렀다. 죽음의 순간 직전에 절벽 덤불에 몸이 걸려 아슬아슬하게 승천의 기회를 모면했다.

14. 묵시문학의 본색

선·악 대결의 파노라마, 계시의 세계

정경과 외경을 가르는 궁극적 기준은 다수와 소수의 문제일 수는 없다. 그렇다고 그 절대적인 추상적 진리기준을 인간의 언어로 논구하기도 어렵다. 결국 정경과 외경의 실제적 기준이 된 것은 가톨릭이라는 로마교회의 의견이었다. 동방교회는 다양한 사도전통을 포용적으로 수용했기 때문에 정통과 이단을 확연하게 배타적으로 가르는 성향이 비교적 미약했다. 그러나 정통주의(Orthodoxy)에 대한 집념은 2세기부터 로마교회를 중심으로 강렬하게 나타난다. 그러니까 "정통"이란 결국 이론상의 문제라기보다는, 실제적으로 "로마교회의 다수에 의하여 지지를 받는 기독교의 형태"(the form of Christianity supported by the majority in Rome)를 말하는 것이다. 물론 아타나시우스의 27서 정경목록도 4세기 로마교회의 입장을 대변한 것이다. 아타나시우스는 알렉산드리아의 주교였지만 아리우스와의 대립으로 박해를 받는 과정을 통하여 로마에서 유학생활을 한 로마통이었다.

그런데 아타나시우스의 27서 정경목록에 제일 마지막으로 요한계시록이 포함된 것은 미묘한 감상을 자아낸다. 그것은 정경의 대상으로서 가장 논란이 많았던 문학서였다. 그것은 이천 년의 기독교 역사를 영감과 저주의 상반된 색깔로 물들인 문제작이었다. AD 100년 전후의 역사적 상황에서 매우 구체적인 목적을 가지고 한 사람에 의하여 집필된 것이 확실시되고 있는 이 문헌은 에베소에서 살았던 순교자 유스틴(Justin Martyr, 100~165년경)이 쓴 『트리포와의 대화』(Dialogue with Trypho) 속에서 다음과 같이 언급되고 있다.

제5동굴에 당도했을 때 발견한 것은 수천 년 쌓인 박쥐똥이었다. 그리고 사해와 쿰란공동체의 파노라마가 성서세계의 기나긴 역사를 말해주고 있었다. 쿰란공동체의 사람들도 빛의 자녀들과 어둠의 자녀들의 전쟁을 신앙했다. 계시록과 같은 종말론적 세계관을 신봉했던 것이다.

우리 중에 요한이라고 하는 사람, 곧 예수 그리스도의 사도들 중의 한 사람인 그가 그의 계시록 가운데서 이렇게 예언하였다: "그리스도를 믿는 사람들은 새 예루살렘에서 일천 년을 살게 될 것이다."

동시대의 마르시온은 이 묵시문학이 유대교적이라는 이유로 정경의 자격이 없다고 선언했다. 그리고 광열한 재림주의와 성령주의와 금욕주의의 야만성을 드러낸 몬타니즘(Montanism)이 요한계시록을 그들

운동의 근거경전으로 삼았기 때문에 이러한 묵시문학의 부작용에 대하여 당시 이미 거부감이 팽배해 있었다. 그러나 2세기의 교부 파피아스(Papias), 이레나에우스(Irenaeus), 이그나티우스(Ignatius), 유스틴(Justin) 등은 계시록의 정경으로서의 가치를 적극적으로 인정하고 나섰던 것이다.

16세기에 이르러 마틴 루터는 요한계시록의 정경으로서의 가치를 인정하지 않았고, 츠빙글리도 같은 입장을 취했다. 칼빈은 요한계시록을 그의 주해서에서 빼버렸다.

그러나 아타나시우스가 요한계시록을 27서 정경에 편입시킨 이유는 매우 명료하다. 기원전후 세기는 유대인 역사에 있어서 피세적인 환상으로 가득 찰 수밖에 없었던 극심한 탄압의 격동기였으며, 모든 메시아니즘은 묵시문학적 표현양식과 불가분의 관계를 가지고 있었다. BC 250년경부터 AD 200년 사이의 유대인사회는 묵시문학의 시대라고 규정해도 좋을 만큼 많은 계시록이 생산된 세기였다. 현재 구약 속에 편입되어 있는 다니엘서도 이 시대에 성립된(BC 164년경) 대표적 묵시문학 중의 하나다. 그 외에도 에녹묵시록, 제파니아묵시록, 에스라4서, 바룩묵시록 등 수많은 묵시문학이 생산되었던 것이다. 물론 이러한 묵시문학은 유대인들이 그들의 역사 속에서 믿는 하나님의 계시이지만, 요한계시록은 제1장 1절에 명시한 대로 "예수 그리스도의 계시"(the revelation of Jesus Christ)라는 점에서 유대교의 묵시문학과 근본적인 성격을 달리한다.

그리고 유대교의 묵시문학은 예언전통과 상통되는 것이지만, 기독교의 묵시문학은 예언문학이나 지혜문학과 그 근원적 성격을 달리하고

엣세네파로 간주되고 있는 쿰란커뮤니티의 사람들이 공동생활을 했던 삶의 현장. 필자 머리 위로 제5동굴이 보인다.

있다. 예언은 하나님의 말씀을 당대의 하나님의 자녀들, 즉 당대의 이스라엘민족에게 선포하는 것이다. 그러나 묵시라고 하는 것은 당대라는 시간이 아닌, 시간의 종료인 종말의 때에 벌어질 사건에 관한 계시이다. 그러니까 예언은 하나님의 의도를 역사의 지평 속에서 구현하려고 한다. 그러나 묵시는 역사의 지평을 말살하고 역사를 넘어선 하나님의 초자연적·초시간적 영역에로의 회귀를 선포하는 것이다. 그러니까 예언은 철저히 역사적인 반면 묵시는 철저히 비역사적이다.

묵시란 "아포칼립스"(apocalypse)란 말의 번역어인데, 그것은 "비밀스러운 것이 드러난다"는 희랍어에서 비롯된 것이다. 그것은 꿈이나 천사나 환상의 매개를 통하여 탁월한 개인에게 계시되는 것이다. 이 계시는 현존하는 세계를 악마나 사탄이나 악의 세상으로 규정하고 그것이 반드시 선의 세력에 의하여 종료되어야 한다는 전제를 가지고 있다는 의미에서 선·악 이원론의 극렬한 대립이 있으며, 반드시 종말론적이며, 현세와 내세라는 두 개의 세계가 대적적으로 나타난다. 이것은 동학이 선천개벽과 후천개벽을 대비시키는 것이나, 원불교가 음세계와 양세계를 대비시키는 것과도 비슷하지만 동학이나 원불교의 선천·후천, 음·양은 모두 역사적 지평 내의 사건이라는 점에서 종말론적이라 볼 수 없다.

그러나 우리는 왜 이러한 종말론적 묵시문학이 당대 그토록 성행하였고, 아타나시우스가 정경 속에 그중 하나를 포함시킬 수밖에 없었나 하는 문제를 역사적 맥락에서 세심하게 살필 필요가 있다. 당시 초대교회의 가장 큰 위협은 히브리서 6장이 경고하고 있듯이 배교(apostasy)의 문제였다. 로마의 박해 속에서 배교하지 않고 기독교신앙을 지킬수 있는 유일한 길은 순교(martyrdom)였다. 그러나 연약한 인간에게 순교란 공포스러운 것이다. 그 공포감을 제거하는 가장 강력한 방법은 긴박한 종말의 도래를 선포하고 그 종말의 날에는 순교자가 궁극적으로 승리자로서 부활케 되리라는 환상을 심어주는 것이다.

당대의 로마황제교참배는 우리나라 일제시대의 신사참배와 비슷한 것이었다. 신사참배를 거부하는 것은 곧 죽음이다. 사실 묵시록의 언어는 "일본법제의 틀 속에서 상고하는 것은 일본제국을 인정하는 것이니 차라리 빨리 죽음을 택하라"고 울부짖는, 여순감옥에서의 안중근 모친의 숭고한 애통의 언사와도 같은 것이다. 순교의 종용은 필연적으로 인간의 주체적 의지보다는 하나님 공의(公義)의 숙명론을 강조한다. 묵시문학은 초기기독교 공동체가 지독한 환난과 박해와 역경을

> "안중근의 모친은 여순감옥에서 안중근을 면회한 자리에서 이렇게 울부짖었다: "일본법제의 틀 속에서 상고하는 것은 일본제국을 인정하는 것이니 차라리 빨리 죽음을 택하라." 묵시문학은 배교의 거부였고 순교의 종용이었다."

견디고 헤치어 나갈 수 있는 희망과 용기의 상징이었다. 그것은 로마 제국의 권력과 세력에 항거하는 신앙의 충성과 정절이었다.

사실 요한계시록은 이러한 박해 상황에서 소아시아의 7교회에 보낸 낭송문학의 걸작이며, 그 당시에는 매우 구체적인 함의를 지니고 있었다. 로마 관원의 박해의 눈길을 피하기 위하여서는 그들이 해독할 수 없는 상징언어가 필요했다. 그 언어를 당시 기독교도들은 소박하게 이해할 수 있는 코드를 알고 있었다. 그러나 지금은 그 코드가 사라져서 해괴망측한 언어로만 들리게 된 것이다.

더구나 선·악의 종말론적 이원론은 오히려 평화로운 세계를 악마의 지배로 규정하고 저주시키며, 세속적 질서를 왜곡하며, 극악한 전도주의를 조장하며, 인간의 합리적 이성을 마비시키며, 타종교의 공존을 죄악시하는 성령주의의 파렴치한 질곡 속으로 기독교를 빠뜨리는 비극적 역사를 연출하게 되었던 것이다. 요한계시록은 축복의 코드일까 저주의 코드일까?

쿰란공동체 사람들이 세례 받았던 곳. 이들의 세례는 일상적 삶 속에서 반복적으로 이루어지는 정화의식이었으며, 세례요한의 세례와는 다른 성격의 것이었다.

유대민족의 유일신관은 모세로부터 출발한 것이다. 그래서 유대교를 모세교라고 말하기도 한다. 그것은 유대민족이 야훼만을 섬기겠다고 한 계약이다. 여기 나 도올이 서 있는 곳은 바로 모세가 야훼로부터 십계명을 받은 시내산 정상이다(2285m). 이집트 사람들은 모세산, 게벨무사(Gebel Musa)라 부른다. 오밤 중 1시 55분에 출발, 정상에 도착하여 아침 해가 비친 직후의 모습을 찍었다.

15. 다신론과 유일신론의 문명충돌

기독교 공인 이후 파괴되어간 인류의 문화유산

기독교가 로마제국의 국교로 공인된 것은, 물론 기독교도의 입장에서 보면 참으로 반갑고 좋은 일이라 해야 할 것이다. 음지에서 박해만을 받아오던 사람들이 양지에서 활보하며 대접받는 세상을 맞이한다는 것은 참으로 감격적인 역사의 전환이요, 인간세의 상전벽해다. 그것은 기나긴 핍박과 환난을 견디어온 순교정신의 승리요, 그들이 목숨 걸고 고수해온 신앙의 개가다. 8·15해방! 그날의 감격을 한번 상기해보라! 일본순사 닛폰토 칼날 아래 신음하던 많은 지사들에게 그토록 기쁜 소식이 어디 있었으랴! 그러나 8·15해방 이후에 전개된 우리 민족의 역사는, 그 감격의 기쁨을 계승하고 발현할 수 있기에는 너무도 암울한 암운에 가려져버리고 만다. 권력의 암투, 이념의 분열, 그 순간을 위해 싸워온 사람들끼리의 내분, 외세의 농간, 동족상잔의 전쟁 … 이토록 비극적 역사만 이어졌다. 콘스탄티누스 황제의 기독교 승인 이후에 전개된 역사 역시 8·15 이후의 난맥상에 못지않게 어지러운 역사였다.

희랍·로마사회는 다원주의를 포용하는 사회다. 통치자도 단일한 리더십보다는 항상 다원적 리더십을 수용했고, 신도 단일한 하나님보다는 다양한 시공의 성격을 대변하는 친근한 다신(多神)을 자연스러운 종교생활의 양태로서 받아들였다. 우리는 종교 하면, 다신론(polytheism)은 유치한 형태의 신관이고, 유일신론(monotheism)이야말로 진화된 고등한 형태의 신관이라는 생각에 암암리 사로잡혀 있다. 그러나 사실 인류 역사를 공평하게 형량하면 그것은 단순한 편견일 수 있다. 다신론이야말로 가장 보편적이고도 자연스러운, 영원히 인류가 저버릴 수 없는 종교적 열정의 발로일 수 있다.

이에 비한다면 유일신론은 매우 비자연적인 특수한 종교관의 강요이다. 대체적으로 유일신론은 지상에서의 권력의 통일과 아주 밀접한 상관관계를 갖는다. 폴리스체제하에서 유일신론이 자리잡을 수 없다는 것은 너무도 당연하고 자연스러운 것이다. 신 자체가 다원적 폴리스문화를 반영하기 때문이다. 유일신론이 정치적 권력의 백업이 없이 인간세에 기승을 부린 유례는 없다. 다신은 자연(自然)이요, 유일신은 당위(當爲)였을 뿐이다.

하여튼 기독교의 공인 이후에 로마사회에서 벌어진 가장 참담한 결과는 다신론과 유일신론의 대결이다. 유일신관을 신념의 기조로 삼는 기독교가 국교가 된다는 것은, 결국 신관의 영향하에 "유일한 국교"가 될 수밖에 없다. 최초의 "공인"의 성격은 타 종교와 대등한 신앙의 대상으로서 인정한다는 것이었으나 결국 기독교는 유일국교의 지위를 보장받는 방향으로 발전할 수밖에 없었다. 그것은 어떠한 결과를 초래하는가? 기독교 이외의 모든 종교를 거부하는 것이다. 기독교가 유일국교가 되는 동시에 누천년의 전통을 지닌 다신교들이 모두 타도되어야 할 우상으로 전락하게 된다. 관념적 전락은 별 문제가 없다. 그러나 수메르·이집트 고문명으로부터 희랍·로마 고문명에 이르는 다신론교 전통은 그것이 단순한 종교적 신념의 문제가 아니라, 그 문명의 삶의 모든 양태, 그리고 그 양태와 제식이 발현된 위대한 조각·미술·춤·음악·문학·건축, 이 모든 예술의 축적태를 의미하는 것이다. 그러니까 다신교의 부정은 거리를 가득 메운 이 위대한 예술전통의 부정을 의미한다. 제우스·아폴로·주피터·비너스·오시리스·이시스 등등, 이 모든 신상이 거꾸러지고 그들을 모신 신전은 존재해서는 아니 되어야 할 더러운 우상의 집이 되어버리므로 파괴되어야만 한다. 그 위대한 인류 문명의 모든 축적태가 하루아침에 궤멸되어야 하는 참혹한 운명에 노출되게 된다.

> "수메르·이집트 고문명으로부터 희랍·로마 고문명에 이르는 다신론교 전통은 그 문명의 삶의 모든 양태, 그리고 그 양태와 제식이 발현된 위대한 조각·미술·춤·음악·문학·건축, 이 모든 예술의 축적태를 의미하는 것이었다. 다신교의 부정은 이 모든 예술의 부정을 의미했다."

우리가 서구 문명을 여행할 때 대부분의 유적지가 견고한 석조건축임에도 불구하고 모두 처참하게 파괴된 폐허로 남아있거나, 박물관의 석상들이 손발이 잘리거나 안면이 손상된 형태로 남아있는 것은, 단순한 세월의 탓이나 전쟁이라는 재해의 탓이라기보다는 기독교도들의 야만적 파괴로 인한 것이다. 우리는 탈레반이 현장의 『대당서역기』에도 언급되어 있는 세계 최대의 석불이며 예술적으로도 걸작품에 속하는 아름다운 바미얀대불(the Great Buddha at Bamiyan)을 다이너마이트의 폭음과 동시에 돌가루로 날려버린 그 야만성에 개탄과 분노를 금치 못하지만, 실상 로마제국의 기독교인들은 그 몇 천배, 몇 만 배의 야만적인 파괴를 일삼았다. 그들은 3세기 동안 감내해야만 했던 박해상황을 타 종교에 그대로 재현시켰으며, 그보다 몇 천 배 더 악랄하게 되갚았다. 문화혁명(Cultural Revolution)이라는 미명하에 홍위병이 저지른

15. 다신론과 유일신론의 문명충돌

이집트 테베지역 덴데라에 있는 하토르신전(Temple of Hathor)의 입구 오른쪽에 있는 탄생의 방(mammisi, birth house) 벽면에는 오시리스(오른쪽)와 이시스(왼쪽) 사이에서 태어난 아기 호루스(가운데)가 조각되어 있다. 그런데 이 모습은 아기예수 탄생설화와 겹쳐서 이해되었기 때문에 기독교인들은 이것을 용인할 수 없었다. 그래서 그 아름다운 조각을 모두 정(釘)으로 쪼아버렸다(5~6세기). 신앙이 이런 짓이나 열심히 하는 행위라고 한다면 한번 기독교신앙의 의미를 본질적으로 반추해볼 만하다.

터무니없는 만행들! 우리가 중국을 여행할 때 위대한 세월을 말해주는 중국 문명의 석비들이 다 금 가고 깨진 모습을 바라보면서 인간의 우행을 탓하지만, 로마제국 내의 "기독교 공인"이라는 문화혁명은 그보다 훨씬 더 가혹한 대가를 치러야만 했던 것이다.

유일신관의 존중이 왜 다원주의의 부정을 의미해야 하는지 나는 이해할 수가 없다. 진정한 유일신론은 종교적 문제를 포함한 삼라만상의 다원성을 포용하지 않을 수 없다. 일(一)은 곧 다(多)이다. 진정한 유일신은 오로지 하나일 수밖에 없으며, 오로지 하나인 신은 전체일 수밖에 없다. 전체가 아니라면 타에 의하여 국한되는 개별자가 되고 만다. 그것은 유일신론이 아닌 단일신론에 불과하다. "나의 하나님"만을 배타적으로 강요하는 것은 유일신론이 아닌 저급한 다신론적 세계관 속의 단일신의 권력적 횡포에 불과하다. 그것은 사랑의 하나님이 아닌, 저주의 개별신이다. 오늘날 한국 기독교가 탈레반의 땅에 가서 복음을 전한다는 사명은 그릇 해석된 유일신론의 횡포에 불과하다. 탈레반의 하나님과 한국 대형교회 사람들이 믿는 하나님을 통괄하는 오직 하나이신 전우주적 하나님에 대한 인식이 없이, 편협한 인간의 언어와 가치관으로 해석된 단일한 하나님 상(像)의 강요는 전도주의적 획일주의의 만행에 불과하다. 그것을 순교의 사명이나 진취적 정신의 개가로서 예찬할 수는 없는 것이다.

내가 이스탄불에서 서울의 어느 대형교회가 파견한 한국선교사를 만난 적이 있는데, 10년 선교활동을 하면서 한 명의 개종자를 만들었다고 했다. 물론 그 개종자는 무슬림사회로부터는 아웃캐스트가 되어버렸을 것이다. 10년 동안의 선교활동비는 적지 않은 돈일 것이다. 한국 기독교 서민대중의 정성 어린 연보 돈이 이런 방식으로 사용되는 것을 과연 하나님 땅끝선교의 위대한 사업이라고 해야 할까? 그보다는 더 절실하게 이 땅의 바로 이웃에서 사랑의 손길을 기다리는 자들이 외면당하고 있는 것은 아닐까?

AD 367년 부활절, 아타나시우스의 정경목록 발표는 교회사에 있어서 매우 획기적 의미를 지닌다. 즉 정경의 성립으로, 정경·외경의 구분이 존재할 수 없었던 시절의 방대한 교회문헌들이, 단지 정경목록에 들지 못했다는 이유 하나만으로, 하루아침에 모조리 외경으로 전락해버리는 수모를 겪게 된다. 아타나시우스의 정경목록 발표가 곧바로 27서 신약성경의 성립을 의미했던 것은 아니다. 그것은 어디까지나 "목록 발표"에 불과했기 때문이다. 그러나 아타나시우스가 주석한 알렉산드리아교구의 영향권 아래 있는 이집트 콥틱 크리스찬들에게 그 발표는 즉각적인 행동으로 옮기지 않을수 없는 구속력을 지니는 것이었다. 즉 수도원에 산적한 외경문서들을 어떻게 처분해야 할까 하는 고민거리를 안겨주었던 것이다.

시내산에 오르는 길. 옛부터 고행하는 수도승들이 다녔던 길이다. 아치에는 "수도자의 문"이라는 희랍어가 새겨져있다.

16. "함라돔의 피" 그 이후

투탕카멘의 저주, 그리고 예수의 저주

이제 우리의 이야기는 파바우 수도원 본부로 돌아가야 한다. 아타나시우스 대주교가 27서 정경목록을 발표한 바로 그 서한은, AD 367년 3월 말 아타나시우스의 피난생활을 목숨 걸고 지켜주었던 수도승들의 거점인 파바우 수도원 본부에 전달되었다(제5편 "파바우 수도원 본부" 참고). 그 서한에는 "외경적 텍스트를 읽어서도 아니 되며, 소장해서도 아니 된다"는 내용이 포함되어 있었다. 파바우 주변으로 약 7000여 명의 남녀 수도승이 있었고 그들의 센터 역할을 했던 파바우 수도원에는 도서관이 있었다. 그 도서관에는 수많은 성경문서들이 보관되어 있었던 것이다. 팔레스타인 지역의 문서가 양피지(소·양 가죽)를 소재로 쓴 것과는 달리, 그 문서들은 대부분이 파피루스 코우덱스의 형태를 취하고 있었다. 물론 본부 이외의 수도원에도 많은 성경문서들이 있었을 것이다.

전술한 바와 같이 아타나시우스의 친구였던 파코미우스(약간 연상)는 바로 이 수도원 본부에서, 346년 5월 9일 이 지역을 휩쓴 열병으로

내가 손으로 가리키고 있는 이 바위 밑에, 도마복음서를 포함한 13개의 코우덱스를 담은 항아리가 묻혀 있었다. 「백제서기」가 쓰인 근초고왕 시기에 이 항아리는 지하의 침묵으로 들어갔다. 「삼국사기」의 기초사료가 된 「서기」는 「사기」가 완성된 후 김부식의 손에 의하여 자취를 감추고 만 것일까?

숨을 거두었다. 스승은 이승을 떠난 지 오래되었지만, 그들의 헤구멘 (스승) 파코미우스의 친구며 알렉산드리아의 대주교인 아타나시우스의 교지를 그들은 거역할 수 없었을 것이다. 물론 이때의 상황은 정확한 문서기술이 남아있지 않기 때문에 정밀한 재구성이 불가능하다.

물론 갑자기 외경화되어버린 문서들을 불살라버릴 수도 있었을 것이다. 그러나 그들이 그토록 정성을 들여 번역하고(희랍어에서 콥트어로), 수집하고, 파피루스에 쓰고, 제본하고, 가죽 보자기로 싼, 그들의

투탕카멘은 아크나텐(Akhenaten)의 별볼일 없는 부인에게서 난 자식이었으며 10살에 등극했고 20살에 죽었다(BC 1333~1323 재위). 따라서 그의 무덤도 초라하다. 그리고 거대 무덤 사이에 끼어 있어서 발견되기가 어려웠다. 그러나 그러기에 부장품이 완벽하게 보존될 수 있었던 것이다. 영국의 고고학자이며 희대의 모험가였던 카터(Haward Carter)의 집념으로 1922년 11월 4일 무덤으로 들어가는 첫 계단이 발견되는 순간! 그것은 인류사에 다시 있기 어려운 찬란한 역사의 재현이었다. 무덤 속 개코원숭이는 새벽햇살에 발기하는 습성이 있어 부활의 상징으로 존숭되었다. 발기한 성기가 보인다.

피땀이 서린 소중한 문서들을 단숨에 말살시키는 그런 어리석은 짓을 하지는 못했다. 분명 그들은 아이코노클래즘(형상 불인정)이라는 단순한 이념적 명분 때문에 바미얀 대불을 폭파시키는 탈레반 미치광이들보다는 현명한, 무엇보다도 이성적인 수도승들이었다. 초기기독교는 현금의 극단적 유일신론의 세뇌 아래 미치광이 전도주의의 말폐에 빠져버린 그런 세속종교가 아니었다. 그들은 조용히 영적 해탈을 추구하는 수도집단이었고, 문서의 권위에 집착하기보다는 하나님과의 직접적 대면을 갈구하는 숭고한 영혼들이었다. 따라서 외경화된 문서에 관하여 보다 관대한 자세를 취할 수 있었다. 그들은 도서관 문서의 처리방안에 관하여 회담을 거듭했다.

역사적 상황은 변할 수도 있다. 그들이 내린 최종 결론은 이 외경문서 코우덱스를 우선 사람의 발길이 잘 닿지 않는 곳에 감춰두기로 한 단안이었다. 진시황의 분서갱유(焚書坑儒)에도 그 많은 문서들이 토벽 속에 숨겨졌던 사실을 생각하면 이것은 너무도 당연한 결정이었다. 그들은 문화를 존중할 줄 아는 종교인들이었다.

그들이 이 문서들을 숨기기로 한 곳이 바로 게벨 알 타리프(Gebel-al-Tarif) 절벽 산기슭이었다. 이 절벽산 주변에도 파코미우스의 스승인 팔라몬을 기념하는 수도원이 있었을 뿐 아니라 그 주변으로 토굴에서 수행하는 수도승들도 있었다. 그중 어느 한 승려에게 이 문서의 처리 임무가 맡겨졌다. 그는 13개의 코우덱스 문서를 붉은 토기항아리에 넣고 그 아가리를 사발로 덮은 후 가장자리를 천연 아스팔트 역청으로 완벽하게 밀봉했다. 그리고 그가 쉽게 확인할 수 있는 바위 밑에 구덩이를 파고 그 항아리를 묻었다. 묻은 사람은 언젠가 이곳을 다시 찾아와서 그 소중한 문서들을 가져갈 생각을 했을 것이다. 쿰란 동굴에 저장된 항아리문서와 달리 이 항아리는 아무 흔적도 없이 매몰되어 있었던 것이다. 1945년 12월 무함마드 알리의 동생 마지드의 우연한 곡괭이질에 이 항아리가 걸리지 않았더라면 앞으로 몇 천 년을 더 침묵 속에 보내야 했을지. 아니면 영원한 태허(太虛) 속으로 언어의 형상을 남기지 않은 채 기화(氣化)되어 버렸을까?

알리의 피비린내 나는 패밀리 퓨드(family feud) 복수극(제2편 "함라돔의 피비린내" 참고) 후에 과연 이 코우덱스는 어떠한 여로를 더듬었을까? 알리 엄마 손에서 불쏘시개가 될 뻔했던 이 코우덱스가 골동품이라는 것 정도는 알리 본인도 알고 있었다. 그래서 사람들에게 팔려고 노력했지만 아무도 거들떠보질 않았다. 우리 돈으로 계산하여 한 만원 정도만 달라고 애걸하였어도 천원조차 주는 사람이 없었다. 그래서 담배 몇 개비와 귤 몇 개와 바꿔치기하여 몇 개는 알리의 손에서 빠져나갔다. 복수극으로 인하여 경찰의 집 수색이 시작되었고, 경찰에게 이 코우덱스 문서를 빼앗기기는 싫었던지라 담배 몇 개비에라도 서둘러 팔았던 것이다.

제3 코우덱스(Codex III)의 경우, 알리는 그것을 동네에 있는 콥틱 크리스찬 교회로 가지고 갔다. 당시 이집트는 영국 보호령이었다. 영국 통치자들은 종교분쟁을 두려워했기 때문에 무슬림경찰들로 하여금 콥틱 기독교인을 거칠게 다루지 못하게 했다. 그래서 콥틱 교회는 안전한 조계 같은 느낌이 있었다. 코우덱스를 어떤 사람에게 보여 주었더니 이 문서는 아랍어가 아닌 콥트어로 쓰였다는 것을 알아보았고, 콥틱 교회에 가면 이 문서가 뭔지 알 수 있는 사람이 있을 것이라고

귀띔해 주었던 것이다. 알리는 제3 코우덱스를 안전하게 맡아달라고 교회에 부탁했다. 교회 사제는 이 제3 코우덱스를 중등교사였던 좀 유식한 처남 알키스(al-Qiss)에게 보여주었다. 알키스는 여러 콥틱학교에서 영어와 역사를 가르치던 순회교사였는데, 그 역시 이 문서를 알아볼 만한 지식이 없었다. 그래서 그는 콥트어를 전공하는 게오르기 베이 소브히(Georgy Bei Sobhy)라는 친구에게 보여주었다. 베이 소브히는 이 코우덱스에 들어있는 요한 비서(The Apocryphon of John), 이집트인 복음서(The Gospel of the Egyptians), 예수 그리스도의 지혜(The Sophia of Jesus Christ), 구세주의 대화(The Dialogue of the Savior) 등을 보고 경악했다. 으악! 태고의 문서가 내 눈앞에 펼쳐져 있다니! 해방 후 혼란기에 전설적인 『백제서기』를 발견한 듯한 감격보다 더 짙은 전율을 느꼈을 것이다.

베이 소브히는 공포스러운 나머지 즉각 이 문서를 당국에 신고했다. 당국은 이것을 콥틱 박물관에 조회했고, 알키스는 이 문서를 콥틱 박물관으로 가지고 가야 했다. 박물관은 알키스를 형벌에 처한 것이 아니라 300 이집트 파운드를 주고 정식으로 구입했다. 그리고 박물관에는 50파운드를 세금조로 기증해야 했다. 우리 돈으로 계산하면, 한 5만원 정도 받고 8000원을 커미션으로 떼어준 셈이다. 4만2000원을 가지고 집으로 돌아오는 알키스의 가슴은 그나마 감옥에 안 가고, 다행스럽게 골동품 공포에서 해방될 수 있었다는 행복감에 두근거렸다. 돈은 혼자 쓱싹해버렸다. 이 매매를 신사적으로 알선한 사람은 카이로 콥틱 박물관의 관장 토고 미나(Togo Mina)였다. 구입일자는 1946년 10월 4일! 이 사건이 바로 이 문서가 인류 역사에 모습을 드러내게 된 최초의 단서였다.

> "진시황의 분서갱유 시절에도 많은 죽간들이 토벽 속에 숨겨져 파괴를 모면했다. 파바우 수도원의 수도승들은 일시에 외경화되어버린 소중한 문서들을 불구덩이에 던질 수는 없었다. 그들은 영적 해탈을 추구하는 수도집단이었고 하나님과의 직접 대면을 갈구하는 숭고한 영혼들이었다. 그들은 이 문서들을 이성적으로 처리했다."

박물관 관장 미나는 매우 양심적인 인물이었고, 이 체노보스키온 문서의 보존역사에 있어서 유일하게 사심 없이 헌신한 인물이었다. 20세기 이집트학의 최대사건인 그 위대한 투탕카멘 왕릉 발굴에 돈을 댄 카나본 경(Lord Carnarvon)도 투탕카멘의 뚜껑이 열린 직후 사망했다. "투탕카멘의 저주"라는 소문이 돌았다. 토고 미나뿐 아니라 이 문서에 손을 댄 많은 사람이 이유 없이 죽어갔다. "예수의 저주"(The Jesus Curse)라는 소문이 돌았다.

나그함마디보다 하류에 위치한 아비도스 신전은 가장 오랜 시간에 걸쳐 존숭된 이집트 고대왕조의 종묘이다. 그 종묘의 "제왕화랑"(Gallery of the Kings)에는 세티 1세가 맏아들인 미래의 람세스 2세를 교육하는 장면이 그려져 있다. 람세스 2세는 모세와 동시대의 인물로 추정되기도 한다. 람세스 2세는 양피지 문헌을 들고 있는데 그 속에는 역대 왕들의 이름이 적혀 있었다. 그 이름이 모두 벽면에 새겨져 있는 것이다. 이 자료는 이집트 역사를 구성하는 데 결정적 근거를 제공한다. 이와 같이 이집트인들은 문서와 역사의 소중함을 알았다.

17. 코우덱스의 여로

심리학자 카를 융에게 헌정된 제1 코우덱스

1947년 9월 장 도레스(Jean Doresse)라는 젊은 프랑스인 대학원학생이 카이로에 도착한다. 도레스는 바로 우리가 여태까지 논구해온 파코미우스, 팔라몬, 성 안토니 등 초기 콥틱기독교의 역사를 전공하는 콥트어 전문가였다. 47년 가을 이집트에는 콜레라 유행병이 휩쓸며 5000명 이상의 생명을 앗아갔다. 프랑스 정부는 도레스에게 이집트 여행을 삼가라고 권고했다. 그러나 도레스는 카이로에 있는 프랑스고고학연구소(the French Institute of Archeology at Cairo)의 초청으로 나일강 상류지역의 콥틱기독교 유적을 조사하기로 되어 있었다.

3개월 체류의 장학금을 받은 그는 모처럼만의 여행기회를 취소할 수가 없었다. 30세의 그는 용감하게 아내 마리안느(Marianne)와 함께 카이로에 도착했던 것이다. 도착하자마자 그는 콥틱박물관(the Coptic Museum)으로 달려가서 토고 미나 관장을 만났다. 미나 관장은 프랑스 유학시절에 마리안느와 같이 수학한 동창생이었던 것이다. 이때 이미

올드 카이로(Old Cairo)에 있는 콥틱박물관 입구 정문. 그 철문에 콥틱박물관이라는 글씨가 쓰여 있다. 도마 복음서는 이곳에 보관되어 있다. 국기 오른쪽에 있는 벽돌 건물은 로마황제 트라이아누스(Traianus)에 의하여 AD 98년에 건설된 강변 경비타워의 잔해이다. 그때만 해도 나일강이 이 타워 밑으로 흐르고 있었다. 박물관 왼쪽으로는 성 조지 교회(Church of St. George)가 자리 잡고 있다. 성 조지는 AD 303년 디오클레티아누스 황제의 박해에 용감히 저항하여 순교한 인물로 초기 기독교에서는 매우 존숭받는 성자이다. 그는 팔레스타인 출신의 로마 병정이었다. 그래서 그는 항상 말 타고 용을 죽이는 기사로 성화 속에서 묘사되고 있다.

미나의 손에는 알키스가 판 제3 코우덱스가 쥐어져 있었다. 일별한 도레스는 이것이 3·4세기의 문헌이라는 것을 확인하고 그 보존상태와 규모로 보아 인류사의 한 획기적 발견이라는 것을 알아차린다.

당시 미나는 또 하나의 코우덱스가 카이로의 칸 칼릴(Khan Khalil) 지역에 있는, 벨기에 출신의 골동상 알버트 에이드(Albert Eid) 수중에 있다는 것을 알고 있었다. 며칠 후 도레스와 미나는 에이드를 방문한다. 그들이 발견한 것은 진리복음서(The Gospel of Truth)를 포함한 제1코우덱스였다. 당시 에이드는 카이로 어딘가에 더 많은 코우덱스가 떠돌고 있다고 말했다. 이들은 에이드가 자기 골동의 가치를 높이기 위해 떠벌리는 수작으로만 알았고 그 전설적 이야기의 진실성을 의심했다. 하여튼 이제 제1 코우덱스와 제3 코우덱스는 확고하게 역사 속으로 들어온 셈이다.

도레스는 혹시나 해서 몸소 나그함마디 지역을 헤매었다. 비행기로 일단 룩소르까지 갔으나 콜레라 비상으로 나그함마디행 열차는 운행이 중단되어 있었다. 그는 어렵게 어렵게 몇 주 동안 탐험을 계속했다. 나 도올의 일행이 다닌 바로 그 지역이었다. 그러나 나그함마디 사람들은 그에게 진실을 밝히지 않았다. 그는 더 이상의 문헌이 존재하지 않는다고 단정지을 수밖에 없었다. 그는 귀국 후 권위있는 프랑스 고문헌아카데미에서 이 문서의 발견을 보고했다. 1948년 2월 23일 르몽드지는 "4세기 파피루스문헌의 발견"이라는 제목 하에 단 3줄의 소략한 기사를 실었다: "고문헌아카데미 학회에서 152페이지에 달하는 파피루스의 책 한 권이 이집트에서 발견되었다는 보고서가 발표되었다. 여태까지 출판된 적이 없는 5개의 영지주의 문서의 콥트어 번역이다.

지만 좀 질이 좋지 않은 인물이었다. 미나 관장은 에이드에게 이 문서를 해외로 반출해서는 안 된다고 당부하고 또 당부했다. 그러나 에이드는 공항의 세관원들을 매수하여 밀반출하는 데 성공했다. 그는 이 코우덱스를 미국시장으로 가지고 갔다. 처음 그는 미시간대학 도서관에 2만 달러를 요구했다. 미시간대학은 너무 비싸다고 구입을 거절했다. 그 뒤 그는 뉴욕에 가서 볼링겐 파운데이션(Bollingen Foundation)에 접근하여 1만2000달러를 요구했다. 그러나 볼링겐 파운데이션은 사적인 책 구입은 안 한다고 말했을 뿐 아니라, 그것을 안전하게 맡겨놓게나 해달라는 부탁마저 거절해버렸다. 에이드는 화가 나서 브뤼셀로 건너가 그곳 은행의 안전금고에 코우덱스를 넣고 덜커덩 잠가버리고 말았다. 그리고 저주에 걸렸는지 이듬해 죽고 만다.

그 뒤 이 코우덱스는 어떻게 되었을까? 이 코우덱스의 소식을 들은 사람 중에 프로이트의 의식세계를 더 심층으로 진화시킨 그 유명한 심리학자 카를 구스타프 융(Carl Gustav Jung, 1875~1961)이 있었다. 융은 그 소식을 듣자마자 융 인스티튜트(the Jung Institute)의 마이어(C. A. Meier)에게 그 코우덱스를 구입할 것을 권유했다. 마이어는 그 코우덱스를 추적한 끝에 브뤼셀의 은행금고 속에 그 문서가 잠자고 있는 사실을 알아냈고, 에이드의 부인 시모네 에이드(Simone Eid)가 새로운 소유주라는 것을 알게 되었다. 마이어는 취리히 근교 발리셀렌(Wallisellen)에서 살고 있는 미국인 독지가 페이지(George H. Page)에게 전화를 걸어 상황을 설명했다. 페이지는 즉각 3만 5000 스위스 프랑을 희사했다.

1952년 5월 10일 브뤼셀의 어느 카페에서 매매가 성립하였다. 이 사

영지주의의 신화구조가 단순한 기독교 외경의 이야기가 아니라 인류의 가장 심오하고도 보편적인 집단무의식의 한 표출이라고 파악한 위대한 심리학자 카를 구스타프 융.

실은 에이드 부인의 요청에 따라 18개월 후에나 공식 발표되었다. 그 이유는 아무도 모른다. 후에 언론에서 "역사의 페이지에서 유례를 찾기 힘든 관대한 희사"라고 평한 이 희사의 주인공 페이지는 이 문서가 불법적으로 유출된 사실을 알았기 때문에, 다음과 같은 단서를 붙였다: "이 문서는 충분한 학구적 연구가 이루어진 후에 제자리로 반환되는 것이 마땅하다." 위대한 양심의 소치라 할 것이다. 이러한 연유로 우리는 제1 코우덱스를 융 코우덱스(The Jung Codex)라 부른다. 융 코우덱스는 페이지의 소망대로 1975년 카이로 콥틱박물관으로 돌아갔다. 심리학자 융은 왜 그토록 이 문헌들을 갈구했을까?

> 나그함마디 문서를 최초로 구매한 사람은 카이로 콥틱박물관의 토고 미나 관장이었지만, 그 문서의 가치를 고증하고 최초로 세계의 언론에 소개한 사람은 프랑스 콥트언어학자 쟝 도레스였다. 1948년 2월 23일 르몽드지는 "4세기 파피루스문헌의 발견"이라는 제목의 기사를 실었다. 세계 인문학계에 소개되는 최초의 계기였다.

18. 프로이트와 융

나는 신화를 창조한다, 고로 나는 존재한다

> 인간을 바라보는 시각에 있어서 프로이트는 부정적이고 파괴적인 데 반하여 융은 긍정적이고 건설적이다. 의식을 설명하는 데 있어서도 프로이트는 과거지향적인 데 반하여 융은 미래지향적이다. 삶의 경험을 지배하는 수퍼에고가 프로이트의 경우는 남성적이며 비판적인 데 반하여 융의 경우는 여성적이며 포용적이다. 프로이트는 정신분석에 있어서도 인격의 분열을 주안점으로 삼고 있는 데 반하여 융은 인격의 조화를 주안점으로 삼는다.

"나는 생각한다. 고로 나는 존재한다."(*Cogito, ergo sum*). 해석기하학의 창시자이며 근대철학의 아버지라고 불리는 르네 데카르트(René Descartes, 1596~1650)의 명언이다. 나의 존재를 보장하는 것이 나의 생각이다. 내가 생각하기 때문에 내가 존재한다는 것이다. 이때 "생각

마리아와 예수의 아키타입은 이집트 전통에서 유래된 것으로 사료되고 있다. 아기 호루스에게 아버지 오시리스가 젖을 먹이기도 하고 어머니 이시스가 젖을 먹이기도 한다. 위의 부조는 아비도스 세티1세 신전 벽화이다. 호루스-이시스와 예수-마리아는 같은 신화전통 속에서 이해되었던 것이다. 동일한 아키타입이다.

우리가 어렸을 때는 기차간이나 버스간에서도 엄마가 아이에게 젖을 내놓고 먹이고 있는 광경은 아주 흔한 일이었다. 초기 콥틱 기독교 성화에서도 마리아는 예수에게 젖을 먹이고 있다. 마리아가 왼손가락으로 유방을 집어 예수에게 물리고 예수는 오른손으로 마리아의 유방을 만지작 거리고 있다. 마리아의 유방이 강조된 것이 특징이다. 카이로 콥틱 박물관 소장.

한다"는 것은 아무렇게나 생각하는 것이 아니고, 수학적으로 생각한다는 것이다. 즉 합리적으로, 이성적으로 생각한다는 것이다. 존재의 주체가 곧 이성(Reason)인 것이다. 근대적 인간은 바로 이러한 이성을 주체로 하는 인간이다. 그러니까 근대적 인간(Modern Man)은 이성적 인간(Rational Man)이다. 이성의 지배를 받지 않는 인간은 근대적 인간이 아니다. 이러한 이성의 선험적 과학주의가 인류의 근대를 지배해온 것이다. 거시적으로 보면 이러한 이성주의적 노력은 지금 우리사회에서도 진행되고 있는 엄연한 역사적 과제상황이다.

그런데 20세기로 접어들면서 이러한 과학주의 신화가 깨지기 시작한다. 이성의 지나친 독재에 항의하는 많은 이론들이 생겨났다. 인간이 과연 이성주의적 합리성의 틀 속에서만 규정될 수 있는 존재인가? 과연 인간은 이성적으로만 살아야 할까? 이성적으로 살 때만이 행복하단 말인가? 이러한 이성주의적 세계관에 가장 본질적인 의문을 제기한 사상가의 한 사람으로서 우리는 지크문트 프로이트(Sigmund Freud, 1856~1939)를 들 수 있다. 그의 철학을 한마디로 요약하면 다음과 같다: "나는 꼴린다. 고로 나는 존재한다."

데카르트가 인간존재의 주체를 이성으로 파악한 데 반하여, 프로이트는 인간존재의 주체를 "꼴림"으로 파악한다. 나는 이성적이기 때문에 인간이 아니라, 꼴리기 때문에 인간이라는 것이다. 꼴림이라는 성적 에너지야말로 나의 존재의 주체적 실상이라는 것이다. 이성주의적 에고(Ego)의 가려진 근원에는 광대한 비이성주의적 "꼴림"의 바다가 있다는 것이다. 이 무의식의 바다를 그는 이드(Id)라고 불렀고, 이드야말로 인격의 가장 근원적이고 원초적인 뿌리이며, 이 뿌리로부터 현실

호루스에게 젖을 먹이는 여신 이시스 청동상. 사카라 고분군 출토품. 임호테프(Imhotep)박물관 소장.

18. 프로이트와 융

감각(reality principle)을 지닌 에고와 도덕적 가치관(morality principle)을 지닌 수퍼에고가 분화된다고 보았다. 이드를 지배하는 본능적 충동을 그는 대체적으로 성적 에너지로 파악하였고, 이 성적 에너지를 리비도(libido)라고 불렀다. 이 리비도의 억압의 역사가 문명의 역사라는 것이다. 따라서 그의 정신분석학은 억압된 리비도의 해방, 즉 성적 억압을 빙자한 모든 윤리적 질곡에서 인간을 해방시키고자 하는 20세기적 가치관을 반영하고 있다. 프로이트의 이러한 해방론의 메시지는 프랑크푸르트학파에 의하여 마르크스의 유물주의적 해방론과 결합되기도 하였던 것이다.

그러나 프로이트는 인간의 문명의 성취를 "꼴림의 승화"(sublimation) 현상으로 보기 때문에, 궁극적으로 성적 에너지를 부정적이고 파괴적으로 바라본다. 미켈란젤로의 위대한 예술적 성취가 결국 그의 "꼴림"의 에너지의 고상한 전위형태라는 것이다. 이러한 범색론(汎色論, pansexualism)은 그럴듯하면서도 어딘가 찜찜한 구석이 남는다. 그렇다면, 위대한 예술가는 다 위대한 색골이어야 하는가?

이러한 프로이트의 범색론에 새로운 인간관을 제시한 매우 창조적인 심리학자가 카를 구스타프 융이다. 프로이트는 그의 클리닉에 찾아오는 뉴로시스 환자들의 치유를 목적으로 하는 국부적인 의료심리학에 주력했지만, 융은 건강한 인간의 총체적 심리의 이해를 도모한 순수이론심리학을 건설하려 했다. 프로이트는 그가 산 시대의 문제에 충실하려 했지만, 융은 시대성과 무관한 보편적 인간학을 정립하려 했다. 융이 프로이트를 만났을 때 이미 융은 6년에 걸친 독자적인 정신분석의 연구경험을 가지고 있었으므로, 융의 학설을 프로이트에 대한 반동으로서 이해하는 것은 적절치 못하다. 프로이트가 유대인인 데 반하여, 융은 유대인이 아니다. 융은 프로이디안이 되기 이전에 이미 독자적 인간관을 성숙시키고 있었다. 프로이트는 정신분석에 있어서 인격의 분열을 주안점으로 삼았지만, 융은 인격의 조화를 주안점으로 삼았다. 프로이트가 부정적이고 파괴적이라면, 융은 긍정적이고 건설적이다. 융의 학설의 핵심은 무엇인가? "나는 신화를 창조한다. 고로 나는 존재한다."(I create myth, therefore I am).

"나는 꼴린다. 고로 나는 존재한다"라는 말은 우리의 사타구니에서 항시 경험되는 사태이므로 이해가 매우 쉽다. 그러나 "신화를 창조한다. 고로 나는 존재한다"라는 말은 매우 우회적으로 들린다. 그러나 프로이트가 말하는 이드적 세계의 더 밑바닥에, 불교 유식(唯識)에서 말하는 아라야식보다도 더 근원에 "신화를 창조하는 의식의 기층"(the

파바우 수도원 본부 터에서 동네 아이들과 함께. 이곳 도서관에 도마복음서가 소장되어 있었다.

myth-creating substratum of the mind)이 있다고 융은 보는 것이다. 이 신화창조의 의식의 기층을 융은 집단무의식(the collective unconscious)이라고 불렀다. 나는 신화를 창조하기 때문에, 나는 존재한다는 것이다. 나의 존재성은 "신화를 창조함"에 의하여 보장받는다는 것이다. 과연 그러한가?

1906년 어느 날 융이 병원 복도를 거닐고 있는데 과대망상증에 걸린 정신분열증 환자(a paranoid schizophrenic)가 그를 창가로 데리고 갔다. 그러더니 그는 실눈을 치켜뜨면서 태양을 가리켰다. 그러면서 자기처럼 실눈을 뜨고 태양을 잘 지켜보면 "태양의 거대한 자지"(the phallus of the sun)가 보일 것이라 했다. 그러면서 그는 자신의 머리를 좌우로 천천히 흔들었다. 자기의 머리가 흔들리는데 따라 태양의 자지도 동으로 서로 흔들린다는 것이다. 그 움직임에 따라 세상의 "바람"이 생겨나는 것이라고 중얼거렸다. 몇 년 후 융은 미트라스 컬트(the cult of Mithras)의 찬송으로 간주되는 희랍어 고문서를 소개하는 알브레히트 디터리히(Albrecht Dieterich)의 저서를 읽게 된다.

미트라스는 원래 조로아스터교 이전부터 존재했던 이란의 토착신이었다. 그러나 로마시대의 미트라스 종교(Mithraism)는 기독교와 혼동될 정도로 유사한 성격을 많이 지니고 있었고, 이미 플라톤의 데미우르고스 사상에도 결정적인 영향을 주었다. 마르쿠스 아우렐리우스의 아들인 콤모두스 황제 시대 때 로마병사들 사이에서 극성했던 종교였다. 융은 그 희랍어 고문서 텍스트에서 정신분열증 환자가 이야기한 것과 동일한 내용의 언사를 발견하게 되는 것이다. 환자가 지껄였을 때는 이 책은 출판되지도 않았고, 그 환자는 계속 병원에 갇혀 있었던 사람이었다. 그러니까 그 환자가 그 책을 읽지 않았다는 것은 너무도 확실했다.

융은 정신분열증 환자를 단순하게 비정상인으로 바라보지 않는다. 그 환자의 신화의 체계가 우리의 신화 체계와 다를 뿐이라고 생각한다. 그의 신화 체계는 오히려 미트라스 종교를 만들어냈던 사람들의 신화 체계와 동일했던 것이다. 그것은 어떤 특수한 문화유형론으로 설명되어서는 아니된다. 그 신화는 어떤 보편적 인간의 의식구조를 반영하고 있다는 것이다. 이제 우리는 물어야 한다. 신화란 무엇인가? 이러한 질문이 바로 이제 우리가 영지주의 문서라고 애매하게 불러왔던 나그함마디 코우덱스의 세계로 진입하게 되는 이론적 실마리가 되는 것이다.

기자의 대 피라미드가 하루 아침에 솟은 것이 아니다. 사카라에 있는 이 조세르 왕(King Djoser)의 피라미드야 말로 모든 피라미드의 원형이라 할 수 있다. 임호테프가 설계했다. 광개토대왕의 장군총을 방불케 한다. 높이 60m 정도.

19. 신화를 찾아서

너를 낳은 자궁을 축복하라!

> 신화적 언어는 그것이 객관적으로 사실이냐 아니냐가 중요한 것이 아니다. 그 언어가 우리에게 어떠한 삶의 의미를 주느냐가 중요한 것이다. 신화는 우리 삶에 품위와 의미와 목적을 주는 것이어야 한다. 21세기 우리의 신화가 원시인의 신화보다 더 저열한 것일 수도 있다.

예수의 엄마인 마리아가 동정녀라는 것은 단지 복음서 저자의 신화체계 속의 상징적 표현에 불과한 것이었다. 동정녀 마리아의 이야기는 제1차 자료인 마가복음이나 제4복음서인 요한복음에는 나오지 않는다. 초대교회인들의 인식체계 속의 마리아는 아기 예수에게 젖을 주는 평범한 엄마였다. 동정녀가 아니라 호르몬이 분비되는 임신 여성이었을 뿐이다. 예수는 한 손으로 젖을 받쳐 열심히 빨고 있고, 또 한 손으로는 젖을 몽실몽실 주무르고 있다. 마리아도 예수에게 젖을 주기 위해 왼 손으로 풍만한 유방을 떠받치고 있다. 이 그림양식은 피카소의 그림처럼 매우 큐비스틱하다. 안토니수도원의 이 성화는 인간의 가장 원초적인 아키타입을 그리고 있는 것이다.

융이 말하는 "집단무의식"(the collective unconscious)이라는 말에 있어서 "집단"이라는 단어의 상식적 의미는 우리에게 혼동을 일으킨다. 융의 "집단무의식"은 일차적으로, 프로이트가 말하는 무의식이 개인적 무의식(the personal unconscious)이라는 사실을 전제로 해서 설정된 것이었다. 프로이트는 무의식 속으로 침잠되는 개인의 의식적 사태가 그 무의식 속에서 억압된 형태로 뭉쳐 있는 것을 콤플렉스(complex)라고 불렀다. 어릴 때, 가까운 친척 아저씨에게 성희롱을 당했거나 인세스트(incest)의 체험이 있거나 한 아가씨는 정상적 의식의 상태에서는 그것을 모르는 채, 아무 일이 없었던 것처럼 숨기면서 살아갈 수 있지만, 그것을 숨기는 만큼 무의식의 세계에서는 그것이 억압된 에너지로 뭉쳐 있게 마련이다. 그리고 그것은 부지불식간에 그 사람의 의식의 세계를 지배한다.

그러니까 프로이트가 이러한 콤플렉스 이론을 만들게 된 것은 서구사회 사람들의 성적 행위가 음란한 반면 그것을 억압하는 도덕적 규제가 강했다는 것을 방증하는 것이다. 그러한 의식구조 속에서는 뉴로시스 환자가 발생할 수밖에 없었다. 그것은 기독교 윤리의 이중성이나 허위성이 중세기로부터 서구인들의 인격을 기나긴 시간 지배했다는 것을 의미한다. 동방인들에게도 성적 문란은 똑같이 있었겠지만 그것을 하나님의 벌을 받아야 할 죄악으로 생각하지는 않았다. 치욕이나 수치(Shame)는 죄악(Sin)과는 다르다. 그러니까 프로이트는 이러한 기독교 문명의 수퍼에고(도덕적 자아)에 반기를 든 것이다. 수퍼에고는 에고보다도 오히려 직접적으로 이드의 세계를 지배한다. 정신분석(psychoanalysis)을 통하여 무의식세계에 가려져 있는 콤플렉스를 의식의 세계로 노출시키면, 그것은 눈덩이가 햇볕을 보면 녹아버리듯이

비 한 점 없는 아라비아사막의 땡볕 속에 작열하는 안토니 수도원의 땅에 놀랍게도 청정한 물이 콸콸 흘러넘친다. 이 샘물의 모습도 하나의 아키타입이다. 마리아의 유방에서 흐르는 젖이나 자궁의 생명력이나 사막에서 솟아나는 이 샘물은 동일한 생명의 젖줄이다.

녹아 없어져 버리고, 따라서 뉴로시스 증세가 치유될 수 있다고 믿었던 것이다. 그러나 이러한 콤플렉스는 어디까지나 개인의 체험에 의한 개인적 콤플렉스다. 융은 프로이트와 달리 이러한 개인적 콤플렉스를 대상으로 하지 않았다. 그는 뉴로시스 환자를 대상으로 하는 것이 아니라 정상인의 의식세계를 분석하려 했다. 프로이트가 말하는 개인무의식보다 더 깊은 곳에 집단무의식이 자리잡고 있다는 것이다.

"집단"하면 우리는 사회적 집단을 생각하기 쉽다. 그러나 융이 말하는 "집단"은 일정 규모로 구획되는 사회적 집단이 아니라 인간이라는 "집단"을 말한다. 따라서 그가 말하는 집단은 인간에게 보편적인 성격을 지칭한다. 융이 말하는 "집단적"이라는 말은 오히려 "태고적"(archaic), "원초적"(primitive), "보편적"(universal), "조형적"(archetypal)이라는 의미로 해석되어야 한다. 그것은 인간이라면 누구든지 가지는 것이기 때문에, 후천적인 습득형질로 간주되는 것이 아니라 선험적인 것으로 규정된다. 그것은 결코 문화유형론(cultural morphology)이나 라

마르크적인 유전으로 규정될 수 없는 매우 본원적인 인간인식의 조형이다.

어린 아기에게 "엄마"란 무엇일까? 어린 아기에게는 "엄마"라는 개념적 언어가 없다. 그것은 우선 독특한 향이 있는 뭉클한 젖가슴, 그리고 빨면 유방에서 흘러나오는 젖의 맛 등등으로 반복되어 느껴지는 그 무엇일 것이다. 여기서 가장 중요한 것은 "반복된다"고 하는 사태이다. 아침과 저녁, 이런 것은 나의 인식체계에 있어서 끊임없이 반복되는 것이다. 그러나 이러한 단순한 반복은 반복으로 끝나지 않는다. 그 반복이 나에게 다양한 의식의 조형을 만들어낸다. 아침과 저녁은 빛과 어둠(요한복음의 언어)으로 조형화된다. 그리고 그것은 태양의 죽음(저녁)과 부활(아침)로 조형화된다.

엄마에 대한 언어적 개념이 성립한 후에도 엄마는 나에게 개인적 체험으로만 머물지 않는다. 엄마는 단순히 나 개인의 엄마 아무개가 아니다. 엄마가 나를 보호하고 나의 모든 굶주림과 위험의 사태를 해결해주는 좋은 그 무엇이라면 그것은 천사(Angel)나 성모 마리아가 될 것이다. 엄마가 나에게 사악한 고통을 주는 존재로서 대상화되면 그 엄마는 악마(Devil)가 되고 마녀(Witch)가 된다. 이러한 반복되는 무의식의 패턴이 우리의 집단무의식의 아키타입을 형성하고, 이러한 아키타입이 곧 신화의 언어를 구성한다고 보는 것이다. 예수의 죽음과 부활, 그 수난의 드라마도 결국 이러한 인간의 조형성의 한 신화적 패턴일 뿐이라고 융은 생각한다. 일출과 일몰의 전 과정이 하나의 통일된 이미지로서 아키타입을 형성한다. 이집트인들의 태양신 숭배사상에서 가장 명백한 사실은 태양이 매일 죽는다는 사실이다. 그리고 매일 부활한다는 사실이다. 쇠똥구리(dung beetle) 케프리(Khepri)는 그러한 태양신 아문 라(Amun-Ra)의 부활의 상징으로 숭배되었다. 현대 록의 거장인 "비틀즈"(the Beatles)의 이름도 이집트 신화의 부활사상에서 따온 것이다.

매일 새벽 먼동이 틀 때 신성한 왕자가 바다로부터 태어난다. 이 왕자는 태양이라는 황금의 수레를 타고 거대한 하늘의 여행을 시작한다. 서쪽의 지평선에는 용의 모습을 한 서왕모가 기다리고 있다. 일몰의 순간에 서왕모는 왕자를 잡아 삼켜버린다. 왕자는 용의 배 속에서 암흑의 심연의 기나긴 여행을 시작한다. 밤의 사자들과의 무섭고 지루한 투쟁을 통해 왕자는 새벽 먼동이 틀 무렵 다시 태어난다. 찬란한 햇살을 발하며! 부활의 승리! 오 태양이여! 이런 신화의 유형은 어느 문명에서든지 발견될 수 있다. 인간의 집단무의식의 발로라고 융은 간주하는 것이다.

도마복음서 79장(눅 11:27~28, Q40)에는 이와 같은 이야기가 있다. 군중에 둘러싸인 예수를 향해 어느 여인이 외친다. "너를 낳은 자궁을 축복하라! 예수여! 너를 먹인 유방을 축복하라!" 이에 예수는 무어라 대답했을까? "너를 낳은 자궁"도 하나의 아키타입으로서 여기 등장하고 있는 것이다.

뉴멕시코의 드넓은 평원에서 하루 종일 엉덩이와 어깨를 욱시글거리며 끝없이 춤을 추고 있는 푸에블로 인디언들(the Pueblo Indians)에게 융은 왜 그렇게 열심히 춤을 추는지 그 연유를 물었다: "태양은 우리 아버님이시다. 아버님께서는 매일매일 기나긴 황도를 홀로 걸어가시는 지루한 여행을 하신다. 어찌 우리가 여행의 반려로서 아버님께 춤과 음악을 들려 드리지 않을 수 있겠는가? 우리가 하루라도 자식된

도리를 하지 않으면 아버님께서는 십 년 뒤 떠오르지 않으실 것이다. 그리하면 이 우주에는 영원한 밤이 올 것이다."

융은 그 순간 이 우주의 종말을 걱정하면서 그토록 열심히 춤을 추고 있는 인디언들의 얼굴에서 숭고한 그 무엇을 발견했다. 최소한, 강남 부동산값에 매달려 걱정하는 졸부나, 자녀가 서울대학 못 들어갈까 봐 안달하는 아녀자나, 신도들의 연봇돈만 계산하고 앉아있는 일부 성직자들의 신화체계보다는 더 건강한 신화를 그들은 만들어내고 있었던 것이다.

"그들의 삶은 우주론적인 의미를 지니고 있었다. 그들은 태양이라는 아버지를 도와 매일 반복되는 출현과 몰락의 과정 속에서 전 우주생명을 보존하려고 노력하고 있었던 것이다." 민주, 자유, 평등, 통일 이런 따위의 언어는 그것 자체가 하등의 실체로서 파악될 수 없는 신화적 존재의 현대세기적 표출이다.

민주세상을 만들겠다고 많은 사람이 생명을 던지는 현대사회나, 태양이 안 뜰 것을 걱정하여 하루 종일 춤을 추는 원시사회나 동일한 아키타입의 신화적 세계 속의 인간세의 모습이다. 그것은 제각기 우리에게 우리가 존재하는 의미를 던져준다. 신화적 언어들은 사실의 여부가 중요한 것이 아니라 그 언어가 우리의 삶에 어떠한 기능을 하고 있는가가 중요한 것이다. 융에게 있어서 정신병이란 단지 이러한 신화적 가치의 충돌일 뿐이었다.

탈레반을 선고하겠다고 아프가니스탄으로 달려가는 신화적 충동에 사로잡혀 있는 사람의 의미체계는 그 나름대로 숭고할 수도 있겠지만,

그것은 분명 탈레반의 신화체계를 파괴하고, 세금을 내는 대한민국 자유시민의 건강한 상식적 삶의 신화를 파괴한다는 의미에서 하나의 망상(delusion)으로 간주될 수밖에 없다.

안토니수도원의 수사 루메우스와 담소하는 필자. 이들은 먹는 모든 것을 자급한다. 수사들이 만든 햄은 정말 맛있었다. 앞에 보이는 피난성채는 비잔틴제국의 유스티니아누스 대제가 지어준 것인데 사닥다리만 걷어버리면 베두윈의 침입을 막을 수 있다.

모세도 40년 광야를 헤매었고, 예수도 40일 광야에서 시험을 받았다. 광야는 사막이다. 사막은 모든 종교적 신앙의 상징이다. 광야에서는 인간의 모든 세속적 욕망이 멸절된다. 그리고 신과의 영적 해후가 이루어진다. 사진은 모세가 유대민족을 거느리고 홍해를 건너 기나긴 방랑생활을 해야만 했던 수르-신 광야.

20. 삶의 의미

인간 실존의 자리는 증오 아닌 사랑일 뿐

> 신앙이란 나의 상식적 인식의 지평을 넘어서는 타자(the Other)에 관한 모든 가능성을 포괄하는 것이다. 그것의 제일의 조건은 타자 앞에 선 나라는 실존의 겸손이다. 모든 신앙은 존재의 겸손으로부터 출발해야 한다.

인간은 "꼴림의 존재"가 아니라 "의미를 추구하는 존재"라는 융의 통찰은 많은 종교인들에게 신앙의 심오한 내면을 반추하게 만드는 매우 유용한 실마리를 제공한다.

지금 우리 사회는 "신정아 사건"으로 인해 마치 온 국민이 관음증 환자가 되어버린 듯한 착각을 불러일으킨다. 이러한 신정아 신드롬을 촉발시키고 있는 가장 원초적인 동기는 인간은 꼴리기 때문에 존재한다고 하는 사실에 있다고 프로이트는 진단하는 것이다. 너무도 하찮을 수 있는, 한 철없는 여인의 행동이 이토록 장시간 전 국민의 관심을 사로잡고 언론을 도배질하고 중요한 대선 국면을 무기력하게 만드는 이면에는, 국민 모든 개개인 의식의 저변에 "꼴림"이라는 리비도적인 충동이 있고, 그 충동이 삶의 재미를 유발하고 있다는 것이다. 온 국민이 다같이 "꼴림"을 유발하는 재미있는 소설을 같이 읽고 있는 효과를 자아내고 있다는 것이다.

프로이트는 문학과 예술의 세계도, 정치·경제·사회현상도 모두 이러한 리비도적 에너지로 부터 설명해 들어간다. 매우 일리가 있는 설명방식이다.

그러나 융은 인간의 가장 원초적 충동을 성적 충동으로 보지 않는다. 그보다 인간은 살아야만 하는 이유를 찾아야 한다고 본다. 살아야만 하는 이유라는 것은 곧 "삶의 의미"를 찾는 충동이다. 어렵게 무녀독남 외아들을 키워가는 수절과부에게 과연 성적 "꼴림"이 더 근원적인 충동일까, 그 자식이 영예로운 인간으로 성장하는 "성공신화"가 더 원초적인 충동일까? 매우 대답하기 어려운 문제이지만, 모든 인간이 부지불식간에 나의 삶에 의미를 부여하는 신화를 창조하고 있다는 사실은 외면할 수 없는 중대한 인간현실이다.

인간의 고대사회가 모두 예외 없이 신화적 언어로 구성되어 있다는

사실은 신화창조 충동이 인간에게 얼마나 본질적인 것인가를 잘 예시하고 있다. 그 신화는 대부분, 인간을 억압하고 소외시키기도 했지만, 그 신화적 세계관 속에서 살아가는 인간들에게 "삶의 의미"(Meaning of Life)를 부여했던 것이다. 기독교 성서의 세계도 이러한 삶의 의미를 창출하는 신화의 한 유형이라고 융은 간주하는 것이다.

우리가 예수를 믿고 교회에 나가는 것도 그러한 믿음의 행위가 나에게 매우 본질적인 의미를 던져주기 때문이다. 삶의 체험 속에서 해후하는 자질구레한 번사보다 훨씬 더 근원적이고 확고하고 절대적인 의미를 나의 실존에 던져준다고 믿기 때문에 나는 교회에 나가는 것이다.

많은 사람이 내가 기독교 성서와 신앙세계에 관한 글을 쓰고 있다는 사실에 대하여 매우 궁금해 하는 것이 있다. 당신이 과연 기독교 신앙인이오? 당신이 진짜 크리스챤이란 말이오? 그들은 나로부터 확고한 신앙고백이나 신앙간증을 듣기를 원한다. 아니, 강요한다. 『기독교성서의 이해』(통나무, 2007)와 『요한복음강해』(통나무, 2007)를 쓰고난 후로 나를 인터뷰하는 대부분의 기독교 계열 인사나 매스컴 기자들은 그러한 질문을 수없이 던졌다. 그리고 심지어 이런 말까지 했다: "당신이 진정한 기독교인이라면 모든 것을 다 버리고 아프가니스탄에 가서 한 일 년이라도 열심히 선교하고 오시오! 그러면 믿겠소."(2007년 1월 31일 한국프레스센터 19층 기자회견).

신왕조의 파라오인 아멘호테프 3세(AmenhotepⅢ, BC 1387~1350 재위)에 의하여 그 원형이 완성된 룩소르 신전(Luxor Temple)은 이집트 테베지역의 대표적 신전이다. 나일강변에 위치하고 있는 이 신전은 석양에 보면 더 찬란하게 빛난다. 앞에 있는 거대한 석상은 람세스2세인데 모세와 동시대인으로 여겨지고 있다. 모세도 이곳에 왔을 것이다. 그 뒤로 양편 7개씩 14개의 석주가 있는데, 아멘호테프 3세의 손자인 투탕카멘 치세 때 정교하게 조각되었다. 이 거대한 신전을 지배하는 것도 물론 신화이다. 견우·직녀의 만남과도 같은 신들의 만남인 오페트 축제(Festival of Opet)가 매년 범람시기에 열리는데, 이 축제를 통해 파라오는 신적인 기(KA)를 받아 살아있는 최강자로 부활한다. 거대한 석주는 이오니아·도리아·코린트 양식에 선행하는 파피루스 양식으로 하늘과 땅을 연결하는 것이다.

이런 질문을 던지는 사람들에게는 검증할 수 없는 매우 묘한 신념이 있다. 그 질문자는 완벽한 진짜 신앙의 소유자인 데 반하여 나 도올은 가짜 신앙인이라는 것이다. 그들은 예수를 진짜로 믿는데 나 도올은 가짜로 믿는다는 것이다. 그렇다면 과연 그들이 말하는 진짜 신앙의 척도는 무엇일까? 그들이 말하는 어떠한 척도로 다 재어보아도 상식적으로 내가 가짜고 그들만이 진짜라는 결론은 도출되지 않는다. 융은 이런 대척에 뭐라 말할까? 그들의 신앙을 구성하는 신화체계와 도올의 신앙을 구성하는 신화체계가 다르다고만 말할 것이다.

나에게 신앙이란 나의 상식적 인식의 지평을 넘어서는 타자(the Other)에 관한 모든 가능성을 포괄하는 것이다. 그것의 제일의 조건은 타자 앞에 선 나라는 실존의 겸손이다. 모든 신앙은 존재의 겸손으로부터 출발해야 한다. 타자는 언어를 초월하는 것이며, 그것은 존재론적으로 실체화될 수 없는 것이다. 따라서 신앙의 세계는 합리적인 분석을 거부할 때가 많다. 나는 그것을 비합리(irrationality)라고 부르기보다는 초합리(transrationality)라고 부른다. 그러나 초합리적 세계의 인식은 반드시 합리적 세계의 벼랑끝 절벽에서만 이루어질 수 있다.

다시 말해서 합리적 사유를 궁진(窮盡)한 자만이 진실된 초합리를 말할 수 있는 것이다. 이 세계(World)는 기(氣)에서 리(理)로 입하지만 신(God)은 리에서 기로 진입한다. 이것은 매우 난삽한 형이상학적 언어이지만 신의 타자성을 설명하는 매우 좋은 방식이다. 이 세계와 신은 결국 하나의 창진적 과정(Creative Process) 속에서 만날 수밖에 없다. 신이 세계를 초월해 있다면, 이 세계도 신을 초월해버릴 것이다. 신과 세계는 서로 초극하는 관계가 아니라 서로 진입하고 서로 해후하는 관계가 되어야 한다.

신의 실체성을 구성하는 모든 신화적 언어는 궁극적으로 나의 실존적 체험 속에서 의미를 지니는 아키타입이다. 따라서 신앙에 대하여 어떤 객관적인 기준을 논하거나, 진가(眞假)의 평점을 구한다는 것은 애초에 어불성설이다. 복음서의 이야기가 픽션인가 논픽션인가, 역사적 사실인가 신화적 구성인가를 논하는 것도 애초에 어불성설이다. 그렇지만 우리가 아무리 신앙의 세계를 초합리적이고 비이성적인 것으로 규정한다 해도, 그 신앙을 생산하는 실존이 놓이는 자리는 사회적일 수밖에 없으며, 그 사회적 자리는 철저히 합리적일 수밖에 없다. 아무리 아프가니스탄선교에 대한 초이성적 신앙열정을 불태운다 해도 그 인간이 놓여 있는 현실은 철저히 인간세의 상식적 인과에 의하여 지배되고 있다. 신앙 자체의 비합리성이 인간 삶의 합리성을 거부할 수는 없는 것이다. 인간 삶의 자리는 오로지 증오 아닌 사랑일 뿐이다. 사랑이라는 구극적 메시지는 모든 종교제도의 교리체계를 통합하고 초극하는 것이다.

우리가 여태까지 논구해온 나그함마디 문서는 기나긴 여로를 더듬었지만 결국 한자리로 되돌아왔다. 다타리-타노 컬렉션은 나세르 대통령에 의하여 국유화되었고, 융 코우덱스도 제자리로 돌아왔다. 대부분의 코우덱스가 카이로의 콥틱박물관에 안치되기에 이르렀다. 초기 기독교인들의 신앙열정의 소산인 이 문서들이 회록지재(回祿之災)를 당하지 않고 모든 위험의 고비를 넘기고 살아남은 것은 20세기 인류사의 최대 축복 중의 하나라고 해야 할 것이다.

유네스코와 많은 뜻있는 기관의 협력으로 나그함마디 라이브러리 전체가 정리되고 영역되기에 이르렀다. 1970년 말 나그함마디 코우덱스를 위한 국제협력기구(the International Committee for the Nag Hammadi Codices)가 결성되었고, 1977년에는 『영어로 읽는 나그함마디 도서』(*The Nag Hammadi Library in English*)라는 단행본이 출간되었다. 그 원본 텍스트도 네덜란드 브릴(E. J. Brill)출판사에 의하여 전 12권으로 1972~84년에 완간되었다. 이 라이브러리는 52종의 성서를 포괄하고 있다. 그중 제2 코우덱스 두 번째 논문으로 도마복음서가 자리잡고 있다. 이제 우리는 우리의 최종적 목표인 도마복음서의 분석으로 그 관심의 장을 옮겨야 한다.

람세스 2세 석상.

21. 역사적 예수에 관하여

예수는 누구인가?

> 역사적 예수는 역사적 예수를 말하는 사람의 시대의식이 투영되어 있음은 분명하다. 그러나 그렇기 때문에 오히려 끊임없이 역사적 예수를 탐구함으로써만 우리는 신앙의 원점을 확보할 수 있는 것이다.

추석이다. 많은 사람들이 귀성길을 서두르고 있다. 이제 우리도 도마복음으로 가는 길을 서둘러야겠다. 그러나 그 길을 재촉하기에 앞서 던져야만 할 질문이 하나 있다.

예수는 과연 누구인가? 그는 과연 실제로 존재했던 역사적 인물인가? 아니면 하나님의 아들일 뿐인가? 이런 질문에 답하기 위해서는 우선 예수라는 캐릭터에 관한 객관적 정보를 담은 문서를 조사해 보아야 한다. 우리가 현재 흔히 우리의 신앙의 근거로 삼고 있는 예수의 전기

요한복음 2장의 혼인잔치가 열린 가나(Cana)에서 서남쪽으로 큰 고개를 두 개 넘으면 접시처럼 큰 분지의 동네가 나타난다. 여기가 바로 예수가 태어나고 자라난 나사렛이다. "나사렛과 같은 촌동네에서 뭔 좋은 것이 날 수 있느냐?"(요 1:46)라는 말이 있듯이 천시받던 동네였다. 내가 1970년대에 갔을 때는 꼭 옛날 금호동 판자촌 같은 느낌이었는데 지금은 꽤 깨끗한 현대도시가 되어 있었다. 앞쪽 오른쪽으로 보이는 14각형 돔의 교회가 마리아 수태고지(受胎告知) 교회이다. 유대인과 팔레스타인 사람이 섞여 사는데 옥상 물통 색깔로 구분된다. 공중폭격 때 팔레스타인 사람만 폭격하기 위한 것이라 한다. 악랄한 차별정책이다. 이 사진은 매우 어렵게 특별한 허가를 받아 황혼에 찍은 것이다. 최고의 나사렛 전망이다.

자료는 다음의 4종이 있다: 마태복음, 마가복음, 누가복음, 요한복음. 이것을 보통 "기쁜 소식"을 뜻하는 "복음"(福音)이라는 말로 부르지만, 복음의 실제적 의미는 요새말로 하면 전기문학(biography) 정도에 해당된다. 그러나 전기문학이란 한 인간의 생평(生平)을 서술함으로써 우리에게 그 인간의 삶과 그 인간이 산 역사적 정황에 관한 객관적 지식을 얻게 만드는 정보체계이다. 과연 상기의 4복음서를 그러한 현대적 의미맥락에서의 전기문학이라고 말할 수 있을 것인가?

우선 4복음서 중에서 가장 먼저 성립한, 복음서의 원형이라고 하는 마가복음은 AD 70년경에 쓰여진 것이다. 예수는 흔히 AD 30년경 예루살렘에서 십자가형에 처해짐으로써 생애를 종료한 사람으로 여겨지고 있다. 그렇다면 우선 예수와 최초의 복음서 사이에는 40년의 시차(時差)가 있다. 더구나 예수는 희랍어를 몰랐던 사람이었는데 예수에 관한 최초의 기록은 당시의 코이네 희랍어로 이루어졌다.

예수는 갈릴리 지역의 토속말인 아람어(Aramaic: 히브리말과 관련된 메소포타미아 서북지역의 셈족 언어)를 말한 사람이었다. 따라서 시차뿐 아니라 언어도, 예수 자신의 언어와 전혀 다른 언어로 번역되어 기술되었다. 우선 마가복음 1:1을 살펴보자!

"하나님의 아들 예수 그리스도 복음의 시작이라."

이 1장 1절의 첫마디에서 이미 우리는 마가복음이 오늘 우리가 요구하는 정보체계에 관심이 없다는 것을 극명하게 알 수 있다. 역사적 예수에 관해서는 말하려 하지 않는다. 예수는 그리스도, 즉 기름부음을 받은 자(메시아)이며, 그 그리스도는 하나님의 아들이라고 하는 신앙고백이 들어가 있는 것이다. 역사적 예수를 그리스도로서, 하나님의 아들로서 받아들이는 것이 곧 복된 소식이다. 그 복음이 모든 사람들의 마음에 들리게 하기 위한 목적으로 이 책은 집필되었다는 것이다. 다시 말해 마가복음서의 저자는 오로지 "복음의 시작"으로서만 예수의 삶을 제시하겠다는 너무도 명백한 의도를 표명하고 있는 것이다. 따라서 복음서의 최초의 원형인 마가복음에서부터 이미 예수에 관한 객관적·역사적 정보를 획득하기 어렵다.

그렇다면 도대체 "하나님의 아들"(the Son of God)이란 무엇인가? 하나님은 우리가 상식적으로 알고 있는 희랍의 신들처럼 형상이 있고, 여성도 있고, 남성도 있고, 결혼도 해서 애도 낳는 하나님일까? 그렇다면 남자 하나님이 있고 여자 하나님이 있어, 그 둘이 성교를 하여 낳은 아들이 예수라는 말인가? 물론 유일신 사상을 강조하는 유대인 전통 속에서 이런 사유는 허락되지 않는다. 하나님은 형상도 초월하며, 여성도 아니고 남성도 아닌, 인간의 상상력으로 규정할 수 없는, 호렙산 떨기나무 불꽃 가운데서 이르듯이 "스스로 그러한 자"(출 3:14)이다. 두 남녀가 결합하여 애 낳듯이 낳은 애가 예수일 수는 없는 것이다.

그래서 나온 탄생설화가 동정녀 마리아 탄생일 것이다. 예수가 인간 엄마에게서 태어나기는 했는데, 아버지가 인간이 아니라 하나님이라는 것이다. 이런 상황에서는 하나님은 분명 남성적 기능을 가지고 있다. 그런데 남성 하나님과 인간 여성이 직접 성교할 수는 없는 노릇이므로 이때는 "성령"이라는 추상적 매체가 개재된다. 즉 동정녀 마리아는 성령으로 잉태하여 예수를 낳았다는 것이다. 그런데 재미있게도 복음서의 원형인 마가복음에는 예수의 탄생과 성장에 관한 일체의 설화문학이 생략되어 있다. 성인 예수의 세례로부터 곧바로 시작한다. 즉 예수라는 복음은 오직 세례요한에게서 세례를 받음으로써 시작되었다고 선포하는 것이다.

동정녀 마리아 탄생설화는 어떤 위대한 창시적 인물을 기술할 때 인류가 공통으로 사용해온 아키타입에 속하는 것이다. 부계사회에서 아들은 항상 아버지의 권위에 소속되기 때문에 아들을 창시자로 만들 때는 반드시 인간 아버지는 사라져야 한다. 신라의 시조 박혁거세도 박(朴)과 같이 큰 알(大卵)을 깨뜨리고 나왔고, 석탈해도 알로 태어나 비단 금궤에 실려 강물에 둥둥 떠다니다가 모세처럼 극적으로 건져졌다. 모세와 탈해는 어원적으로 "물에서 건져졌다"는 뜻을 갖는 같은 이름들이다(출 2:10). 고구려의 시조 동명성왕 고주몽(高朱蒙)도 천제(天帝)의 아들 해모수(解慕漱)의 영기를 받은 유화(柳花)가 낳은 알을 깨뜨리고 나왔다. 이 모두가 동정녀 마리아 설화의 다른 표현양식이다.

삼위일체론에 있어서도 성령이라는 애매한 말을 잠시 제쳐놓으면 결국 성부와 성자의 문제가 되는데, 이것은 곧 초대교회에 있어서 예수가 인간인가, 신인가 하는 물음에 관한 것이다. 결국 예수가 "하나님의 아들"이라고 하는 것은 문자 그대로 하나님 아버지의 자식이라는 물리적 사실을 지칭하는 것이 아니라, 예수라는 역사적 인간에게 신성(Divinity)이 확보되어야 한다는 매우 추상적이고도 신학적인 요청을 의미하는 것이다. 만약 역사적 지평 속에서의 인간 예수가 없이 하나님의 아들이라는 신성만을 고집한다면, 갈릴리 지평 속에 나타난 예수는 하나의 허환(虛幻)에 불과한 것이 되고 만다. 걸어다니는 유령일 뿐이다. 인성을 인정치 않고 신성만을 고집하는 생각을 신학사에서는 도세티즘(Docetism, 독일어로는 도케티스무스 Doketismus), 즉 가현론(假現論)이라고 부른다. 어떠한 기독교인도 가현론을 신봉할 수는 없다.

그러나 인성이 확보되지 않으면 가현론에 빠질 수밖에 없다. 그렇다면 인간 예수란 무엇인가? 인간 예수란 두말할 나위도 없이 평범한 "나"와 같이 생로병사를 거치는 역사 속의 한 인간일 뿐이다. 나사렛에서 태어나고(베들레헴 탄생설화는 후대의 첨가) 성장하고, 당대 팔레스타인 민중과 더불어 기존의 질서와 상충되는 운동을 전개했고, 예루살렘에서 정치적 박해를 받아 억울한 형벌에 처해짐으로써 생애를 마감한 그 어떤 인간! 그 어떤 인간의 실상을 추구하는 신학적 경향을 총칭해서 역사적 예수(Historical Jesus)라고 부르며, 이것은 흔히 교리적 예수, 즉 신앙의 대상으로서의 예수와 구분되는 리얼한 예수(Real Jesus)의 모습에 관한 탐구이다.

이 역사적 예수의 탐구에 있어서 가장 혁혁한 공을 세운 사람이 다름 아닌 알베르트 슈바이처(Albert Schweitzer, 1875~1965)였다. 슈바이처의 『역사적 예수의 탐구』(1906)라는 세기적 명저는 라이마루스(H. S. Reimarus)로부터 브레데(W. Wrede)에 이르는 기존 200년 동안의 모든 역사적 예수 연구를 집대성하였으나 매우 신랄한 결론에 이르고 만다: "역사적 예수의 연구는 역사적 예수의 참모습에 이를 수 없다. 모든 연구자들이 그들의 시대의식을 역사적 예수의 그림에 투영하고 있을 뿐이다." 그리고 그는 화려한 신학자로서의 명성을 뒤로하고 예수의 참모습을 실천하기 위하여 새롭게 의학을 공부하고, 간호원 부인과 함께 아프리카로 훌쩍 떠나버리고 만다.

마가복음의 저자부터 이미 역사적 예수를 말하려 하지 않았다면 우리가 역사적 예수를 캐어 들어갈 수 있는 자료는 극히 제한적이다. 그렇다고 슈바이처의 비관적 결론 때문에 우리는 역사적 예수를 말하기를 포기해야 할까? 결코 그렇지않다! 나 도올은 말한다: "역사적 예수는 역사적 예수를 말하는 사람의 시대의식이 투영되어 있음은 분명하다. 그러나 그렇기 때문에 오히려 끊임없이 역사적 예수를 탐구함으로써만 우리는 신앙의 원점을 확보할 수 있는 것이다."

역사적 예수의 이해가 없는 신앙은 픽션이다. 한국 교계의 가장 큰 맹점은 교리적 예수를 역사적 예수로 착각하고 있다는 점이다. 바로 이 오류를 광정하는 데 도마복음서는 한없이 유용한 자료를 제공한다.

이 두 소녀의 도움으로 우리는 나사렛 고지의 아파트 옥상으로 올라갈 수 있었다. 예수는 고향에서 대접을 못 받는다고 한탄했는데 우리는 나사렛에서 엄청난 환대를 받았다. 이 동네 사람들이 모두 옥상으로 몰려 우리를 에워쌌던 것이다. 이 두 소녀의 이름은 에밀리(왼쪽), 조아나. 성모 마리아의 어릴 적 모습이 이랬을 것이다.

22. 사도바울의 예수

예수에서 그리스도로

> 바울 서한 속에는 역사적 예수의 그림자도 비치지 않는다. 이러한 사실에 근거하여 프레케와 갠디는 **예수 미스테리아 명제**를 만들었다. 예수는 역사적 사실이 아니라 신화적 운동의 한 가상적 주체이며, 그의 삶의 이야기들은 이집트·근동지역의 설화양식의 한 전형일 뿐이라는 것이다.

역사적 예수(Historical Jesus)는 현존하고 있는 "나"와 같이 시공의 인과성의 모든 제약을 받는 존재이다. 평범한 부모 밑에서 태어나 33세쯤에 물리적 죽음을 맞이한, DNA 검출이 가능한 역사적 존재이다. 이 역사적 존재와 복음서에 기술되고 있는, 갈릴리 지평에 등장한 사건의 주체로서의 존재를 상응시키는 어떤 관계를 확정한다는 것은 매우 난감한 일이다.

이 사진은 예수가 떡 다섯 개와 물고기 두 마리로 오천 명을 배불리 먹인 바로 그 장소에 세워진 교회의 내부를 찍은 것이다. 전 세계에서 몰려오는 신도들이 항상 이와 같이 예배를 드린다. 내가 1970년대에 갔을 때만 해도 이런 거대한 석축 교회가 없었다. 아무도 오지 않는 작은 천막교회가 외롭게 서 있었을 뿐이었다. 이러한 변화는 점점 우리를 역사적 예수로부터 멀어지게 만든다. 내가 70년대 느꼈던 예수는 갈릴리 풍진 속의 고독한 예수였다.

"예수 그리스도"라는 말이 있다. 이 말을 무심코 혼동하여 쓰지만 예수와 그리스도는 전혀 별개의 차원에 속한다. 예수는 "도올 김용옥"과도 같은 역사적 인간을 지칭하는 말이다. 예수는 역사적 실존인물의 이름이다. 그러나 "그리스도"는 역사적 실존인물을 가리키는 것이 아니라 구원의 메시아로서 사도들의 신앙 속에서 고백되어지는 대상이다. 그러니까 엄밀하게 말하면 "예수교"와 "기독교"도 다른 개념이다. "교"(敎)라는 것은 "가르침"이다. 그러니까 예수교는 역사적으로 실존했던 예수라는 사람의 가르침(Teachings of Jesus)이다. 나사렛에서 태어나 목수 일을 했고 갈릴리 지역에서 군중을 휘몰고 다니면서 천국의 도래와 같은 어떤 메시지를 전했던 사람의 가르침이 바로 예수교이다. 그러니까 예수교는 역사적 예수의 가르침을 신봉하는 것이다. 그러나 기독교(그리스도교)는, 이미 역사적 예수와는 무관하게, 역사적으로 실존했다고 상정되는 그 예수가 바로 그리스도라고 하는 신앙고백을 중심으로 뭉쳐진 사도들의 가르침을 신봉하는 것이다.

예수가 죽은 것이 AD 30년경이고 최초의 복음서가 작성된 것이 AD 70년 이후의 사건이라고 한다면 이 40년간의 공백기에서 일어난 가장 중요한 변화는 예수교가 기독교로 전환되었다고 하는 것이다. 그 변화는 매우 창조적인, 인간의 자유로운 상상력들이 충돌을 일으키고 또 조정되어 간 과정이었다.

예수교의 직접경전이 있는가? 다시 말해서 역사적 예수가 살았을 당시 그의 가르침을 적어놓은 기록이 있는가? 단언컨대 이러한 기록은 없다. 예수는 행위자이지 이론가가 아니다. 실천가이지 웅변가가 아니다. 당대의 로마 철학자 키케로처럼 유려한 문장을 쓴 사람도 아니다.

더구나 그를 따르던 사람은 베드로가 상징하듯이 어부 수준의 사람들이거나 초라한 여인들이었으며, 대부분이 문맹이었다. 따라서 그의 가르침을 기록으로 남긴다는 것은 불가능했고 의미가 없었다. 예수의 삶의 목적은 인간의 구원이었지 교단의 형성이 아니었던 것이다. "교단의 형성"에 관한 모든 움직임은 예수교의 운동이 아니라 기독교의 운동이다.

그렇다면 AD 30년과 AD 70년 사이에 일체의 문헌이 존재하지 않는단 말인가? 이 질문에 가장 결정적인 답을 주는 것이 바울 서한이다. 사도 바울(Paul the Apostle)은 어찌되었든 역사적인 실존성이 확실시되는 인물이며, 초기 기독교공동체 형성에 결정적인 공헌을 한 사상가였다. 이 사도 바울은 소아시아·그리스 지역에서 3차에 걸친 전도여행을 하면서 지금 우리가 생각하는 교회 비슷한 기독교 거점들을 만들었고, 그 교회에서 문제가 발생할 때마다 사상가로서 자신의 견해를 피력하는 유려한 희랍어 편지를 써서 보냈던 것이다. 이 편지들을 "바울 서한"이라고 하는데, 바로 이 서한들이 현재 기독교 정경의 최대 부분을 차지하고 있다. 이때 중요한 사실은 역사적으로 "바울 서한"이 "4복음서"보다 더 빨리 집필된 문헌이라고 하는 사실이다. 신약성서는 마태·마가·누가·요한복음, 사도행

이어오병 교회의 앞쪽 제단 부분. 바닥에 떡과 물고기의 모자이크가 있고, 그 앞에는 예수가 걸터앉았다는 현무암이 있다. 갈릴리지역은 제주도와 유사한 현무암지대이다.

전·로마서·고린도 전·후서…의 순서로 배열되어 있지만, 로마서·고린도서가 앞에 있는 4복음서보다 더 앞선 문헌이다.

그런데 재미있는 것은 바울의 서한 속에는 역사적 예수에 관한 언급이 일절 없다는 사실이다. 바울의 의식과 문장세계 속에는 나사렛 예수도, 갈릴리 군중도, 본디오 빌라도에게 고난을 받는 예루살렘의 예수도 없다. 예수의 제자들이나 주변인물이나 가족사항에 관한 일체의 구체적 언급이 없다. 바울의 예수는 다메섹(다마스커스)으로 가는 노상에서 계시된 예수일 뿐이다. 그 계시된 예수(Revealed Jesus)는 오직 죽음을 이기고 부활한 예수(Resurrected Jesus)일 뿐이다. 그의 계시 속에 부활한 예수는 추상적 예수(Abstract Jesus)이며, 추상적 예수인 만큼 이론적 예수(Theoretical Jesus)였다. 바울에게는 추상과 이론이야말로 리얼한 것이었으며, 밥 먹고 똥 싸는 구질구질한 나사렛 촌동네의 인간 예수는 전혀 고려의 대상이 아니었던 것이다. 그의 서한문 전체가 초기기독교 교단 내의 문제를 해결하기 위한 이론적 노력이다. 그 핵심은 "예수의 부활"인 동시에 예수를 그리스도로서 신봉하는 모든 사람들의 부활이다. 그 부활은 "영적으로 다시 태어남"을 의미한다. 그 부활사상의 핵심에 바로 그가 말하는 "하나님의 의"(義, the righteousness of God)가 자리잡고 있는 것이다.

이미 바울은 예수교를 설(說)한 것이 아니라 기독교를 설한 것이다. 그러니까 유감스럽게도 역사적 성격이 확실한 바울 서한을 통해서도 우리는 역사적 예수를 발견할 길이 없는 것이다.

최근 바울 서한 속에 역사적 예수가 존재하지 않는다는 이 사실에 착안하여 티머시 프레케(Timothy Freke)와 피터 갠디(Peter Gandy)는 "예수 미스테리아 명제"(the Jesus Mysteries Thesis)라는 가설을 세웠다. 이들의 가설에 의하면 예수는 역사적으로 실존했던 인물이 아니라, 이집트·지중해연안·근동지역에 광범하게 유포되어 있었던 미스테리아 비교(秘教)의 신화적 운동의 유대인적 버전 속의, 죽음과 부활을 상징하는 신인(godman) 주인공이라는 것이다. 그러니까 예수는 역사적 실체가 아니라 신화운동의 한 가상적 주체이다. 이 가상적 주체야말로 우리 자신이 모두 그리스도가 될 수 있도록 만들어주는 기능을 가지고 있는 신화적 운동의 주체라는 것이다. 그것이 곧 미스테리아 비교의 특징이라는 것이다. 오시리스-디오니소스와 관련된 신화들의 골자를 간추려내면 곧 예수의 신화적 삶이 구성된다는 것이다.

1. 오시리스-디오니소스는 육화(肉化)된 신이며, 구세주이고 하나님의 아들이다.
2. 그의 아버지는 하나님이며, 어머니는 인간동정녀이다.
3. 그는 3명의 양치기가 지켜보는 가운데 12월 25일 동굴이나 허름한 외양간에서 태어난다.
4. 그는 그를 따르는 자들에게 세례의식을 통하여 다시 태어날 수 있는 기회를 준다.
5. 그는 결혼식장에서 물을 술로 바꾸는 이적을 행한다.
6. 그가 나귀를 타고 읍내로 의기양양하게 입성할 때, 사람들은 종려나무 가지를 흔들며 그를 찬양한다.
7. 그는 세상의 죄를 대속하여 부활절 무렵에 죽는다.
8. 죽은 직후에는 지옥으로 떨어졌다가 사흘 후에는 죽은 자 가운데서 일어나 광영 속에 하늘로 올라간다.

9. 그를 따르는 자들은 그가 최후심판의 날에 심판관으로서 되돌아오기를 기다린다.

10. 그의 죽음과 부활은 그의 몸과 피를 상징하는 빵과 포도주 의식으로써 기념된다.

이것은 예수의 이야기가 아니라 예수의 삶과 공통된 이집트·근동지역 신화의 매우 보편적인 설화양식이다. 따라서 복음서에 나타난 예수 이야기의 골격은 당대에 유행하고 있었던 흔해빠진 이야기라는 것이다. 그러니까 복음서 기자들이 추상적 인물을 가지고도 마치 그것이 역사적 실존인물이었던 것처럼 기술함으로써 민중의 공감을 불러일으킬 수 있었던 문화적 토양이 팽배해 있었다는 것이다. 따라서 역사적 예수는 픽션이라는 것이다. 픽션이 아니라도 전혀 그 실체를 알 길이 없다는 것이다. 과연 그럴까?

요단강은 갈릴리 바다와 사해를 연결하는 강이다. 그런데 이 강은 지금 이스라엘과 요르단을 가르는 국경선이 되어 있다. 그래서 꼭 우리나라 임진강 같은 느낌이 난다. 갈릴리 바다(호수) 바로 아래쪽에 요단강을 건널 수 있는 다리(Jordan Naharayim)가 하나 있다. 요단강을 찍을 수 있는 드문 곳이래서 그곳에 내렸는데 광풍이 휘몰아쳤다. 예수가 다닌 곳은 이토록 바람이 세게 부는 거친 들판이었다.

23. 엘레우시스의 비의종교

예수는 새로운 미스테리아일까?

> 페르세포네는 곡물의 종자를 뜻한다. 씨는 땅속에서 죽음을 체험하고 지상으로 부활한다. 예수도 한 알의 밀이 땅에 떨어져 죽지 않으면 많은 열매를 맺을 수 없다고 했다. 바울도 그리스도와 함께 십자가에 못박혀 죽지 않으면 살 수 없다고 말했다.

미스테리아 종교(mystery religion)라 하면 "신비"를 뜻하는 영어의 미스테리(mystery)라는 말 때문에 신비주의적인 어떤 특별한 것으로 생각하기 쉬우나, 그것은 그레코·로망 세계에 있어서는 1세기에서 3세기에 걸쳐 지극히 보편적으로 성행한 민중의 축제였으며 컬트(cult)였다. 따라서 초기 기독교 형성사를 생각하는 데 있어서 이러한 미스테리아 종교나 축제와의 관련성을 배제하기는 어렵다. 그것은 국가종

알렉산드리아는 나일강의 토사가 퇴적되어 이루어진 삼각주의 서단에 위치한 도시인데, T자 모양의 항구를 양쪽으로 끼고 있는 지중해 해변과 거대한 마레오티스 호수 사이로 기다랗게 형성된 도시이다. BC 332년 알렉산더 대왕이 설계한 이후로 희랍문화의 절대적 영향 속에 있었다. 이 사진은 마레오티스 호수의 어부들을 찍은 것인데 지금은 범람이 없어져 호수가 말라 공장지대로 변해버렸고 호수는 빈곤한 모습으로만 남아 있었다. 이 호수 주변에서 성대한 미스테리아 제식이 이루어졌다. 마레오티스는 원래 염전의 뜻이다. 어부 아버지는 "목요일 아이"를 뜻하는 카니스, 아들은 모멘. 잡은 고기는 붕어같이 생겼다. 나는 이들 배를 타고 갈대숲을 돌아다니며 사진을 찍었다. 뱃삯으로 돈을 주어도 받지 않는 순결한 사람들이었다.

교로서 올림푸스 신앙이 제공하지 않는, 토착적인 농경문화의 이니시에이션 제식(initiation rites)과 관련있는 매우 대중적으로 인기가 높았던 종교적 체험이었기 때문에 초기 기독교도들이라도 신화적 관습에 젖어 있는 사람이라면 누구든지 부담없이 참석할 수 있었다. 그리고 그 제식의 성격이 "죽음과 부활"을 제1의적 상징목표로 삼고 있다는 데 우리의 주목을 요하게 되는 것이다.

희랍어로 뮈스테리아 (*mystēria*) 라는 말은 원래 뮈에인(*myein*)이라는 동사에서 왔는데, 그것은 "눈이나 입을 닫는다"는 뜻이다. 비밀스러운 의식을 암시하고 있는 말이다. 이러한 의식에 참여하는 초심자를 뮈스테스(*mystes*, 복수는 *mystae*)라 부르고 이러한 초심자를 지도하는 사람을 뮈스타고고스*(mystagōgos)*라 부른다. 전체 제식의 최고 사제를 히에로판테스 *(hierophantēs)* 라 하는데, "성스러운 것들을 계시하는 자"(revealer of holy things)라는 뜻이다.

그러나 희랍어로 "뮈스테리아"는 원래 엘레우시스(Eleusis) 지방의 근교 언덕 위에 자리잡고 있는 데메테르 엘레우시니아(Demeter Eleusinia) 성전에서 행하여지던 미스테리 컬트에 한정되어 쓰이던 말이었다. 그것은 데메테르 신화와 관련이 있지만, 올림푸스 신화 성립 이전의 태곳적 생산성 숭배(fertility cult)에서 유래된 것으로 간주되고 있다. 모든 대지의 여신, 생산하는 여성신은 상호 관련이 있다. 이집트의 여신 이시스(Isis), 페니키아의 여신 아스타르테(Astarte), 메소포타미아의 여신 이슈타르(Ishtar), 희랍의 데메테르, 아프로디테, 아르테미스, 아테나, 프리기아의 퀴벨레(Cybele), 이 모든 여성신이 상호 관련이 있으며, 후대 기독교의 성모 마리아 컬트도 이 전통의 연속선상에서 이해될 수밖에 없다.

데메테르는 로마신화 속에서는 케레스(Ceres)로 불리기도 하는데, 데메테르라는 이름 자체가 "곡식의 엄마"(grain mother), "엄마 대지"(mother earth)를 뜻하고 있다. 크로노스(Cronos)와 레아(Rhea)의 딸이며, 제우스의 누이인 동시에 애인이다. 제우스와의 사이에서 난 딸 페르세포네(Persephone)를 애지중지했는데, 지옥의 왕인 하데스(Hades)가 연정에 불타올라 엔나의 골짜기에서 꽃을 따며 놀고 있던 페르세포네를 납치하여 땅을 가르고 명부(冥府)로 납치해 갔다. 딸의 비명소리를 들은 데메테르는 꼬박 아흐레 동안 온 세상을 헤매었으나 딸을 찾을 길이 없었다.

데메테르가 페르세포네를 되찾는 과정에 관한 이야기는 매우 다양한 버전이 있어 일관된 서술이 어렵다. 하여튼 데메테르는 하데스가 제우스의 허락을 받아 딸을 납치해 간 것을 알고 분노한 나머지, 지하로 통로를 열어준 땅에 저주를 내린다: "배은망덕한 땅아! 나는 너를 비옥하게 하였고 풀과 자양분이 많은 곡식으로 덮어주었노라. 이제 그러한 은총을 받지 못하리!" 기근이 만연하였고 모든 종자는 싹이 트지 않았다. 그리고 데메테르는 엘레우시스에서 노파 유모로 변신하여 이 지역의 왕 켈레오스의 막내아들 트립톨레모스(Triptolemos, 어떤 버전에는 Demophon)를 길렀는데, 켈레오스는 결국 자기 아들을 불사신으로 만들려는 데메테르의 행위를 목격하고 그녀의 본색을 알게 되었고, 데메테르를 위한 신전을 지었다. 이 신전이 바로 엘레우시스 미스테리아 종교의 전당이 된 것이다.

지상의 생명이 고갈되는 위기를 감지한 제우스는 데메테르와 협상을 시도했으나 페르세포네를 지상으로 되돌리는 것 이외에는 어떠한 타협도 불가능했다. 제우스의 페르세포네 반환 명령에 하데스는 복종했으나, 애통하게도 페르세포네는 이미 하데스가 준 석류의 맛있는 과육을 먹은 후였다. 운명의 법칙에 의하여 지옥에서 무엇을 먹는 사람은 영원히 지옥을 벗어날 수 없었다. 그래서 하는 수 없이 반년은 어머니와 지내고, 반년은 남편과 지내기로 합의할 수밖에 없었다. 딸 페르세포네가 지상으로 되돌아오자 땅에는 이전같이 종자가 싹이 트고 풍요롭게 결실을 맺었다. 데메테르는 엘레우시스의 왕자 트립톨레모스에게 쟁기의 사용법과 씨 뿌리는 법을 가르쳐주었고, 날개 돋친 용이 끄는 자기의 이륜차에 그를 태워 지상의 모든 나라를 돌아다니며, 인류에게 유용한 곡식과 농업의 지식을 전수하였다.

룩소르 지역 나일강변의 카르낙 신전은 인류가 이 땅 위에 건설한 최대의 신전이며 전체 면적이 347에이커에 이른다. 아문 신전만 해도 26만㎡에 이른다. 1500년에 걸쳐 증축되었다. 내가 서 있는 다열주실만 해도 장대한 기둥이 134개나 되는데 세티1세와 람세스2세 때 지어진 것이다. 신화적 상상력이 이토록 어마어마한 건물을 짓는 데 결정적 모티프가 될 수 있다면, 예수의 신화를 만드는 데 집중된 인간의 에너지를 상상해보는 것은 그리 어려운 일이 아니다. 신화는 가상이 아닌 그들 삶의 리얼리티였다.

이 신화에서 페르세포네라는 이름은 "곡물의 종자"를 뜻한다. 페르세포네가 지상의 엄마와 같이 있을 때는 싹틈과 성장을 의미하고, 지하의 남편과 같이 있을 때는 소멸과 불모를 의미한다. 그것은 지중해 연안 문명의 기후 사이클에 따른 곡물의 계절적 순환을 의미하기도 하며, 씨가 땅으로 들어가 모습을 감추고 있다가, 다시 말해 지하의 남편에게 납치되어 있다가, 다시 모습을 드러내며 부활하는, 즉 죽음과 부활의 사이클을 상징하고 있는 것이다.

따라서 미스테리아의 종교 제식은 이러한 계절 순환에 따라 이루어지는데 대제(大祭, Greater Mysteries)는 9·10월의 보에드로미온(Boedromion)달에, 소제(小祭, Lesser Mysteries)는 2·3월의 안테스테리온(Anthesterion)달에 이루어진다.

엘레우시스는 아테네의 북서쪽으로 23km 떨어진 곳, 아름다운 살라미스만 깊숙한 해안에 자리잡고 있다. 이 대제는 궁극적으로 비의(秘儀)적인 것임에도 불구하고 보통 3000명 이상의 뮈스타이(초입자)가 참여하는 대규모 군중축제다. 보에드로미온달 15일에는 뮈스타이들이 모여 서약을 하고 점검을 받으며, 16일에는 바다에서 제식적 목욕을 하고 정화한다. 사흘 동안 단식하고, 19일에는 환호성을 지르는 엑스타틱한 주문을 외우면서 아테네에서 엘레우시스로 행진을 한다. 그리고 해질 무렵 퀴케온(*kykeōn*)이라는 막걸리를 마신 후, 캄캄한 성전(*telestērion*) 속으로 들어가 암흑 속에서 한 밤을 지새우는데, 그 암흑 속에서 무엇을 하는지는 문헌상 잘 나타나지 않는다. 초기기독교 교부들이 소략하게 언급하고 있을 뿐이다. 이것은 페르세포네가 지하의 명부로 잡혀간 것을 상징하는 것이며, 그녀의 약탈혼을 거행하는 것이기 때문에 젊은 남녀의 혼음의 축제가 이루어졌을 가능성이 있다.

나의 저서 『앙코르와트·월남 가다』 하권에 보면 크메르 제국의 풍속을 기록한 『진랍풍토기』에 나오는 "진담"(chomton)이라는 특별한 제식 이야기가 나오는데 아마도 엘레우시스 미스테리아 제식도 그 비슷한 성격의 것이라고 여겨진다. 해가 뜰 무렵 거대한 불기둥이 타오르며 문이 갑자기 열릴 때, 뮈스타이들은 일제히 "처녀가 신성한 아기를 낳았다"고 외친다. 이 제식에 참여한 사람들은 사후에 불멸의 구원을 얻는다는 종말론적 믿음을 얻게 된다고 한다. 그리고 어둠에서 빛을 보는 순간 그들은 부활을 체험한다.

이러한 비의종교 제식은 정확하고 세밀한 실상의 재구성이 불가능하다. 그러나 이것이 비의적 성격이 있다고 해도, 현재 갠지스 강변에서 벌어지고 있는 쿰브 멜라(Kumbh Mela) 축제와 같은 느낌으로 미스테리아를 이해한다면 그 실상에 가장 접근할 것 같다. 이러한 비의제식은 나일강 하구의 마레오티스 호수(Lake Mareotis, Lake Maryūt) 주변에서도 수만 명이 모인 가운데 성대하게 거행되었으며, 역사가 헤로도토스가 이미 BC 5세기에 목격한 것을 기록해 놓았다.

비의종교는 피타고라스 학파와 플라톤 학파의 철학에도 깊은 영향을 주었다. 알렉산드리아의 유대인 커뮤니티에도 이러한 미스테리아 제식은 깊게 침투되어 있었다. 과연 이러한 미스테리아 제식이 유대전통 속에서 새롭게 각색되어 가면서 예수라는 새로운 전통의 미스테리아가 탄생된 것이라고 보아야 할까?

24. 케리그마

예수는 과연 부활했는가?

이 사진은 한국인에게 공개되는 사진으로서는 매우 충격적인 것이다. 예수가 실제로 묻힌 정황을 매우 세밀하게 알 수 있는 무덤의 생생한 모습을 전하고 있기 때문이다. 내가 서 있는 입구에 거대한 연자방앗돌 모양의 둥근 막음돌이 있다. 홈이 있어 밀면 굴러가게 되어 있다. 그 내부에 여러 개의 석굴이 있는데 대부분 이 정도의 무덤은 가족묘로 사용된다. 죽으면 바로 당일 묻는데 안식일에는 묻을 수 없다. 그래서 예수의 시체는 안식일이 시작되기 전에 아리마대의 요셉이 빼내었던 것이다(막 15:42). 시체를 석굴에 놓고 썩는 냄새를 방지하기 위하여 침향과 몰약을 바르고 세마포로 염을 한다. 1년 정도 방치한 후에 뼈만 추슬러서 작은 납골단지(ossuary)에 넣고 그 표면에 이름을 새긴다. 이때 귀중품을 같이 넣어주기도 하는데 그래서 고대 분묘들은 다 도굴당한 흔적이 있다. 이 돌무덤은 므깃도(아마겟돈, 계 16:16) 지역에 위치하고 있는데, 어렵게 찾아가서 촬영하였다. 예수와 완전히 동시대의 분묘이다.

> 부활의 예수가 그리스도라고 하는 신앙은, 인과적 사실의 규명으로 이루어진 것이 아니라 일방적인 선포의 양식을 빌리고 있기 때문에, 우리는 그것을 케리그마라고 부른다. 그리스도는 분명 초대교회의 케리그마의 소산인 것이다. 선포, 즉 케리그마의 대상이 되고 있는 예수는 예수의 색신(色身)이 아닌 예수의 법신(法身)이다.

어렸을 때부터 우리는 인류의 4대 성인으로서 소크라테스, 예수, 싯다르타, 공자의 이름을 외워왔다. 실존철학자이며 정신과 의사였던 카를 야스퍼스(Karl Jaspers, 1883~1969)가 이 네 사람의 삶과 사상의 전기를 한 책에 모아 낸 것을(1957년 출간) 내가 대학시절에 읽은 기억이 있는데 별다른 인상이 남은 것이 없다. 그때만 해도 동서문명의 호상이해의 수준이 초보적 단계에 머물러 있었고, 당시 어린 나의 판단력으로도 그의 서술이 원전어학의 바탕을 결하고 있었기 때문에, 감명을 주는 치열한 논리라고는 엿보이지 않았던 것이다.

하여튼 네 사람의 성인 중에서 소크라테스와 공자는, 우리가 역사적 인물로 느끼기에 아무런 문제가 없다. 소크라테스는 뮈토스(신화)를 벗어난 로고스(이성)의 화신이며, 확고한 역사적 인물인 철학자 플라톤

용산 전쟁기념관 특별전시장에 재현된 유대인 무덤과 유골함. 2007년 12월 5일부터 2008년 6월 4일까지 전시.

의 스승으로서 그의 생애가 사실적으로 묘사되고 있기 때문이다. 그의 죽음은 죽음으로 끝났다. 그는 부활하지 않았던 것이다. 공자(孔子, Confucius) 또한, 춘추말기 노(魯)나라의 사상가로서 열국을 주유하면서 살았던 그의 삶의 이야기는 뮈토스적 색깔이 철저히 배제되어 있다. 그는 거로(去魯: 노나라를 떠남)와 귀로(歸魯: 노나라로 돌아옴)의 역사적 삶의 역정을 통하여 "스승"으로서, "육예(六藝)의 집대성자"로서 확고한 이미지를 남겼을 뿐이다. 그는 위대한 교육자였을 뿐이다.

역사적 인간으로서 문제가 되는 것은 싯다르타와 예수인데, 싯다르타의 경우 그의 삶에 관한 신화적 서술은 그다지 큰 문제가 되지 않는다. 싯다르타가 마야 부인 옆구리에서 출산되었다든가, 태어나자마자 일곱 발자국을 걷고 "천상천하유아독존"이라고 외쳤다든가 하는 따위의 이야기는 재미있는 신화적 양식의 설화일 뿐 어느 누구도 그것을 사실로서 강요하지는 않는다. 그의 출생으로부터 죽음에 이르는 삶의 전 과정에 하등의 이적(異蹟)적 요소가 없는 것이다.

정상적인 두 부모의 성적 결합에 의하여 출생되었으며, 정상적인 환경 속에서 왕자로서(혹은 부잣집 도련님 정도?) 성장하였고, 또 매우 정상적인 삶의 회의과정을 거쳤고, 또 당대의 정상적인 습속에 따라 출가(出家)하였고, 고행 끝에 득도하였다. 그리고 아주 평범하게 늙어서 상한 음식을 잘못 먹고 심하게 설사를 하다가 쿠시나가르라는 조그만 마을에서 숨을 거두었다. 출생과 죽음에 아무런 기적이나 순교의 그림자가 없는 것이다. 뿐만 아니라 불교는 이미 AD 4세기경(중기 대승불교)에는 역사적으로 실존한 구체적 싯다르타와 진리의 화신으로서의 영원한 추상적 싯다르타를 구분해버렸다. 전자를 색신(色身, $rūpa$-$kāya$)이라 부르고, 후자를 법신(法身, $dharma$-$kāya$)이라 불렀는데, 이 색신과 법신의 이신(二身)사상으로 역사적 인격체로서의 불타와 진리로서의 법(法, $dharma$)을 구현하는 불타와 혼동될 필요가 없어졌으며, 색신은 색신대로, 법신은 법신대로 화려한 발전을 해나갈 수 있었다.

인류의 4대 성인 중에서 우리에게 부담스러운 문제를 제기하고 있는 자는 오직 예수 한 사람일 뿐이다. 복음서라는 예수 전기문학에서 문제가 되는 것은 이적(miracles)과 신화(myth)이다. 보다 정확히 말하면, 이적과 부활이다. 예수의 탄생설화는 오리지널한 복음서 마가복음에는 언급도 되지 않았을 뿐 아니라, 예수를 그리스도로서 이해하는 데 하등의 핵심적 주제를 형성하지 않는다. 그러나 예수의 삶의 행적 자체가 이미 마가복음에서부터 이적을 행하는 과정으로 이루어져 있는 것이다. 귀신을 내쫓고, 불치의 병자를 고치고, 배고픈 군중을 배불리 먹이고, 갈릴리 바다 위를 걸어다니며, 소경의 눈을 뜨게 하며, 빛으로 변모한다. 송장이 되어 썩은 냄새가 펄펄 나는 나사로를 살려내는 기적은 오직 요한복음에만 나타나지만, 이 모든 기적은 예수 자신의 죽음과 부활이라는 사건과 하나의 연속적 테마를 형성하고 있는 것이다. 죽은 나사로를 살리는 예수의 모습에서 이미 예수의 죽음과 부활이 암시되어 있는 것이다.

복음서 내러티브의 대전제는 이미 부활로 확정되어 있다. 부활하기 위해서는 죽어야 하며, 죽기 위해서는 수난(Passion)의 고통스러운 과정을 거쳐야 한다. 수난에 이르기 위해서는 체제를 뒤흔드는 많은 혁명적인 언행을 해야 한다. 그 혁명적인 언행 속에 또 우리의 인과적 상식을 뛰어넘는 이적이 점철되어 있는 것이다.

죽음과 부활의 전제가 없는 예수는 예수가 아니다. 그러나 사실 그러한 예수는 예수가 아닌 그리스도인 것이다. 다시 말해서, 죽었다가 부활한 예수로서 묘사된 예수가 바로 우리를 구원할 구세주(메시아)로서의 그리스도라고 하는 초기 기독교인의 신앙 속의 예수일 뿐인 것이다. 부활의 예수가 그리스도라고 하는 신앙은, 인과적 사실의 규명으로서 이루어진 것이 아니라 일방적인 선포(proclamation)나 설교의 양식을 빌리고 있기 때문에, 우리는 그것을 선포에 해당되는 희랍어로서 케리그마(kērygma)라고 부른다. 그리스도는 분명 초대교회의 케리그마(Church Kerygma)의 소산인 것이다. 선포, 즉 케리그마의 대상이 되고 있는 예수는 예수의 색신(色身)이 아닌 예수의 법신(法身)이다. 그러나 물론 기독교인들은 이러한 설명을 받아들이지 않는다. 그들은 법신과 색신을 분리하지 않으며, 예수의 법신이 곧 색신이라고 믿는다.

즉 케리그마로서 선포된 부활의 예수가 단순한 신화가 아니라 역사 속에 산 한 인간의 실제적 사건이라고 믿는 것이다. 복음서가 노리고 있는 초대교회의 정황은 뮈토스적 세계와 로고스적 세계를 혼융(混融)시키는 기묘한 신념체계를 자신의 실존적 삶의 의미로서 받아들이게 만드는 분위기를 조성하는 것이었다.

그러나 우리가 분명하게 말해야 할 것은 역사적 예수에 대한 우리의 인식은 어떠한 경우에도 신화적 예수의 권위, 혹은 그럴듯한 신학적 포장에 의하여 왜곡되어서는 아니 된다는 것이다. 예수에게 인성을 부여해야만 가현론의 픽션을 벗어날 수 있다고 한다면 그 인성은 매우 정직한 보편적 인성(universal humanity)이 되어야 한다. 예수는 부활의 예수가 될 수가 없다. 역사적 예수는 죽었다가 다시 살아날 수는 없다. 예수에게 그러한 이적과 부활을 인정한다면 그것은 예수가 아닌 그리스도일 뿐이며, 이성의 논의를 벗어나는 불합리한 신앙의 특수상황에 속해버릴 뿐이다. 부활의 예수는 기독론(Christology)의 핵심이며 초대교회의 프로파간다이다. 기독론으로써 예수에 접근한다면 그것은 어디까지나 신화운동(mythic movement)의 한 고리를 캐는 작업일 뿐이다. 우리가 누누이 살펴왔지만, 죽음과 부활이라는 주제는 동서고금의 모든 신화의 전형적 양식이며, 그것은 융이 말한 집단무의식의 한 아키타입일 뿐이다. 예수의 신성만을 고집하여 인성을 왜곡한다면 그러한 예수는 신화적 예수가 되고 말 뿐이다.

내가 지금 이렇게 역사적 예수를 간곡히 말하려고 하는 뜻은, 예수를 결코 신화운동의 한 소산으로 간주할 수 없기 때문이다. 오시리스나 디오니소스와 같은 단순한 신화적 상상력의 한 소산으로서 예수를 이해한다면 우리는 초기기독교의 형성사를 정직하게 설명할 길이 없다. 소아시아로부터 팔레스타인을 거쳐 이집트에 이르는 광범위한 초기 기독교운동의 저변에는 신화적 존재가 아닌, 확고한 역사적 인물이 자리잡고 있다. 그러나 그 역사적 인물의 정직한 모습 속에는 모든 이적과 부활의 신화적 요소가 배제되어야만 한다. 과연 그러한 신화적 요소를 배제하고 기독교는 기독교일 수 있는가? 나는 당당히 자신있게 외친다: 오히려 기독교에서 그러한 신화적 요소를 배제할 때만이 기독교는 진정한 기독교가 된다! 이적과 부활이 없이도 예수는 예수일 수 있다. 아니, 그것이야말로 예수의 참모습이다!

이러한 나의 논의를 불경스럽게 생각할 사람들을 위해 이제 우리는 복음서 그 자체를 분석해야 한다. 모든 것은 기독교인들이 신봉하는 성서 그 자체가 말해주고 있기 때문이다.

나는 상기 므깃도 지역의 분묘 속에 들어가 보았는데 석굴이 다섯 개 있었다. 예수를 찾아간 세 여자들이 겁에 질려 덜덜 떨면서 무덤 밖으로 도망쳐 나온(막 16:8) 그 현장의 분위기를 잘 전해주고 있다.

25. 요세푸스의 증언

예수는 賢者였다

> 예수와 거의 동시대의 역사가였던 요세푸스의 저술 『유대인 고대사』에 예수에 관한 언급이 있다. 그러나 이 언급의 진위에 관한 많은 논란이 있다. 요세푸스의 저작들은 요즈음 역사적 예수를 전공하는 학자들에게 풍요로운 배경사를 제공하고 있다.

예수의 생애에 관해 우리가 알 수 있는 자료는 4복음서가 거의 유일한 것이라고 말해도 과언은 아니다. 그런데 예수보다 약간 후대의 사람이지만, 예수와 동시대의 역사가인 요세푸스(Flavius Josephus, AD 37~c.100)의 『유대인 고대사』(*The Antiquities of the Jews*)에 예수에 관한 언급이 있다. 이 언급이 참으로 역사적 예수의 진면목에 관한 것이

앞 장 사진 설명. 마사다 요새의 북쪽에 있는 헤롯궁전의 가파른 중정(the Middle Terrace)에 내가 서있다. 이곳은 일반인들의 출입이 금지되어 있는데 특별허가를 얻어 찍었다. 앞쪽으로 광활한 유대광야가 펼쳐져 있고 오른쪽에는 사해가 옥색빛을 내뿜는다. 사해 수면기준 450m 솟아있는 마사다 요새는 난공불락의 자연지형의 철옹성으로서 원래 BC 103~76년 사이에 개발된 것인데 헤롯왕이 클레오파트라와 안토니우스의 침략에 대비해 수영장까지 있는 호화로운 피신궁전을 이곳에 지었다. 그러나 헤롯은 이곳을 쓰지도 못하고 BC 4년에 신병으로 죽었다. 70년에 예루살렘성이 함락되고 열성당원이 이곳에 모여 최후의 항전을 했는데 플라비우스 실바의 로마 제10군단 1만 5000명이 이곳을 공략했다. 967명의 최후 항전자들은 10명의 지도자를 뽑아 모두를 죽이게 했다. 최후의 10명은 제비를 뽑아 한 명이 그들을 모두 죽이게 했고, 최후의 1명은 자살했다. 5명의 어린이와 2명의 노파가 집수통에 숨어 살아남았다. 요세푸스의 기록이다. 윗 사진은 현장에 전시되어 있는 마사다 요새의 모형인데, 내가 서 있는 곳은 중간의 둥근 테라스 난간 벼랑끝이다.

라면, 우리는 신약성서 밖에서 예수를 만나게 되는 행운을 얻게 된다. 요세푸스는 예수가 처형당한 직후에 예루살렘에서 태어났다. 10대의 청년 시기에는 엣세네파에 속하여 사막에서 고행생활을 하기도 했다. 또 바리새파의 일원으로 자신을 분류할 만큼 율법주의에 철저한 훈련을 받은 고등한 태생의 지식인이기도 했다.

그리고 66년부터 시작된 로마군대와의 전쟁에서 유대인 장군으로서 갈릴리 지역의 수비를 맡았다. 결국 로마의 장군 베스파시아누스(Vespasianus)에게 갈릴리가 격파되자, 유대인 장군들 사이에서는 자결의 심지를 뽑는 게임이 벌어졌다. 요세푸스는 이 게임에서 야비하게 최후까지 살아남는다. 그리고 오히려 로마군대와 협조하여 74년 마사다가 무너질 때까지 유대를 평정하는 데 중요한 역할을 한다. 그는 전쟁포로로서 로마로 호송되었다. 그러나 그는 네로에 이어 베스파시아누스와 그의 아들 티투스가 황제로 등극할 것이라는 예언을 일찍이 한 바 있었고(67년 7월경), 그 예언이 적중하자 베스파시아누스 황제로부터 사면과 특권을 얻는다. 플라비우스라는 베스파시아누스 황족의 성씨도 하사받는다. 그는 황족의 연금특혜를 얻으면서, 저술에 전념할 수 있는 쾌적한 삶을 로마에서 보내게 된다. 로마의 지식인들은 유대의 역사와 종교에 관심이 많았기 때문에 그의 저작활동을 지원하였던 것이다.

요세푸스는 물론 기독교인이 아니다. 그는 유대인으로서 유대의 역사를 썼다. 그러나 그는 떳떳치 못한 변절자의 입장에서 로마인들을 위해 유대의 역사를 집필한 것이다. 그러나 그는 자신의 삶의 과정에서 겪은 생생한 역사를 어느 정도 객관적으로 기술할 수 있었다. 로마인들은 사가에게 과도한 이념성을 강요하지 않았다. 그는 유대인을 비방하는 세력에 맞서 유대인의 영웅적 행동을 충분히 옹호할 수 있었다. 하여튼 그의 역사기록은 우리가 성서를 이해하는 데 필요불가결한 보충자료로서 소중한 가치를 지니고 있다. 예수에 관한 기록은 본디오 빌라도가 총독으로 재임하고 있던 시절에 벌어진 사건들을 기술하는 도중에서 매우 퉁명스럽게 한 독립된 단락으로 등장하고 있다.

> 이때에, 우리가 그를 한 인간이라고 불러야만 한다면 현자(a wise man)라고 말해야 할 예수가 있었다. 그는 믿기 어려운 공적을 행한 일꾼이었고, 진리를 기꺼이 받아들일 줄 아는 사람들의 스승이었고, 수많은 헬라인들뿐만 아니라 수많은 유대인들의 관심을 끌었기 때문이었다. 이 사람은 "그리스도"(기름부음을 받은 자)였다. 빌라도가 우리 가운데서 지도자 역할을 하는 고귀한 사람들의 고소 때문에 이 사람을 십자가형에 처했을 때, 처음부터 그를 사랑했던 사람들은 결코 그에 대한 사랑을 저버리지 않았다. 그는 죽은 지 사흘 만에 생명으로 복귀된 모습으로 그들에게 나타났다. 왜냐하면 하나님의 예언자들이 그에 관하여 이러한 일과 또 셀 수 없는 많은 놀라운 사건들을 예언하여 왔기 때문이었다. 게다가 그의 이름을 따라 "그리스도인들"이라고 불리게 된 족속들이 오늘날에 이르기까지 아직 사라지지 않고 있다.(『유대인고대사』, Bk.18, Ch.3, 63~64).

우리가 성경 밖에서 역사적 예수에 관한 이러한 당대의 증언을 확보한다는 것은 매우 놀라운 일이다. 그러나 이 문헌의 신빙성에는 많은 의문의 여지가 있다. 우선 편집적으로 볼 때, 예수에 관한 단락을 빼놓고 보면 『유대인 고대사』의 문장은 더 부드럽게 연결된다(62에서 65로).

영화 『마사다』의 한 장면. 영화도 바로 그 현장에서 찍었다. 앞에 마사다 요새가 보인다. 제10군단은 여기에 막대한 흙으로 성의 높이만큼 비스듬한 램프를 만들어 공성에 성공했다. 1년 이상 걸렸다. 플라비우스 실바 사령관은 말했다: "나는 마사다를 정복했지만 유대인을 정복하지 못했다." 시오노 나나미는 말한다: "옥쇄는 후세를 감동시킬 수 있을지 몰라도 결국 자기만족에 불과하다."

사건들의 시간상 흐름이 전혀 방해를 받지 않는다. 그리고 요세푸스의 저술들은 유대인들에 의하여 편집된 것이 아니라, 기독교인들에 의하여 보존되고 필사되었다.

요세푸스의 이 증언을 처음으로 언급한 사람은 4세기 초에 그 유명한 『교회사』(*Ecclesiastical History*)를 쓴 유세비우스(Eusebius of Caesarea, c.260~c.339)였다. 유세비우스는 예수시대의 정치적 사건들을 언급한 복음서에 대한 독립적 증거로서 요세푸스를 광범위하게 인용하는데, 인용할 때마다 다르게 인용한다. 다시 말해서 요세푸스의 텍스트가 고정적이질 않았다는 증거이다. 많은 학자들이 이 요세푸스의 『유대인 고대사』의 예수 단락 자체가 유세비우스 자신의 날조일 것이라고 주장한다.

우선 "그를 한 인간이라고 불러야만 한다면"이라는 표현은 매우 인위적이다. 한 인간으로서 치부해 버리기에는 너무 대단하다는 긴장감을 삽입시키고 있기 때문이다. 또 "이 사람은 그리스도였다"라는 표현도 해괴하다. 요세푸스는 유대사를 유대인이 아닌 로마인들을 위하여 쓴 것이다. 그런데 그리스도, 즉 기름부음을 받은 자라는 표현은 매우 어색하다. 유대인을 빼놓고는 아무도 알아들을 자가 없기 때문이다. 보통의 로마인들에게는 그냥 "그는 기름을 뒤집어쓴 자였다"라는 이상한 말로 들릴 것이다.

그리고 "그리스도인들이라고 불리게 된 족속"이라는 표현도 특이하다. "족속"(phylē, φυλή)이라는 표현은 객관화될 수 있는 한 국적의 인종을 말한다. 후대에는 그리스도인들을 "제3의 인종"으로 규정하여 말하는 용례가 있기는 하지만 요세푸스 시대에는 그토록 그리스도인들이 별개의 인종적 그룹으로서 특화되어 있지는 않았다. 하여튼 이 요세푸스의 기록은 유대인의 기술이라고 말하기에는 너무 기독교적이고, 공평한 사가의 기술이라고 말하기에는 너무도 신앙고백적이며, 진실이라고 말하기에는 너무도 복음서의 기술과 일치한다. 그러나 이 기록을 반드시 후대 기독교인들의 날조라고 볼 수만은 없다는 의견도 만만치 않다. 첫째, 필사자들이 약간의 변경을 했을 수 있다 할지라도 그 전체를 날조했다고 주장할 만한 확실한 근거도 없다는 것이다. 둘째, 날조하기로 마음먹었다면 그토록 시시하게 조금만 서술했을 리가 없다. 세례요한에 관한 기록에 비해 너무 초라하게 기록되었다는 것이다. 셋째, 문체나 어휘에 아무런 문제가 없다고 본다.

나는 이 요세푸스의 증언기록이 완벽하게 날조되었다고는 생각하지 않는다. 그러나 세 부분은 후대에 첨가된 것이라고 단정한다. "우리가 그를 한 인간이라고 불러야만 한다면," "이 사람은 그리스도였다."

"그는 죽은 지 사흘 만에 생명으로 복귀된 모습으로 그들에게 나타났다. 왜냐하면 하나님의 예언자들이 그에 관하여 이러한 일과 또 셀 수 없는 많은 놀라운 사건들을 예언하여 왔기 때문이었다."라는 구절을 삭제해 버리면 우리는 역사적 예수에 관한 매우 재미있는 정보들을 얻게 된다. 예수는 현인(賢人)이었으며, 믿기 어려운 공적을 행한 일꾼이었으며, 이방인과 유대인들에게 매우 매력적인 진리의 스승이었다. 여기에는 이적이나 부활에 대한 직접적 언급이 없는 것이다. 그리고 유대인들의 지체 높은 지도자들에 의해 고소되었고, 빌라도 자신의 판단에 의해 십자가형에 처형된 인물이었다. 그리고 요세푸스 시대에까지 그를 따르는 그리스도인들이 활약하고 있었다는 것이다.

그러나 이러한 요세푸스의 사가로서의 기술은 우리에게 별다른 새로운 정보를 전하지는 않는다. 이제 우리는 풍요로운 복음서의 기술 속에서 역사적 예수를 발굴하는 작업으로 진입해야 한다. 그 작업을 통해 우리는 예수가 처형된 AD 30년과 마가복음이 집필된 AD 70년 사이 40년간의 역사에 관한 매우 새로운 통찰을 얻을 수 있게 된다. 그리고 그러한 통찰의 결정적 계기를 제공한 사건이 바로 도마복음서의 발견이었던 것이다.

마사다 요새의 성벽 아래로 펼쳐지는 유대광야. 까마귀가 무심하게 광야에 새겨진 기나긴 인간세의 성쇠를 관조하고 있다. 예수는 말한다: "저 까마귀를 보라."(눅 12:24).

25. 요세푸스의 증언

26. Q자료의 발견

복음서 속에 나타나는 다른 예수들

갈릴리 바다는 바다가 아니라 완벽한 내륙 호수이다. 남북 21km, 둘레가 55km, 해수면보다 209m 낮다. 비교적 강우량이 적은 아열대지역에 있는 기적적인 거대 호수이기 때문에 바다라고 부르는 것이다. 유대인들은 보통 킨네렛 호수(Lake Kinneret)라고 부른다. 상부 고원의 비옥한 초승달 지역의 수량이 흘러들어와서 형성된 것인데, 이스라엘의 식수원으로 쓰인다. 상부에서 물을 많이 퍼 쓰면 호수는 줄어들게 마련이다. 그리고 주변의 도시 때문에 오염도 심해져 가고 있다. 역사적 예수는 이 갈릴리 바다의 북부 해안지역을 중심거점으로 활동했다. 12제자도 가룟 유다를 빼놓고는 다 이 지역 출신이다. 예수도 이 갈릴리 바다 주변에서 깊은 사색에 잠긴 것이 한두 번이 아니었을 것이다. 유대 시인 라헬(Rahel)은 이렇게 읊었다: "킨네렛 호수, 그것은 자연의 한 모퉁이가 아닌 우리의 운명. 우리의 과거가 여기서 천 개의 눈을 깜박이고, 천 개의 입술로 우리의 영혼을 흔들어댄다." (On the Shores of Lake Kinneret).

> 아무리 각 복음서가 다른 예수를 말하고 있어도 기독교인의 인식구조 속에서는 무차별한 하나의 예수상만 존재할 뿐이다. 그러나 18세기부터 성서신학은 공관복음서의 문제를 심각하게 제기했다. 그리고 마가 자료가 아닌 또 하나의 공통자료를 마태와 누가 속에서 발견한다. 그것은 성서신학의 한 혁명이었다.

    요세푸스와 같은 예수 당대의 역사가의 증언 속에서도 역사적 예수의 실상(實相)을 발견하기 어렵다면 과연 역사적 예수는 어디서 찾아야 할까?

    일차적으로 복음서라는 위대한 예수의 전기문학 속으로 우리의 눈길을 돌릴 수밖에 없다. 기독교가 오늘의 기독교가 될 수 있었던 가장 위대한 결단 중의 하나가 바로 동일한 인물에 대한 다른 전기문학을 4개나 한자리에 동일한 자격을 지니는 경전으로서 병렬시켰다는 사실이다. 이것은 정경 편찬자들의 위대한 결단이자, 초대교회를 만들어온 거대한 지식인들의 축적된 노력의 자연스러운 결실이기도 하다. 『논어』도 여러 나라에서 성립한 기록들이 있었는데 노론(魯論) 하나만 살아남은 것에 비한다면 매우 다행스러운 사태라 할 수 있다.

그러나 예수에 대한 4개의 전기문학은 예리한 문헌학의 관점에서 고찰하면 심하게 충돌을 일으킨다. 다시 말해서 마태복음의 예수와, 마가복음의 예수와, 누가복음의 예수와, 요한복음의 예수가 서로 전혀 다른 것이다. 전혀 별개의 다른 인물이라고도 말할 수 있을 정도로 다르다. 물론 사도바울의 서한 속의 예수도 전혀 다른 예수일 수 있다. 그런데 보통 교회를 나가는 기독교인들은 신약성서를 이런 식으로 이해하지 않는다. 신약성서의 각 편이 어떠한 예수를 진술하고 있든지간에 그들의 머릿속에 그려지는 예수는 그 모든 것이 두루뭉실 하나로 짬뽕된 예수인 것이다.

동정녀 마리아에게서 나시고 세례요한에게 세례를 받으시고 수많은 이적을 행하시고 예루살렘 성전을 뒤엎으사 본디오 빌라도에게 고난을 받으시고 십자가에 못 박혀 죽으시고 장사한 지 사흘 만에 죽은 자 가운데서 다시 살아나시어 하늘에 오르신 그 단 하나의 예수! 오직 하나이신 그 예수만의 연역적 전제하에서 모든 예수에 관한 정보가 자연스럽게 융합되는 것이다. 매우 편리한 발상구조이긴 하지만 문헌의 엄밀성을 추구하는 신학도들의 정신세계 속에서는 그러한 안일한 신앙체계가 허용될 수 없었다.

대체로 가톨릭 전통에서는 성서만을 유일한 절대권위로 인정하는 것이 아니라, 성서 이후에 발전된 사도나 성자들의 언행을 성서와 동일한 자격을 지니는 신앙전통으로 받아들이거나, 또 교황의 무오류성을 인정할 만큼 성서외적인 권위도 인정해왔기 때문에 암암리 다양한 이

예수의 고향 나사렛에 있는 수태고지교회 마당의 회랑에 걸려 있는 아기 예수와 성모의 모자이크상. 마리아와 예수가 한복을 입고 있다. 이와 같이 예수의 모습은 한국인에게는 한국적 인식구조의 옷을 입고 있는 것이다. 꽃 장식도 무궁화. "평화의 모후여 하례하나이다"라는 표현도 격조가 있다.

방종교전통이 끼어들 수 있는 여지가 많았다. 따라서 역사적 예수의 연구에 대한 필요성을 그다지 통감할 이유가 없었다. 그러나 마르틴 루터의 종교개혁 이후 개신교의 사상가들은 그러한 가톨릭 전통의 오염성에 대한 강한 거부감을 나타냈다. 그리고 순결한 성서주의를 표방하기에 이르렀다. 성서주의의 순결성은 필연적으로 역사적 예수(Historical Jesus)의 순결한 모습을 재구성하려는 노력으로 발전하게 된다. 그 노력은 어떻게 불일치하는 4복음서의 기술을 정직하게 이해할 수 있는가 하는 문제로 초점이 맞추어지게 마련이다.

가장 먼저 제기된 문제는 4복음서 중에서 어느 복음서가 가장 먼저 쓰여졌느냐 하는 것에 관한 것이었다. 많은 사람들이, 마태복음이 제일 앞머리에 편찬되어 있기도 하지만, 신앙인의 관점에서 보자면 마태복음의 종합점수가 매우 높기 때문에 당연히 마태복음이 먼저 쓰여졌을 것이라고 상식적으로 전제했다. 그러나 근세에 발전된 고등문헌비평학의 성과는 4복음서 중에서 가장 앞선 것은 마가복음이라는 결론을 내렸다. 그리고 마가복음이 집필된 시기는 AD 70년 예루살렘 성전 파괴, 즉 유대인의 민족집단으로서의 세계사적 아이덴티티가 붕괴된 시점과 깊은 연관이 있다고 결론을 내렸다. AD 70년 이후 최초로 집필된 마가복음! 이제 이 전제는 성서신학의 움직일 수 없는 사실이 되었다.

마가복음이 제일 먼저 쓰여졌다고 하는 사실은 아주 원초적으로는 요한복음과 나머지 3복음서가 워낙 다른 성격의 복음서라는 사실로부터 출발한다. 즉 요한복음을 제외하면 마태, 마가, 누가 3복음서의 관점과 자료가 공통되어 있다는 것이다. 마태, 마가, 누가는 서로 관점(觀)이 공유(共)되어 있다는 의미에서 공관복음서(共觀福音書, synoptic Gospels)라고 부른다. 즉 공관복음서라는 개념에는 요한복음이 들어가지 않는다. 공관복음서 중에서 마가복음이 시대적으로 제일 앞선다는 이야기는 곧 나머지 마태복음과 누가복음이 마가복음을 공통된 원초자료로 활용했다는 사실로부터 추정되는 것이다. 즉 마태와 누가는 기존하는 책인 마가복음을 책상머리에 놓고 그것을 참고해가면서 자신들의 복음서를 집필했다는 이야기가 되는 것이다. 마가복음은 661절로 구성되어 있는 데, 그중 600개 정도가 마태복음에 들어가 있고, 350개 정도가 누가복음에 들어가 있다.

자아! 그렇다면, 마태와 누가는 오로지 마가복음만 보고 나머지는 구전이나 자신들의 상상력으로 때웠을까? 다른 자료는 없었을까? 이러한 질문에 답하기 위하여 1838년 라이프치히대학(University of Leipzig)의 철학·신학 교수였던 크리스티안 헤르만 바이세(Christian

Hermann Weisse, 1801~1866)는 "두 자료 가설"(Two Document Hypothesis, 보통 TDH라 약어화한다)이라는 매우 문헌학적으로 유력한 학설을 제시했다. 다시 말해 마태와 누가에서 마가 자료를 제외한 나머지 부분에서 또다시 공통된 또 하나의 자료가 있다는 것이다. 그 또 하나의 자료를 "자료"에 해당되는 독일어인 "크벨레"(Quelle)의 첫 머리를 따서 보통 "Q자료"라고 부른다. 그러니까 마태와 누가는 마가복음 자료와 Q자료, 두 자료(TDH)를 보고 썼다는 것이다.

마가 자료와 Q자료를 제외하고 남는 부분은, 마태의 경우 마태 자신의 유니크한 자료가 될 것이므로 M자료라 부르고, 누가의 경우는 L자료라 부른다.

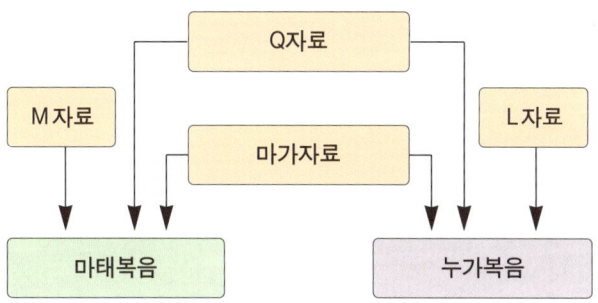

그런데 마가에 없고 마태와 누가에 공통된 Q자료를 세밀하게 검토한 결과, 재미있는 사실을 발견하게 되었다. 즉 Q자료는 어록(Record of Sayings)일 뿐이라는 사실이었다. 즉 예수의 말씀, 그러니까 "예수께서 가라사대"(Jesus said,)로 시작되는 담화 부분만 있는 것이다. 이것을 나는 "가라사대 파편"이라고 부른다. 쉽게 말하자면, 『논어』는 공자에 관한 이야기(story-telling)가 없고 오직 "공자 가라사대"(子曰)

로 시작되는 공자 말씀만 적혀 있는데, Q자료는 예수의 논어인 셈이다. 논어에 해당되는 희랍어가 로기온(Logion, 복수는 Logia)인데 Q자료는 "로기온크벨레"(Logion-Quelle)인 것이다. 그런데 오늘날 진전된 연구 결과는 Q자료가 단순히 원시적 말씀 모음집에 해당되는 기초자료가 아니라, 그것 자체가 유니크한 복음서라는 것이다. 그 복음서는 논어복음서이며, 어록복음서이며, 말씀복음서이며, 가라사대복음서이다. 이 어록복음서는 예수의 생애를 이야기체로 서술한 내러티브복음서와 구분되는 오리지널한 복음서의 한 장르였다는 것이다.

Sayings Gospel	어록복음서	Q자료
Narrative Gospel	설화복음서	마가자료

이 어록복음서와 설화복음서의 대비야말로 우리가 역사적 예수를 탐구해 들어가는 새로운 열쇠를 제공하게 되는 것이다.

갈릴리 요단강변의 야생화. 예수도 세례요한도 분명 이 꽃을 보았을 것이다.

27. 도마복음서와 Q복음서

살아있는 예수의 말을 들어라

> 도마복음서가 세상의 빛을 보기 이전에 Q자료는 하나의 가설에 불과했다. 그러나 도마복음서의 출현은 Q자료를 실체성을 확보한 Q복음서로 만들었다. 놀랍게도 Q복음서 속에는 예수의 탄생과 죽음과 부활이 없는 것이다.

 어록복음서란 예수의 사후에 예수의 가르침을 사모하는 사람들이 모여 존경해 마지않은 예수님의 훌륭한 말씀들을 기억하고, 그것을 기록해놓은 것을 말한다. 만약 예수를 따르던 자들이 사후에도 계속 모임을 갖고 어떠한 운동을 계속했다면 이러한 자료의 생성은 너무도 자연스러운 결과였을 것이다. 일례를 들면, 함석헌의 스승인 다석 유영모(柳永模, 1890~1981) 선생이 돌아가신 후에 그를 사모하는 사람들이

예수운동은 회당중심운동이었을 가능성이 크다.

가버나움(Capernaum)은 예수가 갈릴리선교의 가장 중요한 거점으로 삼은 곳이다. 요한복음은 예수의 왕성한 사역 시기에 예수의 식구가 모두 가버나움으로 이사 가서 산 것으로 묘사하고 있다. 이 시나고그(synagogue)는 가버나움에 자리잡고 있는데 그 옆에 베드로의 집이 있다. 내가 1978년에 갔을 때만 해도 소박한 어촌의 모습을 지니고 있었는데 지금은 너무 꾸며져서 원래의 모습이 잘 보이지 않는다. 많은 사람들이 시나고그 즉 회당을 전통적 유대교의 중심으로 생각하지만 실상 회당은 바빌론 유수 이전의 구약세계에서는 별 의미가 없다. 예루살렘 성전만을 기도의 중심처로 생각했던 것이다. 그러나 BC 6세기 바빌론으로 잡혀간 유대인들은 예루살렘 성전에서 멀리 떨어져 있게 되자 여기저기서 모여 옛 율법을 지키고자 모세5경을 읽고 토론하기 시작했다. 바로 이런 공부 장소가 회당의 시작이었다. 회당은 예루살렘 성전과는 다른 민중의 집회센터가 되었고 이것이 유대교를 민중화시키는 계기가 되었다. 회당은 각지에 퍼져 있었고 바리새인들이 그 리더로서 활약했다. 예수는 회당에서 토론했고 병자를 고쳤고 제자를 만들었다. 이 회당은 예수가 활약한 회당 터에 세워진 것으로 대강 AD 3세기의 로마건축 양식이다.

모여 기억을 더듬어 생전의 그의 말씀들을 기록하여 어록을 만들었다면, 그것은 너무도 자연스러운 사건일 것이다. 그리고 그러한 일들은 대체로 다석 선생을 직접 뵌 사람들이 생존해 있을 시기에 만들어진다. 사망 직후에는 어수선하고 경황이 없어 그러한 작업은 이루어지기가 어렵다. 기억이 희미해갈 즈음에 안타까움과 사모의 정이 강해지고 생활에도 여유가 생기면 사람들이 그러한 편집을 강행하게 된다. 대강

사후 20년경으로 잡는다면, AD 50년 전후로 해서 예수라는 역사적 인물에 대한 어록이 편찬되었을 가능성이 높다.

크리스티안 헤르만 바이세가 "두 자료 가설"(TDH)의 핵심으로서 이미 19세기 전반에 Q라는 어록자료를 발견했지만, 그것은 어디까지나 가설에 지나지 않았다. 물론 지금까지도 Q자료는 가설적 자료임에 틀림이 없다. 그러나 Q자료의 강력성은 그것이 전 지구상의 모든 기독교인이 유일한 신앙근거로 삼고 있는 가장 권위있는 신약성서 자체 내의 자료라는 사실에 있다. 그것은 새로운 자료가 아니라 바이블 그 자체인 것이다. 아무리 기발한 정통적 느낌의 새 자료가 발견되어본들(일례를 들면, 최근 공개된 유다복음서 등), 기독교인들은 그것을 정경의 개념 속에 편입시키질 않는다. 그리고 그냥 해괴한 외경(apocrypha)이라고 치지도외해 버리면, 신앙의 새로운 근거로서의 자격이 없어지고 만다. 기독교인들의 신앙의 아성에 충격을 던질 수 있는 새로운 자료란 근원적으로 불가능한 사태에 속하는 것이다. 그러나 Q자료는 정황이 다르다.

Q자료가 로기온자료, 즉 가라사대 파편의 모음인 어록(語錄)이라는 사실은 이미 신학자들 사이에서 계속 확인되어왔다. 그리고 이미 1907년에 베를린대학의 교회사·신학교수인 아돌프 폰 하르낙(Adolf von Harnack, 1851~1930)은 Q자료를 희랍어 원문으로 재구성하는 데 성공했다. 『예수의 어록』(*Sprüche und Reden Jesu*. Leipzig, 1907)이라는 책 속에서 Q희랍어 원문뿐만 아니라 Q의 어휘표, 문법, 문체, 구성양식과 원래의 순서까지 밝혀 놓았다. 하르낙은 예수의 복음은 교회의 법령이나 교리와 전혀 무관한 것이며, 복음이 현대사회에서 의미를

지니고자 한다면 "하나님과 그리스도"라는 도그마로부터 완벽하게 해방되어야 한다고 주장했다. 그는 기독교라는 종교는 오직 인간의 역사 속에서 발전하는 과정일 뿐이라고 사가로서의 정직한 신념을 밝혔다. 이러한 그의 리버럴한 입장 때문에 프러시아 교회 최고공의회는 그가 베를린대학에 교수로 취임하는 것을 거부했지만, 그를 보호하고 교수발령을 강행한 것은 다름 아닌 비스마르크 재상(Chancellor Otto von Bismarck, 1815~98)이었다.

그러나 Q자료는 이러한 신학자들의 끊임없는 노력에도 불구하고 일반인들에게 알려지지 않았다. 왜냐하면 그것은 어디까지나 가설적 자료였기 때문이었다. 신학자들이 성경을 공부하는 유용한 수단으로서 활용하기는 했을지언정, 그 실체를 일반에게 공개하는 데는 무리가 따랐던 것이다. 그런데 Q자료가 가설이 아닌 사실이라는 확신을 심어준 사건이 바로 1945년 나그함마디지역에서 아부 알 마지드(Abu al-Majd)라는 15세 소년이 사바크를 캐기 위해 곡괭이질을 하다가 우연히 발견하게 된 도마복음서의 출현이었던 것이다. 도마복음서가 "예수 가라사대"로만 이루어진 어록이라는 사실이 실체로서 눈앞에 드러났을 때 가장 경악한 것은 Q자료 신학자들이었다. 그들의 Q가설이 단순한 가설이 아니었다는 물증(物證)이 만천하에 드러나게 된 것이다. Q자료는 그 범위를 정확히 정하기 어려운 측면이 있지만 대체로 80여개 정도의 가라사대 파편으로 구성되어 있다.(클로펜보르크는 68개의 섹션으로 나누었는데 나는 나의 저서 『큐복음서』속에서 83장으로 세분하고 내용도 약간 확대하였다.)

그런데 도마복음서는 114개의 가라사대 파편으로 구성되어 있다. 도마복음서의 3분의 1이 정확하게 Q자료와 중복될 뿐 아니라, 도마복음서의 나머지 부분도 거의 다 현재 공관복음서의 기록들과 내면적 연관성이 확보된다. 도마복음서는 우리가 흔히 치부하는 "외경"이라는 개념으로 처리될 성격의 문서가 아닌 것이다. 즉 Q자료와 동일한 계열의 또 하나의 Q자료였던 것이다. Q자료가 마가복음에 선행한 자료라는 것은 너무도 확실하다. Q자료나 도마복음서의 원형은 이미 AD 50년 전후에 성립했던 것이다.

그런데 왜 현존하는 신약성서의 일부인 Q자료가 그렇게 대단하다고 소란을 피워야 할까? 도대체 뭐가 그다지도 새롭단 말인가? 결론부터 이야기하자면 도마복음서라는 문서의 출현은 Q자료를 가설적 허깨비가 아닌 실체(實體)로 드러냈고, Q자료라는 실체는 예수에 대한 우리의 인식을 혁명시키기 시작했던 것이다.

앞서 4대 성인 이야기를 할 적에 이미 언급했지만 예수에게서 가장 문제가 되는 것은 이적과 부활이었다. 신이 아닌 사람이 십자가에 못 박혀 죽었다가(crucifixion) 다시 살아났다(resurrection)는 기적이 과연 가능할까? 우리는 물어야 한다. 과연 예수를 사랑하고 믿는다는 행위가 꼭 예수의 죽음과 부활을 믿어야만 비로소 가능한 것인가? 이러한 전제는 "사도신경"(Apostolicum)을 외우기를 강요하는 권위조직 속에서는 매우 유의미할지 모르겠다. 그러나 "사도신경"이란 본시 교회의 권위조직과 연계된 후기 사도들의 신경에 불과한 것이다. 그것은 3·4세기경에 날조되어 7세기 초에나 오늘의 형태가 되었고, 십자군전쟁의 와중에 있었던 교황 이노센트 3세(1198~1216) 때에나 비로소 공식문건이 되었던 것이다.

"본디오 빌라도에게 고난을 받으사, 십자가에 못 박혀 죽으시고, 장사한 지 사흘 만에 죽은 자 가운데서 다시 살아나시며, 하늘에 오르신" 예수를 믿는다고 고백해야만 꼭 예수를 믿는 것일까?

저희가 가버나움에 들어가니라. 예수께서 곧 안식일에 회당에 들어가 가르치시매, 뭇사람이 그의 교훈에 놀라니…"(막 1:21~22). 예수를 사모하는 한 수사가 도착하여 감격의 울음을 터뜨리고 있다. 예수는 바로 이곳 회당에서 말했다: "내 살을 먹고 내 피를 마시는 자는 내 안에 거하고 나도 그 안에 거하나니."(요 6:56).

우리가 예수를 믿는다고 하는 것은 살아있는 예수의 "말씀"을 믿는 것이다. 부활하여 지금 하늘에 있든지 말든지 간에, 이미 죽어버린 예수에 관한 "이야기"를 믿는 것이 아니다. 예수가 죽었다 부활했다 하는 것은 어디까지나 "이야기"이지 "말씀"이 아니다. 그것은 역사적으로 사도 바울과 같은 사람들의 환상적 체험 속에서 생겨난 이야기일 뿐이다. 그 이야기를 심오한 철학적 관념으로 해설한다 해도 그것은 어디까지나 예수에 관한 타인의 담론이지 예수 자신의 말씀이 아니다. 그 "말씀"이 아닌 "이야기"를 최초로 문서화한 천재가 마가였다. 이야기 즉 내러티브(narrative)를 말씀자료 사이사이에 삽입하여 복음(유앙겔리온)이라는 하나의 거대한 드라마를 창작한 천재가 마가였다.

복음이란 예수의 세례와 전도와 수난과 죽음과 부활을 하나의 통일된 시퀀스를 지니는 드라마로서 엮어낸 이야기 양식인 것이다. 말씀집에는 드라마적 요소가 삽입될 가능성이 별로 없다. 가라사대 파편(sayings gospel)은 소박하고 진실한 한 인간의 생각이 표현된 언어의 모음일 수 있지만, 이야기복음서 즉 설화복음서(narrative gospel)는 그 인간의 생애 전체를 패션드라마로서 제시하고자 하는 "화려한 구라"일 수가 있는 것이다.

놀랍게도 Q자료 속에는 예수가 그리스도라는 믿음이 없다. 그의 가르침이 유대교의 대척점으로 묘사되고 있지도 않다. 그의 탄생도 없고, 그의 죽음도 없다. 더욱 부활은 없다. 그의 죽음이 비극적이거나, 신적인 것이거나, 인류의 구원을 전제로 한 것이라는 황당한 전제가 없다. 그가 세상을 하루아침에 변화시키거나 심판할 것이라는 이야기가 전혀 없다.

사람들은 그를 그의 이름으로 경배하기 위하여 모이지도 않았고, 그를 신으로 숭배하지도 않았고, 그에 대한 기억을 찬송이나 기도나 제식으로 활용하지도 않았다. Q자료 속의 사람들은 예수를 자기들이 처한 세상의 고난과 역경을 이겨내도록 만들어주는 지혜로운 교사로서만 생각했을 뿐이다. 이것이 바로 공관복음서 속의 예수의 참모습이라는 위대한 사실이 도마복음서를 통하여, 그리고 Q자료를 통하여 밝혀지기 시작한 것이다.

가버나움에서 만난 이디오피아(구스)의 성직자. 이디오피아에는 흑인혈통의 유대인들도 많다고 했다. 솔로몬과 시바여왕의 후예들일까?

석양에 번쩍이는 황금돔 바위성전.
안토니우스 요새에서 어렵게 찍었다.

앞 장 사진 설명.

담 너머 유대인들의 공동묘지가 있고 그 너머 예루살렘 외성이 보인다. 그 안으로 기독교·유대교·이슬람교의 공동성지인 문제의 도시 예루살렘 전경이 한눈에 들어온다. 그런데 현재 보이는 성벽은 1537~42년 사이에 오스만 튀르크제국의 술탄 술레이만이 쌓은 것이다. 총 길이 4018m에 이른다. 그 안에 보이는 황금의 돔은 움마야드 칼리프인 아브드 알 말리크(Abd al-Malik)가 688~691년에 세운 모스크이다. 그 속에 아브라함이 이삭의 번제를 지내려 하였고 또 마호메트가 승천한 곳이라는 거대한 바위가 있다. 그래서 바위성전(Dome of the Rock)이라고도 부른다. 내가 걸어 내려가고 있는 곳이 바로 예수가 최후로 고뇌의 기도를 올린 겟세마네동산이다.

28. 천당과 천국

사망의 몸에서 누가 나를 건져내랴?

> 예수를 믿는다는 행위가 반드시 예수의 죽음과 부활을 전제로 해서만 가능하다는 신념은 복음서 자체의 논리 속에서도 정당화되기 어렵다는 것을 Q복음서 연구가들은 역설한다. 예수의 이적이나 부활보다는 예수의 사랑의 계명 하나를 삶 속에서 실천하는 것이 훨씬 더 고매한 신앙의 正道이며 훨씬 더 예수를 바르게 믿는 것이라고 권유한다.

나의 글을 진실되게 읽고 있는 많은 사람들 가운데서도 이런 의구심이 솟구치는 사람이 한둘이 아닐 것이다: "도올! 그대는 어찌하여 십자가의 수난과 죽음, 그리고 부활이 없는 예수를 예수라 말하는가? 그런 예수라면 그냥 평범한 인간일 것이고, 평범한 인간일진대 아무리 지혜로운 삶의 진리를 설파해도 그것은 윤리교사에 지나지 않을 뿐, 어찌 그 예수를 믿으라 하느냐? 사도 바울이 말한 대로 부활이 있기 때문에 우리가 영적으로 항상 새로워질 수 있고, 부활이 있기 때문에 우리 유한한 생명의 영원한 희망과 가치가 있지 아니한가?"

참으로 옳은 말이다. 그러나 지금 이 순간 우리는 종교의 본질, 아니 매우 궁극적 삶의 의미 같은 것을 깊게 생각해 볼 필요가 있다. 십자가의 예수를 믿어도 좋다. 부활하신 예수를 믿어도 좋다. 그런데 그것을 도대체 왜 믿는가? 예수가 죽었다가 사흘 만에 부활한 것을 왜 믿는가? 죽었다 부활했다는 예수 삶의 이벤트를 믿는다고 하는 것은 영화 한 장면을 보는 것과도 같이 하나의 역사적 사건으로서 스쳐지나갈 뿐이다. 예수의 부활을 믿는다는 것은 바울의 말대로, 우리의 삶과 무관한 객관적 물리적 사태로서 믿는 것이 아니라, 바로 그 죽음과 부활을 나의 실존적 고통의 심연에서 직접 체험한다는 것을 의미하는 것이다. 내가 죽고, 내가 부활해야 하는 것이다. 내가 죽고, 내가 부활한다는 것은 무엇을 의미하는가?

> "우리가 알거니와 우리 옛 사람이 예수와 함께 십자가에 못 박힌 것은 죄의 몸이 멸하여 다시는 우리가 죄에게 종노릇하지 아니하려 함이니, 이는 죽은 자가 죄에서 벗어나 의롭다 하심을 얻었음이니라." (롬 6:6~7).

다시 말해서 "내가 죽는다"는 것은 죄의 몸이 멸하는 것이요, 죄에게 다시는 종노릇하지 아니하는 것이요, 의로운 삶을 살기 위한 것이다. 결코 "죽어서 천당 가기 위하여" 예수의 죽음과 부활을 믿는다는 것은 복음의 주된 내용 속에 포함되어 있지 않다. 죄의 몸이 멸하고 의로운 삶을 사는 것이란 일시적 사태가 아니라, 끊임없이 죽고, 끊임없이 부활해야 하는 모든 순간의 삶의 과정을 의미하는 것이다. 오죽하면 이러한 부활의 메시지를 전한 사도 바울 자신이 이렇게 외쳤으리오!

"오호라! 나는 곤고한 사람이로다. 이 사망의 몸에서 누가 나를 건져내랴?"(롬 7:24).

다시 말해서 예수의 죽음과 부활을 믿는다는 것은 사망의 몸에서 벗어나 의로운 삶을 살기 위한 끊임없는 몸부림이다. 사도 바울에게도 사망의 몸의 유혹은 끊임없이 그를 괴롭혔던 것이다. 이것이 인간이다! 이것이 예수다!

Q자료를 발견한 신학자들이 탐색해낸 놀라운 사실은 Q자료 속의 예수에게는 탄생설화도, 수난과 죽음과 부활의 어떠한 이야기(내러티브)도 없다는 것이다. 예수는 과연 자신의 죽음과 부활을 예견하고 산 사

유대인들의 장례식 장면. 남자들만 참여하고 한쪽에서 여성들이 푸대접받고 있는 모습이 역력하다. 모세율법의 세계는 아직도 어김없이 지켜지고 있다.

람이었을까? Q자료 속의 예수는 전혀 그러한 사람이 아니었다는 것을 단정적으로 말해준다. 이것은 다름 아닌 공관복음서의 사실인 것이다. 따라서 "최후의 만찬"이니 하는 그럴싸한 드라마도 없다. 나의 "피"니 "살"이니 하는, 죽음과 부활을 전제로 할 때만이 의미를 갖는 그런 언어가 그림자도 비치지 않는다. 자신의 이해에 있어서도 "하나님과 자신"을 "아버지와 아들"의 친근한 관계로 파악하는 언어는 존재하지만, 아버지가 파견하여 천상(빛)에서 지상(어둠)으로 중생을 구원하기 위하여 내려온 자라는 식의 그리스도(메시아)적 이해가 전무하다. 예수는 오직 천국 즉 "하나님의 나라"를 선포했을 뿐이다.

천국은 천당이 아니다. 천국과 천당은 전혀 다른 개념이다. 천국은 무형의 조직이고 천당은 장소(공간)개념을 갖는 유형의 실체이다. 예수는 천국을 말했을 뿐 천당을 말한 적이 없다. 신약성서 전체를 두 눈을 비비고 잘 바라보라! 어느 한 귀퉁이에도 천당이라는 말은 없다. 천국이란 하늘구름 위에 붕 떠있는 어느 곳($topos$)이 아니라, "하나님의 나라"이다. "하나님의 나라"라는 것은 "하나님의 장소"가 아니라, 하나님의 새로운 질서가 지배하는 나라를 의미한다. 즉 "하나님의 나라"는 영어로 "Kingdom of God(Heaven)"이 아니라 "Reign of God"이다. "나라"에 해당되는 희랍어 "바실레이아"($\beta\alpha\sigma\iota\lambda\epsilon\acute{\iota}\alpha$, $basileia$)는 예수의 선포 속에서는 장소적·유형적 개념이라기보다는 비장소적·무형적 개념, 즉 "지배"라는 의미맥락을 더 강하게 지니고 있는 것이다. 예수가 선포한 것은 로마의 지배나 율법의 지배나 바리새인·대제사장의 지배가 아닌 하나님의 직접적·무매개적 지배였다. 그것은 "이 땅 위에서의 하나님의 지배"(the Reign of God on Earth)였다.

주기도문의 주요 부분은 Q자료 속에 들어가 있다. 로마서 8:26에 보면 바울은 이와 같이 말한다: "우리가 마땅히 빌 바를 알지 못하나…" 다시 말해서 바울은 주기도문을 몰랐다는 것을 증명한다. 바울의 손에는 Q자료가 들려져 있지 않았던 것이다.

"너희는 기도할 때 이같이 하라. 아버지시여! 당신의 이름이 거룩히 여김을 받으시오며, 당신의 나라가 이 땅 위에 임하옵시며 우리에게 날마다 일용할 양식을 주옵소서."(눅 11:2~3).

"하나님의 나라"는 이 땅 위에 임할 그 무엇이다. 이 땅 위에서 지금 여기 시작되어야 할 그 무엇이다. 같은 Q자료인 마태복음에는 "당신의 뜻이 하늘에서 이루어진 것과 같이 이 땅에서 이루어지이다"(마 6:10)로 되어 있다. 현재 하늘에 구현되어 있는 그런 질서가 땅에서도 이루어져야 한다는 요청이다. 바로 이 말씀의 주인공이 예수인 것이다. 역사적 예수의 실상인 것이다.

공관복음 전체에 공통된 말씀이지만, 예수는 또 이같이 선포한다: "네 이웃을 네 몸과 같이 사랑하라. 이것보다 더 큰 계명은 없느니라"(막 12:31). 나는 한국의 기독교인들에게 묻고 싶다. 과연 예수의 죽음과 부활을 맹목적으로 믿고 천당에 가는 것이 당신들의 신앙의 본질인가? 그렇지 않으면 예수의 죽음과 부활을 전혀 논구하지도 않고 전혀 언급하지도 않는다 할지라도, 네 이웃을 네 몸과 같이 사랑하는 계명 하나를 죽을 때까지 실천하는 것이 신앙의 본질인가? 예수는 과연 부활과 대속을 선포했을까? 이웃의 사랑을 선포했을까? 기독교인이라면서 돈 잘 벌어줄 대통령을 뽑는 데만 혈안이 되고, 북한의 동포들이

북·미 수교를 바라면서 세계의 보편적·상식적 마당으로 나오기를 원하는 마당에, 그들을 빨갱이라 무조건 저주하고 반공의 기치만을 고수한다면 과연 그것이 "이웃을 사랑하라"는 예수의 계명을 실천하는 신앙의 정도일까?

"내 몸과 같이"라는 것은 모든 언어가 단절되는 절대명령이다. 내 몸이 아프면 "아야"를 외칠 뿐, 그 사이에 논리나 계산이나 공과가 개입될 틈이 없다. 내 몸과 같이 이웃을 사랑한다는 것은 절대적 정언명령이며, 신적인 경지가 없이는 영원히 실천하기 어려운 도덕명령이다. 예수의 부활을 1000만 번 믿는 것보다 예수의 사랑의 계명 하나를 내 삶 속에 실천하는 것이 1000만 배 어렵다는 것을 깨닫지 못하는 기독교인은 예수를 배반하는 자요, 기독교를 배교하는 사악한 무리들일 뿐이다.

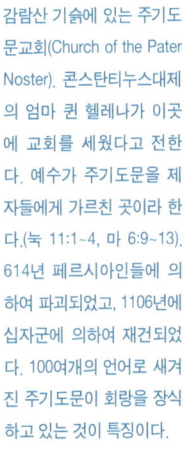

감람산 기슭에 있는 주기도문교회(Church of the Pater Noster). 콘스탄티누스대제의 엄마 퀸 헬레나가 이곳에 교회를 세웠다고 전한다. 예수가 주기도문을 제자들에게 가르친 곳이라 한다.(눅 11:1~4, 마 6:9~13). 614년 페르시아인들에 의하여 파괴되었고, 1106년에 십자군에 의하여 재건되었다. 1000개의 언어로 새겨진 주기도문이 회랑을 장식하고 있는 것이 특징이다.

29. 바울과 Q

이 사람이 마리아의 아들 목수냐?

> 바울의 전도여행을 통한 그리스도 전파운동도, 역사적 예수와 무관할 뿐 아니라 예루살렘 예수운동과도 무관한 것이었다. 바울의 개종체험은 바울 개인의 실존적 의식 내에서의 사건일 뿐이다. 바울은 예수를 알지 못한다. 나사렛의 예수, 가버나움의 예수는 그의 의식 속에 없다. 바울은 오직 그의 개종체험 속에 현현한 부활하신 그리스도만을 알 뿐이다. 그는 뮈토스를 위하여 로고스를 활용했다.

Q복음서의 발견은 초기기독교사를 연구하는 데 획기적인 관점의 변화와 자료해석의 발전적 계기를 제공했다. 초기기독교 역사는 신학자들의 전유물처럼 생각되어 왔다. 그러나 그것은 인문학자나 인류학 전공자의 탐구대상이 될 수도 있는 것이다. 신학자들의 연구방법은 암암리

예루살렘 성지순례는 예수가 십자가를 지고 걸어간 길을 따라가는 비탄의 길(Via Dolorosa)에서 정점에 이른다. 그 비탄의 길에는 14군데의 순례 포인트가 있다. 이 사진은 성 분묘교회(The Church of the Holy Sepulcher) 내의 제12역에 해당되는 곳이다. 예수가 십자가에 매달려 "엘리엘리 라마 사박다니"를 외치고 숨을 거두는 순간의 장면을 포착하고 있다. 모든 순례자들이 이곳에서 가장 많이 운다. 콘스탄티누스 대제의 어머니 헬레나가 최초로 성지순례를 했을 때 이곳을 지정했고, 그 후 335년에 이 성 분묘교회는 완공되었다. 서양 역사에서 십자군전쟁이 일어난 명분 중의 하나가 바로 이슬람에게 빼앗긴(638년) 이 교회를 되찾기 위한 것이었다. 기독교의 역사는 인류에게 전쟁을 가르친 역사였다.

교회라는 크리스찬 커뮤니티의 존재를 전제로 하고, 그 교회조직의 이해와 요구에 따라 형성된 신학을 연구하는 것이었다. 그러나 제1세기 근본(根本)기독교의 역사적 상황은 전혀 다르다.

우선 확고하게 통일된 교회조직이 처음부터 존재했다는 가설 자체가 매우 잘못된 것이다. 당시 교회라는 것은 오늘과 같이 교리나 성경을 전제로 하고 위계적 인간관계를 토대로 하여 묶여진 타이트한 조직이 아니라, 예수의 말씀을 따르고 좋아하는 사람들의 매우 느슨한 연대 같은 것이었다. 팔당 신앙촌이나 쿰란 공동체처럼 같이 산 것도 아니고, 위계적 조직도 없었고, 신학적 통일성도 없었다. 그러니까 교회가 있고 그 교회가 신학을 요구한 것이 아니라, 신학이 선행하고 그 신학의 부산물로 교회가 형성되어간 것이다. 그러나 신학 자체가 기성의 어떤 교리시스템이 아니라, 예수의 말씀과 개개인이 감응해 가면서 자신의 삶 속에서 실천적으로 만들어간 신학이었던 것이다. 이러한 실천적 신학은 완성된 이론체계가 아니라 끊임없이 형성되어 가는 신학이며, 우리의 삶 속에서 행동을 수반하는 신학이기 때문에 전문용어로는 수행적 신학(遂行的 神學, Performative Theology)이라고 부른다.

Q복음서나 도마복음서의 가라사대 파편들이 이론적 체계나 주제적 연관성에 따라 조직된 것이라고 생각 되지는 않는다(물론 많은 신학자들이 이런 전제를 가지고 연구하기도 한다). 그냥 예수 말씀 파편들의 자의적인 모음(random collection)이라고 보는 것이 더 정당하다. 바로 이러한 자의적 성격이야말로 초기집단이 예수 삶의 이야기의 일관성을 통해서 형성하고자 했던 교리적 예수상을 필요로 하지 않았다는 사실을 방증하는 것이다. 그들에게 의미있었던 것은 오로지 예수의 말씀일 뿐이었다. 나의 실존에 의미를 가져다 주는 개개 말씀 파편만이 그들에게는 문제가 되었던 것이다. 이러한 초기집단의 성격을 파악하지 않으면 어떻게 해서 Q복음서나 도마복음서가 성립할 수 있었는지 도무지 이해가 가질 않는 것이다.

초기기독교사에서 그동안 깨어지기 힘들었던 허황된 가설 중의 하나가 예루살렘교회(Primitive Church of Jerusalem)의 주도성에 관한 것이었다. 그것은 예수가 부활하여 승천한 후 어느 2층 다락방(막 14:15, 눅 22:12)에 사도들의 근거지가 형성되어 있었으며, 그 교회의 리더십은 예수의 혈육인 친동생 야고보(James)가 감독으로서 장악했다는 것이다. 마가복음 6장 3절에는 나사렛의 사람들이 성인 예수의 권능을 목격하고 의아스러운 듯, 매우 상식적인 고백을 퍼붓는 장면이 묘사되어 있다.

"이 사람이 마리아의 아들 목수가 아니냐? 야고보와 요세와 유다와 시몬의 형제가 아니냐? 그 누이들이 우리와 함께 여기 있지 아니하냐?"(마13:55~56에도 유사한 언급이 있다.)

이 언급이 사실이라면 예수는 최소한 4명의 남자형제가 있었으며

"누이들"이라는 복수형의 언급을 보아 2명 이상의 자매가 있었다. 그러니까 예수를 포함하면 최소한 7남매의 가족이었던 셈이다. 시카고 드폴대학의 역사적 예수 연구의 대가인 존 도미닉 크로쌍(J. D. Crossan)은, 예수의 동정녀 탄생설화라는 픽션을 전제로 하지 않고 생각한다면, 야고보는 예수 가족 중에서 가장 의젓했던 "맏형"이었을 가능성이 크다고 본다. 예수의 아버지 요셉은 예수가 어렸을 때 죽었고, 이 대가족의 리더십을 큰형 야고보가 담당했다. 그는 얼굴과 인상착의가 예수와 매우 흡사했으며, 인격적으로도 매우 원만하고 통솔력이 높았으며, 동생 예수의 천국운동을 뒤에서 후원한 사람이었다. 예수가 죽은 후 제자들에게 다시 나타난 그 부활한 예수는, 예수와 똑같이 생긴 야고보가 예수의 사후 교단을 수습하기 위하여 위로방문하러 다닌 스토리들이 와전되어 기록된 것이라고 말한다. 예수를 사랑하던 사람들은 예수에 대한 애정을 포기할 수 없었고, 예수의 죽음이 어떠한 형태로든지 억울한 죽음이었다고 한다면, 예수에 대한 사무치는 정에 사로잡혀 있던 사람들은 야고보를 보았을 때 예수가 살아 돌아온 느낌을 가졌으리라는 것은 쉽게 상정할 수 있다. 그러나 이것은 어디까지나 가정일 뿐이다. 우리가 이러한 이야기에 속아 넘어가서는 아니 될 중요한 사실은, 초기기독교사가 예루살렘교회의 권위로부터 유래되는 연속적 계보 속에서 기술되어서는 아니 된다는 것이다. 분명 예루살렘에 어떤 예수운동(Jesus Movement)이 있기는 있었을 것이다.

바울의 전도여행을 통한 그리스도 전파운동도, 역사적 예수와 무관할 뿐 아니라 예루살렘예수운동과도 무관한 것이었다. 바울은 역사에 뚜렷한 족적을 남긴 실존인물이었다. 그는 예수를 따른다고 하는 동포 유대인들을 박해했던 인물이었다. 이 바울(사울)이 갑자기 다메섹으로 가

비탄의 길(Via Dolorosa) 제11역에 해당되는 곳이다. 이것은 예수가 죽은 후의 모습이 아니라 산 예수를 십자가에 눕혀 못을 박는 장면이다. 무릎 꿇고 애통하는 여인은 막달라 마리아. 어머니 마리아는 옆에 서있다.

는 도중에 신비로운 개종체험(conversion experience)을 하게 되었다는 것이다. 그러나 이 개종체험은 어디까지나 바울 개인의 실존적 의식 내에서의 사건일 뿐이다. 사도행전에는 이 사건이 세 번이나 기술되어 있는데(행 9:3~19, 22:6~16, 26:12~18) 자세히 분석해보면 그 설명방식이 각기 다르다. 3개의 다른 전승일 가능성이 높다. 그리고 사도행전의 저자는 사도 바울에게서 이 이야기를 직접 들은 것이 아니다. 더구나 바울의 자서전적 고백으로서 가장 신빙성이 높은 서한이라고 하는 갈라디아서에 보면, 바울은 그의 신비적 개종체험을 정당화하기 위하여 어떠한 기존 교단의 인가도 받지 않았다. 그는 아라비아사막으로 갔다(갈 1:17). 그는 모세나 예수가 광야에서 시험을 받고 영감을 얻은 것과 똑같은 방식으로, 사막의 고독의 심연에서 새로운 삶의 진로를 결정했던 것이다: "형제들아! 내가 너희에게 알게 하노니, 내가 전한 복음이 사람의 뜻을 따라 된 것이 아니라. 이는 내가 사람에게서 받은 것도 아니요, 배운 것도 아니요, 오직 예수 그리스도의 계시로 말미암은 것이라."(갈 1:11~12).

바울의 복음은 역사적 인간들과 일절 관련이 없다. 오직 "예수 그리스도의 계시"로 말미암은 것이다. 사람의 뜻은 전혀 개재되어 있지 않다는 것이다. 바울은 예수를 알지 못한다. 바울은 오직 그의 개종체험 속에 현현한 부활하신 그리스도만을 알 뿐이다. 바울의 운동은 역사적 예수의 운동이 아니라, 부활한 그리스도에 관한 신화적 운동이었다. 바울을 우리가 희랍적 사유에 깊게 젖은 사람이라고 말하는 이유는 바로 희랍인들에게는 뮈토스(신화)와 로고스(이성)가 구분 없이 공존하기 때문이다. 죽음과 부활과 같은 신화적 어휘는 그들의 일상언어였다. 플라톤은 로고스를 위하여 뮈토스를 활용했지만, 바울은 뮈토스를 위하여 로고스를 활용했다.

그러니까 예수가 죽은 AD 30년경 이후에는 어떠한 통합적 교회조직도 없었으며, 예수에 관한 운동은 역사적이든, 신화적이든, 이성적이든, 공동체적이든 모두가 산발적으로 행하여진 비조직적 운동이었다. 그것을 예루살렘교회를 전제로 해서 바울의 전도여행을 포함하여 일사불란하게 묶어 생각하는 것은 사실의 정황에 크게 위배되는 것이다. 이러한 많은 산발적 운동 중에 역사적 예수의 전통을 이은 진실한 하나의 운동이 바로 Q복음서를 잉태시킨 Q그룹운동이었을 것이다. 그리고 도마복음서도 시리아 에데사(Edessa)에서 성립한 후기전승으로 보는 학자들이 많지만 나는 그렇게 보지 않는다. Q그룹과 비슷한 어떤 초기전승으로 파악한다. 이 Q그룹의 사람들은 매우 소규모의 집회를 중심으로 예수의 말씀만을 소박하게 기억하고 사모했다.

그들은 오직 예수의 하나님나라운동을 어떻게 이 땅 위에 실현할 것인가 하는 것만을 고민했다. 실상 오늘 우리가 생각하는 기독교의 핵심은 이 Q그룹을 통하여 전승된 역사적 예수의 말씀이다. 그 핵이 통합과정을 거치면서 1세기 말경에 비로소 "기독교"라는 어떤 새로운 아이덴티티를 형성하였던 것이다.

여기 보이는 통곡의 벽(Wailing Wall)은 헤롯 대왕이 지은 제3성전의 서벽(Western Wall)이다. BC 960년에 완성된 솔로몬 성전(제1성전)의 자리에 세워진 것일 뿐 솔로몬 성전의 벽은 아니다. 헤롯 대왕의 제3성전은 BC 18년에 착공되어 알비우스 총독 시절에 완성되었는데, 역사적 예수가 본 성전의 벽은 바로 이것이다. 요한복음 2:20에 나오는 예수와의 대화, "이 성전은 사십육 년 동안에 지었거늘"을 상기시킨다. 그러나 이 성전은 AD 70년 로마의 티투스에 의하여 처참하게 파괴되었고 이 60m 부분의 서벽만 남겨졌다. 바로 이 벽이 무너질 즈음 우리가 논구하고 있는 복음서들이 쓰여진 것이다. 오스만제국 시대 때 제한적으로 순례가 허락되면서 유대인들이 이곳에 와서 유대국가의 멸망을 회상하면서 통곡하였기에 "통곡의 벽"이라 부르게 된 것이다. 1967년 6월의 6일전쟁 승리의 덕으로 이스라엘은 이 지역을 관장할 수 있게 되었다.

30. 산상수훈과 Q

가난한 자들이여! 천국이 너희 것이다

> 산상수훈의 핵심은 Q복음서에서 왔다. 산상수훈의 첫 구절인 "심령이 가난한 자"라는 표현은 해석학적으로 많은 여지를 남긴다. Q복음서의 원문은 그냥 "가난한 자"를 말했을 뿐이다. 가난한 자의 무소유야말로 참 예수의 참 사상이었다. 그것은 세속적 가치의 부정이며 멸집을 의미하는 것이었다. 오늘날 기독교는 지나치게 물질적 소유와 현세적 집착에 치우쳐 있다. 2007년 대선국면에 이르기까지 우리 민족의 맹렬한 반성이 요구되는 대목이다.

나는 매우 엄격한 기독교 집안에서 태어났다. 나의 아버지와 엄마가 모두 소년·소녀 시절부터 기독교를 자신들의 삶의 신앙체계로 받아들인 사람들이었다. 요즈음과는 달리 20세기 초엽, 그들의 기독교 수용은 각별한 삶의 결단을 요구하는 실존적 행위였다. 나는 유아세례를 받았고 엄격한 기독교 윤리 속에서 자라났다. 나의 부친은 일제시대 때 의사로서 성공하여 일가를 이루었는데, 삶에서 거둔 부를 자식의 교육을 제외하고는 대부분 기독교에 헌납하였고, 자식들에게 일체의 유산을 남기지 않았다. 나의 엄마는 평생 새벽기도를 하루도 거르지 않을 정도로 치열하게 신앙적인 삶을 산 여인이었는데, 자식교육에 있어서도 기독교 신앙의 모든 원칙을 고수하였다.

엄마는 어린 나에게 신약성서를 모조리 외우라고 명하셨다. 성경구절을 외우면 용돈을 탈 수 있었고, 그렇지 않으면 회초리를 맞았다. 문지방 위에 얹혀 있는 회초리는 항상 두려움의 대상이었다.

성구를 암송하다 보면 가장 신나게 외워지는 구절, 가장 보편적으로 리듬을 타고 독송을 반복하게 되는 구절은 뭐니 뭐니 해도 마태복음 5장의 산상수훈(The Sermon on the Mount)이었다. 상식적으로 복음서의 기준은 제일 먼저 접하게 되는 마태복음이었고, 제5장의 산상수훈에 이르면 어린 마음에 이미 복음의 메시지가 절정에 오르는 듯한 느낌을 받는다. 한글 개역판 그 첫마디는 다음과 같다.

"심령이 가난한 자는 복이 있나니 천국이 저희 것임이요."
(마 5:3).

이 산상수훈은 마가복음에는 나오지 않는다. 이것은 마태와 누가에 나오는 것으로 Q복음서에 속하는 것이다. 마태는 주어가 3인칭 복수인 데 반하여, 누가는 2인칭 복수이다. 마태보다 누가는 짧은 데 반하여, 누가에는 "화 있을진저"라는 저주설교가 첨가되어 있다. 그런데 어린 마음에 항상 걸렸던 대목은 "심령이 가난한 자," "마음이 가난한 자"가 과연 무엇을 뜻하는지에 관한 것이었다. "마음이 가난하다"는 것이 과연 무엇을 의미하는 것일까?

물론 이 말에 대한 그럴듯한 주석들은 태산처럼 쌓이고 또 쌓여 있다. 심령이 가난하기 때문에 오히려 하나님 나라를 갈구하는 심정이 더 간절해진다는 이야기는 대체로 수긍이 갈 수도 있겠지만, 어린 나에게는 구체적으로 "심령이나 마음이 빈곤한 자"라는 이미지는 도무지 천국에 들어갈 자격이 없는 자들로만 여겨질 뿐이었다. 천국에 들어가려면 심령이 충만해야지 어찌 심령이 가난하고 빈곤해야 한단 말인가? 심령의 빈곤을 지식의 빈곤으로 바꿔봐도, 또 지혜의 빈곤으로 바꾸어 보아도 마찬가지였다. 어찌 지식이 빈곤하고 지혜가 빈곤한 자가 천국을 소유할 수 있단 말인가? 문제는 "심령이 가난하다" 할 때, 그 "가난하다"는 말이 어떤 방식으로 해석해도, 그럴듯한 구라는 얼마든지 피울 수 있겠으나, 명료하게 떨어지는 해석이 불가능하다는 데 있었다.

예수의 산상수훈이 행하여졌던 곳에 세워진 팔복교회. 1938년 이탈리아 출신 안토니오 발루치의 설계로 건설되었다. 산들바람이 부는 방향으로 이야기하면 예수의 목소리가 널리 퍼져갔을 것이다. 갈릴리 바다가 내려다보인다.

나는 장성하여 동방의 철리를 연구하게 되었고, 『노자도덕경』이라는 도가 경전에 심취하게 되면서부터는 이 "심령이 가난하다"는 말 중 "가난"의 의미를 노자의 "허"(虛)로서 해석하게 되었다. 다시 말해서 심령이 비어 있다, 마음이 비어있다, 그래서 천국이 들어갈 여백이 있다. 그러니까 "심령이 가난하다"는 것은 그만큼 "심령이 비어있어 순결하다"는 뜻으로 해석할 수 있겠다고 생각하기에 이른 것이다.

그러나 Q복음서의 발견은 이러한 복잡한 추론이 무의미하다는 것을 말해준다. 모든 진리는 매우 단순한 것이다. 복잡할 이유가 없는 것이다. 우리가 태어나서 죽을 때까지 우리 삶을 지배하는 맥심(maxim) 같은 것이 결국 몇 줄의 언설에 불과한 것이다. 예수는 복잡한 "심령의 가난"을 논구하지 않았다. 가난을 심령화한 것은 마태였다. 마태는 Q복음서를 초기 유대인 기독교도를 설득하기 위한 자료로서 활용했다. 그는 모세의 율법과 예수의 가르침이 결코 상치되지 않는 연속적 관계라는 것을 입증하려고 노력했다. 예루살렘성전의 파괴는 이스라엘 민족 서사시의 한 예언의 성취일 뿐이다. 따라서 기독교인들이야말로 모세 율법의 새로운 기원을 계승적으로 창조해 나가리라고 생각했다. 산상수훈 내용 중의 다음과 같은 구절은 전형적인 마태의 창작이다.

"내가 율법이나 선지자나 폐하러 온 줄로 생각지 말라. 폐하러 온 것이 아니요 완전케 함이로라."(마5:17).

엄밀한 문헌비평을 하여 보면, 마태보다는 누가가 Q복음서의 원래적 문맥과 순서에 더 충실하다는 결론에 도달케 된다. 누가복음의 구절은 다음과 같다.

"가난한 자는 복이 있나니 하나님의 나라가 너희 것임이요." (눅 6:20).

Q복음서의 예수는 아주 단순하게 그냥 "가난한 자"를 말했을 뿐이다. 그는 가난을 심령화하지 않았다. "가난한 자"란 오직 돈없는 자, 경제적으로 곤궁한 자, 의지할 데 없이 부랑하는 자, 돈이 없어 마음까지 가난해진 자일 뿐이다. 갈릴리 지평에서의 예수의 친구들은 돈있고 부유해서 정착해 사는 사람들이 아니라, 가난한 사람들이었다. 가난하기 때문에 재산 빼앗기고 농토 빼앗기고 올데갈데없이 부랑하는 홈리스들이었다. 그래서 이어오병의 설화가 말해주듯이 사오천 명씩이나 예수라는 지도자를 따라서 몇 십 리 길을 며칠씩 부랑하곤 했던 부평초 같은 민중들이었다. 예수는 바로 이들에게 천국을 선포했던 것이다. 왜 가난한 자들이 복이 있는가? 왜 부자보다 가난한 자들에게 천국이 쉽게 다가올 수 있는가? 그 이유는 간단하다. 부자들은 돈과 재물과 소유에 집착하는 데 반하여 가난한 자들은 집착할 건덕지가 아무것도 없는 것이다. Q복음서와 도마복음서를 일관하는 중요한 메시지 중의 하나가 바로 "무소유"다. 이 무소유의 사상이야말로 원시불교의 사상인 동시에 원시기독교의 핵심사상이었다. 무소유는 바로 현세적 가치의 부정을 의미하는 것이다. Q복음서는 말한다.

"무엇을 먹을까? 무엇을 마실까? 무엇을 입을까? 이런 생각으로 눈멀지 말라. 부질없는 염려를 끊어라. 심령과 영혼을 결한 자들만이 이런 것들을 구하나니. 너희 아버지께서 이런 것들이 너희에게 있어야 될 줄을 아시느니라. 오직 너희는 그의 나라를 구하라. 그리하면 이 모든 것들이 너희에게 주어지리라."(Q53, 눅 12:29~31, 마 6:31~33. Q번호는 나의 책 『큐복음서』의 번호).

Q복음서는 또 원시불교가 말하는 멸집(滅執)과 동일한 논리를 펼치

고 있다.

> "누구든지 자신의 삶에 집착하는 사람들은 삶 자체를 잃을 것이요, 자신의 삶의 집착에서 벗어나 나를 따르는 자는 오히려 삶을 향유하리로다."(Q58, 눅 17:33, 마 10:39).

> "너희를 위하여 보물을 땅에 쌓아 두지 말라. 거기는 좀과 동록이 해하며 도적이 구멍을 뚫고 훔쳐가느니라. 오직 너희를 위하여 보물을 하늘에 쌓아 두라."(Q54, 눅 12:33~34, 마 6:19~21).

이러한 논리를 세속교회 조직은 교회에 헌금하라는 명령으로 왜곡하여 신도를 기만하는 데 사용하기 일쑤였다. 그러나 예수에게 교회는 존재하지 않았다. 그는 현세적 가치의 부정으로서 이러한 무소유의 논리를 철저히 관철시킨 지혜로운 사회사상가였을 뿐이다. 그러나 이러한 Q복음서의 예수 모습은 온데간데없이 사라졌다. 소유와 집착에 광분한 자들의 혼탁한 잔치를 과연 이 조선땅의 기독교라 말할 수 있겠는가?

묻겠노라! 이 땅의 민중을 이끌겠다고 나선 정치적 지도자라고 한다면, 더욱이 기독교인임을 자처하고 나선다면, 무소유를 실천하고 이 땅의 재물을 거부하고 저 하늘에만 보물을 쌓아둔 부끄럼 없는 인물이어야 하지 않겠는가? 그에게 할렐루야 만세를 보내는 광란의 민중들을 과연 예수를 따르는 자라고 말할 수 있겠는가?

31. 지혜담론과 묵시담론

이 뺨을 치는 자에게 저 뺨도 주라

> Q복음서는 크게 지혜담론(Q1)과 묵시담론(Q2)으로 구성되어 있다. 여태까지 제1세기 기독교 공동체 역사를 연구하는 사람들은 기독교를 구성하는 언어가 묵시담론에서 지혜담론으로 발전했다고 믿어왔다. 그러나 도마복음서의 출현으로 Q복음서를 재발견한 학자들의 연구성과는 초기 예수운동의 본질은 지혜담론이었으며 그것이 후대 기독교의 묵시담론의 틀 속에서 재해석되어간 것으로 확정짓는다.

Q복음서를 구성하는 예수의 말씀들을 잘 살펴보면, 그것이 전체적으로 통일된 하나의 주제를 전달하는 것이 아니라 매우 다양한 테마를 산발적으로 발출시키고 있다. 그리고 그 말씀들은 서로 논리적 충돌을 일으키기도 하고, 또 같은 주제에 관해 상반된 견해들을 나타내기도 한다.

내가 서있는 이곳은 예루살렘에 있는 이스라엘박물관 사해사본관이 아니다. 서울 용산 전쟁기념관 특별 전시장에서는 "사해사본과 그리스도교의 기원"이라는 전시가 열리고 있다(2007. 12. 5.~2008. 6. 4.). 1947년 어느 날 사해 부근의 절벽동굴에서 베두윈 목동 2명이 잃어버린 염소를 찾기 위해 돌을 던졌다가 항아리 깨지는 소리를 듣고 놀라 들어갔다가 발견한 쿰란 사해문서는 성서의 역사를 다시 쓰게 만드는 계기가 된 20세기 서구문헌학의 최대 사건이었다. 내가 내려다보고 있는 항아리가 바로 그 진품 항아리고 그 속에 구약과 관련된 문헌이 들어 있었다. 우리나라 용산에 바로 기원전 이사야서 두루마리가 진열되는 것이다. 뿐만 아니라 옥시린쿠스 신약 파피루스도 진열되는데 이것은 참으로 귀중한 마태복음 원본이다. 초대 기독교 교회의 모습을 알게 해주는 다양한 유물들, 비잔틴시대를 거쳐 중세시대까지 기독교 형성사를 일목요연하게 보여준다. 기독교를 문화적으로 접근한 좋은 전시라고 생각된다.

1907년에 하르낙(Adolf von Harnack, 1851~1930)이 Q복음서를 희랍어로 구성해냈을 때, 그는 이 예수의 가르침이 설화복음서(narrative gospel)의 연역적 틀을 전제함이 없이 그냥 있는 그대로 산발적으로 읽히기를 원했다. 그래야 기적과 신화(miracle and myth)가 없어지고 기독교의 원래적 본질이 있는 그대로 드러날 것이라고 확신했다.

Q복음서의 예수의 말씀들은 대부분 인간이 이 세상을 살아가면서 부닥치게 되는 한계상황, 충돌상황 등을 어떻게 극복하고 어떻게 결단할 것인가에 관한 예지를 가르쳐주는 것이다.

> "너희 원수를 사랑하라. 너희를 미워하는 자들에게 잘해주며, 너희를 저주하는 자를 위하여 축복하며, 너희를 모욕하는 자를 위하여 기도하라.
> 네 이 뺨을 치는 자에게 저 뺨도 돌려대며, 네 겉옷을 빼앗는 자에게 속옷마저 내주어라.
> 무릇 네게 구하는 자에게 주며, 네 것을 가져가는 자에게 되받으려고 하지 마라.
> 남에게 대접을 받고자 하는 대로 너희도 남을 대접하라.
> 너희가 너희를 사랑하는 자들만 사랑한다면 무슨 상이 있으리요? 세금 걷는 자들도 이 정도는 다하는 일이 아니겠느뇨?"
> (Q14~16, 눅 6:27~32, 마 5:38~46).

사실 우리가 기독교를 긍정적으로 바라보는 이유는, 그리고 오늘날까지 기독교에 헌신한 사람들의 가슴속에 살아있는 예수님의 메시지는 탄생과 죽음과 부활에 관한 신화적 내러티브가 아니라, 바로 이러한, 예수가 우리 실존에 명령하는 윤리적 말씀이었다.

 기독교가 우리에게 전하는 감격과 감동의 핵심에는, 예수의 말씀이 우리 민족이 접한 어떠한 기존의 종교보다도 더 고귀한 윤리적 기준을 제시했다는 사실이 자리잡고 있었던 것이다. 불타의 자비(慈悲)보다 더 짜릿했고 공자의 인의(仁義)보다 더 강렬했다. 예수를 따라다닌 사람들은 가난하고 애통하는 자들이었다. 춥고 굶주리고 슬피 우는 자들이었다. 착취당하고 빼앗기고 부랑할 수밖에 없는 자들이었다. 그들의 가슴에 남은 것이라곤 '이 세대'(게네아 아우테)와 세태에 대한 원망과 원한과 분노뿐이었다.

 바로 그들에게 천국을 선포하는 예수는 원수를 사랑하고 너를 핍박하는 이웃을 네 몸과 같이 사랑하라는 패러독시칼한 정언명령을 던졌던 것이다. 그렇게 함으로써만이 인간에게는 진정한 회심(메타노이아), 즉 천국을 맞이할 수 있는 마음의 상태가 도래한다는 것이다.

> "자기 십자가를 지고 나를 따라오지 않는 사람은 나의 제자가 될 자격이 없다. 자기 목숨을 얻으려는 자는 잃을 것이요, 나를 위하여 자기 목숨을 잃는 자는 얻으리로다."(Q58, Q70, 마 10:38~39, 눅 14:26~27).

 예수의 제자가 된다는 것은 자아의 멸절을 의미하는 것이다. 그것은 전적인 자기 부정이요(absolute self-surrender), 자기 던짐이다. 그것은 불교가 말하는 멸성제(滅聖諦, the holy truth of self-annihilation)와도 같은 것이다. 여기 "십자가를 진다"라는 표현은 예수의 수난과 죽음이라는 신화적 사태와 전혀 무관한 것이다. 십자가는 당시 매우 보편적인 로마 형벌이었고, "십자가를 진다"라는 표현은 당시에 흔히 쓰이던 관용구에 불과했다.

헤롯대왕이 BC 4년에 죽은 이후 유대인들이 신권통치의 부활을 요구하는 반란을 일으켰는데 로마군대는 이들을 무자비하게 진압하였고 2000명이나 되는 유대인들을 십자가형에 처하였다. 따라서 "십자가를 진다"는 표현은 예수 당대의 사람들에게 쉽게 전달되는 말이었다. 십자가형은 대개 도시에 진입하는 어귀의 길목에서 이루어진다. 그런데 비극적인 것은 십자가형에 처해질 바로 그 죄수들이 본인의 무거운 십자가를 짊어지고 동구 밖까지 몇 킬로미터의 여정을 걸어가야 하는 것이다. 예수의 제자가 된다고 하는 것은 이러한 죽음의 행진을 불사할 수 있는 자기포기의 용기를 요구하는 것이다. 그것은 강력한 윤리적 명령이다.

"지금 꼴찌 된 자들이 첫째가 되고, 지금 첫째 된 자들이 꼴찌가 되리라."(Q65, 마 20:16, 눅 13:30).

현세와 천국은 가치의 전도를 요구하는 사태이다. 현세적으로 꼴찌인 자가 천국에서는 첫째가 될 수가 있고, 현세적으로 첫째인 자가 천국에서는 꼴찌가 될 수 있는 것이다. 이 모든 것이 자기 부정의 다른 표현인 것이다. 이것은 예수의 기적이나 신화적 담론과는 전혀 무관하게 해석되어야 할 지혜담론인 것이다.

유대인들에게도 욥기, 시편, 잠언, 전도서와 같은 지혜문학의 전통은

면면히 흘러내려오고 있었다. 예수는 그것을 사랑의 계명으로써 철두철미하게 심화시켰던 것이다.

그런데 재미있는 사실은 Q복음서의 내용 속에는 이러한 지혜담론 외에 묵시담론이 같이 포함되어 있다는 것이다. 묵시담론이란 "이 세계의 종말"이나 "마지막 심판"을 암시하는 듯한 언급을 말한다.

"이러므로 너희도 예비하고 있으라! 너희가 생각지 않은 때에 인자(人子)가 오리라."(Q55, 마 24:44, 눅 12:40).

물론 도둑 같이 찾아온다는 복음서의 이 말을 반드시 요한계시록이

모세가 요단강 건너에 있는 젖과 꿀이 흐르는 약속의 땅을 바라보며 최후를 마친 느보산 기슭에 있는 마다바(Madaba, Medeba)라는 도시에 유스티니아누스 황제는 비잔틴교회를 지었다. 그 바닥에 기독교 성지를 나타내주는 모자이크 지도가 새겨져 있다(15.7m×5.6m). 이 지도를 통해 예루살렘의 성분묘교회, 네아교회의 모습과 베들레헴, 헤브론, 엠마오교회의 존재를 확인할 수 있다. 그 소중한 모자이크 지도가 본래 모습 그대로 용산에 복원되어 있다.

말하는 것과도 같은, 인류 역사의 종말 즉 시간의 종료로서 해석할 필요는 없다. 천국의 도래에 대한 은유적 표현으로 해석할 수도 있으나, 예수 말씀의 상당부분이 종말론적 암시를 지니고 있다는 것은 부인할 길이 없다.

문제는 역사적 예수 본인이 종말론적 사유를 체화한 사람이냐 아니냐에 관한 것이다. 슈바이처 박사는 예수를 철저히 종말론적 사상가로 규정했다. 그리고 그의 십자가 사태는 일종의 자살적 행보의 필연적 결말로 볼 수밖에 없다고 생각했다.

천국의 도래에 관한 믿음을 종말론적 환상 속에서 선포한다는 것은 이 세계의 죄악에 대한 당장의 철저한 변혁을 요구하는 것이다. 예수는 그러한 믿음 속에서 긴박한 역사의 전변을 결행하려 했다. 그 믿음에 철저한 나머지 그는 죽음의 길을 선택하지 않을 수 없었던 것이다. 미션 임파서블에 대한 정직한 선택이었다. 예수의 삶을 투시하는 시각에는 항상 이와 같이, 지혜로운 윤리적 교사의 너그러운 이미지와 말세론적 투사로서의 긴박한 이미지가 겹쳐 있다.

불트만과 같은 사상가도 Q복음서의 성격을 종말론적으로 해석했으며 그것은 예수를 신봉하던 초기공동체의 일차적 성격에서 유래되는 것으로 보았다. 이렇게 되면 1세기의 기독교 공동체의 역사는 예수의 묵시론적 신념에 따라 처음부터 종말론적 성격을 띠었고 그러한 긴박한 종말의 도래(파루시아)가 이루어지지 않자 점차 지혜의 담론으로 변질되어간 역사로서 기술되기 쉽다.

그러나 클로펜보르그 교수를 위시한 많은 학자들의 Q복음서에 대한 철저한 연구성과는 묵시담론의 선행은 부정될 수밖에 없다는 결론을 내린다. 즉 묵시담론에서 지혜담론으로 발전한 것이 아니라, 예수공동체는 철저히 지혜담론의 공동체였으며 그 지혜담론적 성격이 후대에 내려오면서 점차 묵시담론적 틀 속에서 재해석되어 갔다는 것이다.

묵시담론은 물론 기독론(Christology)의 형성과 관련되며 그것은 유대국가의 멸망이라는 긴박한 현실과 불가분의 관계를 맺고 있다. 교회는 종말론적 공동체(eschatological congregation)의 성격을 띤다. 묵시담론은 선택된 자들의 폐쇄적 사유에서 기인되는 것이며, 지혜담론에 어떤 긴장감과 긴박감을 부여한다. 그렇지만 우리가 잊지 말아야 할 사실은 예수의 본질은 묵시담론이 아닌 지혜담론에 내재한다는 것이다.

엔 게디(En-gedi). 유대광야의 중요한 오아시스. 다윗의 피난처. 본래 "새끼 염소의 우물"이라는 뜻인데, 내가 갔을 때도 광활한 사해를 배경으로 염소들이 풀을 뜯고 있었다.

예루살렘에서 사해 윗동네에 있는 여리고로 가는 길목에 베다니라는, 복음서에서 중요한 의미를 띠는 동네가 있다. 요한복음에는 "예루살렘에서 가깝기가 한 오리쯤"(요 11:18) 된다고 적혀 있는데, 실제는 한 6㎞ 정도 떨어져 있다. 예수가 죽은 나사로를 살린 곳이요, 예수가 문둥이 시몬의 집에 유할 때 어떤 여인이 귀한 향유를 예수의 머리 위에 부은 곳도 베다니였다(마 26:6, 막 14:3). 베다니를 지날 때에 나는 아름다운 광경을 목도하였다. 동네 아이들이 염소를 방목하고 있었는데 그 척박한 느낌이 가슴에 와 닿았다. 나는 이러한 광경 속에서 역사적 예수의 체취를 느낄 수 있었다. 그는 저 목동처럼 흙 내음을 맡으며 자라난 한 사람이었음이 분명한 것이다.

32. 선민의식과 종말론

하나님을 버리고 돈을 섬기려느뇨?

열 해를 갈고 나니
칼날은 푸르다마는
쓸 곳을 모르겠다
춥다 한들 봄추위니
그 추위가 며칠이랴
자지 않고 생각하면
긴 밤만 더 기니라
푸른 날이 쓸 데 없으니
칼아 나는 너를 위하여 우노라

단재(丹齋) 신채호(申采浩, 1880~1936) 선생이 여순감옥에서 순국하시기 직전에 남긴 미완성 유고 속에 들어 있던 시다. 내 마음에 새기고 또 새기는 시, 천상적선인(天上謫仙人)이라 부른 이태백의 천만 시어(詩語)보다 내 가슴을 더 날카롭게 후벼 파고든다.

그 추위가 며칠이랴! 참으로 봄추위일까? 기나긴 동면일까? 도마복음 책갈피를 열고 보니 내 심장이 얼어붙고 이 민족의 앞날에 암운이 드리운다. 에고고! 일편단심 무애생(無涯生) 단재의 써늘한 주검이 고작 이토록 부와 권력에 눈이 먼 더러운 영혼들의 난무를 위한 것이었던가? 갈고 또 갈아둔 푸른 날이 쓸 데 없게 되었고나! 칼아! 나는 너를 위하여 우노라! 선거가 아니라 민주의 조종(弔鐘)이 울리는 도다. 오늘날 이 땅의 민주는 소수의 정치인이 만든 것이 아니요, 정의로운 뭇선남선녀들의 피 끓는 가슴이 피를 토하여 만들어 놓은 것이다. 그 피 끓는 가슴들조차 얼어붙고 말았으니 이제 무엇을 말하랴!

도올조차 할 말 잃고 암반처럼 무디어지고 말았으니 서슬 퍼런 칼날을 세울 길 없다. 묵묵히 백두대간의 일맥이라도 지키는 암석 노릇이나 할 수 있으련가? 우노라, 우노라! 무디어진 도올을 위해 우노라! 예수는 말한다.

> "한 사람이 두 주인을 섬길 수 없다. 이 주인을 증오하고 저 주인을 사랑하거나, 한 주인을 지극히 섬기면 다른 주인을 경멸하게 될 따름이다. 하나님과 돈을 겸하여 섬길 수는 없느니라." (Q74, 마 6:24, 눅 16:13).

한국인들은 지금 "경제"라는 미몽에 사로잡혀 시대정신을 후퇴시키고 있다. 그들은 지금 하나님을 버리고 돈신을 섬기려 하고 있는 것이다. 여기 성서에 쓰인 돈이라는 희랍어는 "맘모나스"(mammonās)이다. 그것은 탐욕과 부의 신이다. 참으로 예수님의 말씀을 따르는 자라면 돈이라는 신을 섬겨서는 아니 된다. 예수는 또 말한다.

"너는 점심이나 저녁을 차려놓고 사람들을 초대할 때, 친구나 형제나 친척이나 잘사는 이웃을 청하지 말라. 그렇게 하면 너도 그들의 초대를 받아서 네가 베풀어준 것을 도로 받게 될 것이다. 그러므로 너는 잔치를 베풀 때에 오히려 가난한 사람, 불구자, 절름발이, 소경 같은 사람들을 청하라. 그들은 갚을 것이 없는 고로 네게 복이 되리라."(눅 14:12~14, Q68).

예수는 물론 돈을 부정하지 않는다. 그러나 예수가 말하는 돈은 집착의 대상이 아니다. 그것은 절대적인 "베풂"의 대상이다. 상대적인 "기브 앤 테이크"가 아니다.

불트만은 말한다: "종말론적 분위기라고 하는 것은 기대나 계산이나 희망이나 염려에서 발생하는 것이 아니다. 그것은 일차적으로 선민이라고 하는 의식에서 발생하는 것이다." 종말론이라는 것은 우주가 종말을 고하게 되리라는 기대나 희망이나 우려가 아닌 것이다. 그것은 선택되었다고 생각하는 어떤 그룹의 인간들을 지배하게 되는 의식체계를 가리키는 것이다. 예수를 따르는 제자가 어찌 12명만 있으리오? 마가의 드라마에 12제자가 등장했다는 사실은 곧 이스라엘민족의 종말론적 분위기를 반영한 것이다. 도래하는 천국에서 이스라엘의 12지파를 12제자가 각기 맡아 다스리게 되리라는 종말론적 선포가 암시되어 있는 것이다. 예수에게 12제자는 존재하지 않았다. 그것은 예수 사후의 초기공동체의 한 창작에 불과한 것이라고 대부분의 연구자들은 입을 모은다.

> 묵시담론은 이 세계의 종말에 대한 기대나 예측이 아니다. 그 핵심은 이스라엘민족의 선민의식에서 발생한 것이라는 묵시담론의 심층구조를 이해하는 것이 더 중요하다. 선택된 자라는 의식은 선택받지 못한 자와의 분별을 초래하고 이 분별은 결국 하늘과 세상, 빛과 어둠의 이원론을 귀결시킨다. 따라서 선택받지 못한 자들이 속한 세상의 멸절을 기원하게 되는 것이다. 그러나 예수는 이러한 묵시론적 저주를 거부한 보편적 사랑의 인간이었다.

선민의식은 필연적으로 선택된 자들과 선택되지 않은 자들의 분별을 초래한다. 그리고 이러한 분별은 필연적으로 선택된 자들은 하늘에 속하고 선택되지 않은 자들은 땅 즉 세계(코스모스)에 속하게 되는 결과를 가져온다. 이것은 곧바로 하늘은 빛이고 세계는 어둠이라는 이원적 사유로 연결된다. 여기에 플라톤적 사유가 결합되면 하늘이라는 이데아만이 실재하는 것이 되고, 우리가 사는 이 세계는 그림자며 실재하는 것이 아니며 멸절의 대상이 되어버리고 마는 것이다. 여기에 도덕적 이원론까지 첨가되면, 선택된 자들만이 도덕적으로 선한 사람들이며, 선택되지 못한 이 세계의 사람들은 죄악의 구렁텅이에 빠져 헤어나오지 못하는 악의 구현체가 되어버리고 만다. 그러니 이 세계는 멸절의 종말로 치닫지 않을 수 없다. 그것이 바로 최후의 심판이다.

내가 지금 바라보고 있는 와디(사막의 협곡 건천) 위에 있는 작은 구멍들이 쿰란 동굴이다. 가장 왼쪽에 있는 삼각형의 동굴이 제4동굴인데 이곳에서 가장 많은 쿰란 문서가 발견되었다. 동굴은 쿰란 공동체의 도서보관 창고였다. 참으로 현명한 판단이었다.

공관복음서에 공통적으로 나오고 있는 "이 세대"라는 표현은 바로 이러한 종말론적 분위기를 반영하는 심층구조적 언어이다: "이 세대가 왜 이렇게도 악할까? 이 세대가 기적을 구하지만 요나의 기적밖에는 따로 보여줄 것이 없다."(눅 11:29, 마 12:39, 막 8:12, Q41).

사도바울도 로마서에서 "이 세대를 본받지 말라"(롬 12:2)고 충고하지만 "이 세대"에 대한 지나친 가치폄하는 결국 종말론적 사유로 귀결하게 된다.

나 도올은 묻겠다. 예수는 과연 종말론적 사상가였을까? 나그함마디 문서와 비슷한 시기에 발견되어 세목을 집중시킨 쿰란공동체(BC 150~AD 68)가 문제시 되는 것도, 그것이 예수와 동시대의 공동체이며,

예수나 세례요한이 그러한 공동체에서 수도를 한 사람일 수도 있다는 가설이 성립하기 때문이다. 그런데 재미있는 사실은 이 공동체야말로 철저히 종말론적 공동체였다는 것이다. 그러니까 예수와 무관하게, 종교적 성향과 선민의식이 짙은 유대인들의 대부분의 공동체운동은 기원전 세기부터 이미 종말론적이었다는 것을 알 수가 있다. 다시 말해서 이러한 쿰란공동체의 성격이 초대교회운동으로 그대로 연결되었다는 것을 입증해주고 있는 것이다. 그러나 예수는 유대인의 선민의식을 거부한 갈릴리 사람이었다. 원수를 사랑하라고 외치는 그에게는 철저한 인간평등사상이 있었다. 그리고 이 세계에 대한 저주 아닌 사랑을 가지고 있었다. 예수는 말한다.

> "하나님께서는 악한 사람에게나 선한 사람에게나 똑같이 햇빛을 주시고, 옳은 사람에게나 옳지 못한 사람에게나 똑같이 비를 내려주신다."(마 5:45, Q16).

이것이 바로 지혜담론의 핵심이다. 그리고 그것은 예수라는 역사적 인물의 핵심사상이었다. 묵시담론은 후대 기독교공동체의 성격에서 발생한 것이다. 예수는 오히려 묵시담론을 거부한 사상가였다. 재미있게도 도마복음서에는 묵시담론이 없다. 이것이 바로 도마복음서의 성격이 Q복음서보다도 더 오리지날한 예수의 담론을 드러내고 있다고 추론케 만드는 한 근거가 된다.

여태까지 나는 도마복음서의 주변 상황에 관하여 많은 말을 하였다. 그러나 그것은 도마복음서를 이해하기 위하여 거치지 않으면 아니 될 필연적 과정이었다. 도마복음서를 한낱 외경으로 간주하는 어리석고도 피상적인 천견(淺見)을 일축하기 위함이었다. 이제 나는 도마복음서를 강론할 준비를 하고자 한다.

대선(大選)으로 세상 풍진(風塵)이 분요(紛擾)롭다. 우국(憂國)의 심정으로 예수의 말씀을 인용한다. 이 땅의 신앙인들이여! 잘 새겨보아라!

"너희가 구름이 서쪽하늘에서 이는 것을 보면 곧 '비가 오겠다'라고 말한다. 과연 그러하다. 또 바람이 남쪽에서 불어오면 '날씨가 심히 덥겠구나'라고 말한다. 과연 그러하다. 이 위선자들아! 너희는 땅의 징조를 알고 하늘의 표정을 읽을 줄 알면서, 어찌하여 지금 여기 이 세대의 징표를 분변치 못하느뇨?" (Q59, 마 16:2~3, 눅 12:54~56).

쿰란 제4 동굴. 여기서 가장 많은 구약의 사본이 발견되었다.

33. 쿰란공동체와 예수

성서의 오리지날 정본이란 존재하지 않는다

> 한국의 기독교는 이제 의사소통이 가능한 개방된 체계가 되어야 한다. 그것은 인류의 다양한 보편적 가치의 지평 위에서 형량되어야 한다. 교계는 신학계의 자유로운 담론을 보장해야 한다.

용산 전쟁기념관에서 "사해사본과 그리스도교의 기원"이라는 전시가 열리고 있는 가운데 2007년 12월 10일부터 14일까지 사해사본과 관련된 세계적인 정상급 학자들과 국내 유수한 학자들의 학술세미나가 개최되었다. 나는 목요일(13일) 세미나에 참석했는데 박물관 세미나실을 가득 메운 목사님들, 신부·수녀님들, 신학대학생들, 종교학관련 학자들·대학원생들의 진지한 경청 자세에 흠탄의 정을 금할 길이 없었다.

이곳이 여리고다. 황혼이 뉘엿뉘엿 깔릴 때 나는 이곳에 도착했다. 분쟁지역이라서 일반 관광객들은 접근하기 어렵다. 사해 북단에 위치한 오아시스 도시인데 해수면보다 250m나 낮다. 팔레스타인 지역의 최고(最古)문명의 발상지이기도 하다. 모세의 바통을 이은 여호수아가 요단강을 건너 젖과 꿀이 흐르는 땅을 밟은 최초의 점령지였지만 여호수아는 남녀노소를 가리지 않고 잔인한 학살을 자행하였다(수 6:21). 우리에게는 난쟁이 세리 삭개오의 이야기로 친숙한 지명이다(눅 19:1). 지금도 엘리사의 샘에 가보면 놀랍게도 가뭄과 무관하게 맛있는 일급수가 콸콸 솟구치고 있다(왕하 2:21). 양떼를 몰고 가는 저 팔레스타인 여인은 아브라함 이전부터 이곳에 살고 있었던 원주민의 후예일 것이다.

내가 한학의 고전학자로서 성서 관련 주석을 내고 그 역사의 진면을 탐구하는 뜻은 더 이상 기독교 문헌이 이방의 문화로서만 간주될 수 없으며, 그것은 이미 우리의 실존을 구성하는 내면적 가치가 되어버렸다는 자각이 있기 때문이다.

송대(宋代)의 주희(朱熹)가 사서집주(四書集注)를 통해 유교를 새롭게 해석해 내었다면, 우리 시대의 사서는 사복음서일 수도 있기 때문에 사복음서의 새로운 집주를 통해 주희가 달성한 그러한 문명의 전기를 마련할 수도 있겠다는 믿음이 나에게는 있다. 나의 고전학 세계에 있어서는 유교의 경전이나 기독교 경전이나 불교의 경전이 학문의 대상으로서 어떤 불가침의 장벽을 두르고 있지 않다. 학문적 방법의 도구만 정밀하다면 모두 동일한 탐구영역에 속하는 것이다. 논어를 탐구하는 방법으로 기독교 경전을 탐구할 수도 있고, 기독교 경전을 탐구하는 방법으로 논어를 탐구할 수도 있다. 문제의 핵심은 그 경전들이 우리 삶에 어떤 의미체계를 제공하느냐에 관한 것이다.

내가 한국 기독교에 관하여 바라는 것이 있다면 기독교를 구성하는 모든 문헌이나 언어나 가치가 "의사소통이 가능한 개방된 체계"가 되어야 한다는 것이다. 그것은 인류의 다양한 보편적 가치의 지평 위에서 형량되어야 한다. 그런데 한국기독교는 배타적 유일신관이나 전도주의의 미명 아래 자기가 신봉하는 신앙이나 신념 이외의 모든 가치를 묵살하는 폭력을 정당화하여 왔다. 그것은 형이상학적 폭력일 뿐 아니라 물리적 가해까지도 서슴지 않는, 흉악한 의도를 자행하는 그러한 폭력이었다. 그러나 지난 목요일 세미나실에서 감지할 수 있었던 분위기는 한국 기독교가 이제 점점 바람직한 방향으로 자신을 열어가고 있다는 확신을 안겨주었다. 학회에 모인 많은 사람들이 나의 성서주해 작업을 격려해 주었다. 나의 도마복음 이야기가 이런 이들의 신념에 작은 밀알이라도 되었다면 감사하고 또 감사할 따름이다.

루터대학교의 김창선 교수는 사해문서의 담지자였던 쿰란공동체의 다양한 면모에 관하여 매우 명쾌한 논리로서 일목요연한 해설을 해주었다. 쿰란공동체는 BC 150년경부터 AD 68년까지 사해 북서단 유대 광야지역에 존속했던, 좀더 쉽게 말하자면 박태선 장로의 팔당 신앙촌 공동체 비슷한 커뮤니티였다. 물론 쿰란의 규모는 팔당보다 작은 것이었지만 200년 이상을 존속했다는 의미에서 매우 조직적이었고 이론적이었으며, 실천적이었고 도덕적이었다. 이 집단은 끊임없이 새로 유입되는 신참가입자들(2년의 수련기간 거침)이 헌납하는 공동재산으로 유지되기도 했지만 그들 자신이 방직·염색산업이나 양피지 생산, 혹은 사경(寫經)업에 종사했을 수도 있다.

이들은 매우 각박한 자연환경 속에서 엄격한 규율을 지키며 금욕적인 생활을 했다. 그러나 그들을 결속시킨 가장 큰 힘은 종말론적 믿음이었다. 이 공동체에 속한 사람들만이 빛의 자녀들이며 구원의 대상이다. 이에 속하지 않은 사람들은 어둠의 자녀들이며 파멸의 대상이다. 그들이 생각하는 최후의 심판은 이 세계의 멸절과 하늘나라의 승리를 의미하는 것이 아니라, 이 현세 속에서 빛의 자녀들이 어둠의 자녀들과의 대전쟁에서 승리함으로써 쟁취하는 현실적 구원이요 평화였다.

서울대학교 종교학과의 배철현 교수는 이 쿰란공동체의 규례에 나타나는 "빛"과 "어둠"이라는 이원론을 우리가 흔히 조로아스터교라고 부르는 마즈다이즘(Mazdaism)의 영향이라는 시각에서 세밀하게 분석해 들어갔다. 기원전 6세기부터 4세기 동안 고대 근동의 맹주였던 페르시아제국은 제2 이사야서의 희망찬 시적 언어가 입증하듯이 유대인들을 바빌론유수로부터 해방시켰을 뿐만 아니라 유대교 공동체 형성을 실제적으로 도왔다. 따라서 페르시아의 종교인 조로아스터교의 이원론적 우주론이 유대교 신학의 형성에 자연스럽게 유입되었다는 것이다.

조로아스터교는 아후라 마즈다(Ahura Mazda)라는 유일 지혜신을 설정함과 동시에 그의 쌍둥이 두 아들인 스펜타 마잉유(Spenta Mainyu, 선한 영)와 앙그라 마잉유(Angra Mainyu, 악한 영)의 대결을 통하여 이 세계의 장대한 드라마를 펼쳐내고 있다. 쿰란공동체의 사상에서도, 인간의 개체적 삶 속에 빛의 영혼과 어둠의 영혼이 대결한다. 인간은 끊임없이 도덕적인 정화노력에 의하여 빛의 길을 선택해야 한다. 그러나 빛과 어둠이 모두 하나님의 창조라고 본다. 배 교수는 조로아스터교의 본질을 태초로부터 이원적 선신·악신 체제로 설정하는 입장을 취했다. 그러나 유일신론과 선·악의 이원론이 공존하는 체제로서 조로아스터교를 규정하는 관점이 보다 적절하리라고 나는 생각한다. 그래야 쿰란공동체 사상과의 본질적인 심층구조의 일치 또한 보다 명료하게 드러날 것이다.

배철현 교수는 구약을 유대교의 절대적이고 고립적인 문헌으로 볼 것이 아니라, 근동의 다양한 문헌들의 비교문화론적 양식의 한 형태로 보아야만 할 것이라고 주장한다. 수메르어, 이집트어, 아카디아어, 힛타이트어, 히브리어, 아람어, 고대 페르시아어에 능통한 그의 연구는 사계의 통념을 초월하는 심도있는 언설을 제공하고 있다. 남가주대의 주커만 교수(Prof. Bruce Zuckerman)는 사해문서를 컴퓨터 영상의 여러 가지 테크닉을 통해 정밀하게 재구성하는 신기술을 선보였는데 참으로 치열한 학자적 양심을 보여주었다. 성서 텍스트의 엄밀한 이해가 무엇보다도 선행되어야 한다는 것이다.

"성서가 성령의 손에 의하여 쓰여졌다고 하지만 하나님은 한 사람의 손만을 빌리지 않아요. 수없이 많은 손들의 다른 표현을 통해 자기를 드러내지요. 신·구약 모두 하나의 정본이란 존재하지 않아요. 끊임없이 다른 성서가 출현할 수 있지요. 사해문서로 인해 구약도 새로 쓰여지고 있습니다." 예루살렘 사해사본재단의 소장, 필드 박사의 말이다.

나는 이날 예루살렘의 사해사본재단의 소장이며 『사해사본과 그 역사』의 저자인 필드(Weston W. Fields) 박사와 저녁을 같이하면서 대화를 나누었다. 필드 박사는 사해사본이 발견된 경위와 관련된 인물들을 가장 많이 인터뷰한 사람이며 쿰란공동체의 성격에 관하여서도 심도 있는 연구를 행하였다. 쿰란의 사람들은 복음서에는 등장하지 않지만 당대의 필로, 요세푸스, 플리니우스와 같은 사가들의 기술로써 그 광범한 세력을 입증할 수 있는 엣세네파(the Essenes) 사람들로 여겨지고 있다. 사가들의 기술과 이 공동체의 삶을 엿보게 하는 많은 문서내용이, 정확하게 일치하지는 않지만, 최소한 동일한 계열의 신념체계를 가진 사람들이라는 것은 확실하게 말해준다.

사해문서의 발견이 말해주는 중요한 사실은 예수시대만 해도 유대교라는 어떤 정해진 신학체계가 존재하지 않았다는 것이다. 물론 우리가 지금 생각하는 구약과 같은 어떤 정해진 텍스트가 있다는 것도 환상에 지나지 않는다. 모든 문헌은 각기 독립된 편으로서 두루마리 형태로 존재했을 뿐이며 각 편은 모두 다양한 전승의 산물일 뿐이다. 그 다양한 전승 간에 정통·비정통의 구분은 존재하지 않았다는 것이다. 예를 들면, 셉츄아진트 희랍어역을 최근까지만 해도 마소라텍스트와 비교하여 졸역으로 간주했지만, 그것의 원본이 되는 히브리어텍스트가 마소라계열과 다른 전승의 것임이 밝혀졌다.

세례요한은 쿰란에서 멀지 않은 요단강변에서 세례를 베풀었고, 예수도 여리고를 자주 왔다면 그곳에서 빤히 내다보이는 쿰란공동체를 들렀을 가능성도 충분히 있다. 물론 요한이나 예수의 입장이 이 공동체의 철학과는 근원적인 상이점을 보이고 있지만, 쿰란공동체의 중요성은 예수 당대의 유대인공동체의 한 전형의 역사적 위상을 정확하게 보여준다는 맥락에서 초기 기독교공동체의 성격과 역사적 연계성을 과시한다는 데 있다.

필드 박사는 말한다: "예수가 쿰란에 왔을 가능성은 충분히 있지요. 그러나 예수는 쿰란 사람들의 묵시적 환상에 동조하지 않았을 거예요. 그는 인간이 일상생활에서 어떻게 행동하느냐에 대한 혁명적 발상을 한 사람이죠. 이웃을 네 몸과 같이 사랑하라는 계명, 그리고 안식일이 사람을 위해 있다는 해석, 이 모든 것이 종말과도 같은 인간외적 전제

와는 다른 인간 실존의 내면에서 우러나와야 한다는 것이죠. 일상생활의 규범이야말로 가장 어려운 인간의 구제상황이라는 것을 예수는 간파했죠. 그러나 쿰란의 사상은 후대의 기독교공동체로 전승되어 요한계시록과도 같은 극단적 묵시사상으로 발전했습니다. 초기기독교 공동체는 유대인 집단이었으며 잡다한 유대교 전승에 대하여 아무런 거부감이 없었습니다."

필드 박사는 지혜담론이 묵시담론에 선행한다는 우리의 가설을 재확인해준다.

여리고 도시 중심부. "달의 도시"(City of the Moon)라고 쓰여진 상징물이 서있다. 여리고는 세계에서 가장 오래된 성벽도시로 알려져 있다. 기원전 9천년 경 이미 엘리사의 샘 부근에 중석기형 사당이 새워졌다.

출애굽기 15장에 보면 모세가 이스라엘 사람들을 거느리고 수르 광야에 도착했을 때 마라의 쓴 샘물을 단물로 만드는 장면이 나온다. 그리고 27절에는 다음과 같은 말이 쓰여 있다: "그들은 샘이 열두 개 있고 종려나무가 일흔 그루 서 있는 엘림에 이르러 거기 물가에 진을 쳤다." 내가 서 있는 곳이 바로 엘림이다.

아침에 눈을 뜨니
칠흑 같은 어둠에 가려
태양이 빛을 잃고
손가락마저 까딱할 수 없는
비곗덩어리는 혼불이 스러져
하데스의 동토처럼 얼어붙었도다.
선지자의 지혜도
예언자의 포효도 사라져 버린
어둠의 황야에서
귀에 걸린 금고리를 떼어내어 만든
수송아지 걸머메고
거짓말과 은폐와 권세의 탐욕에
지글지글 타오르는 삼겹살들이
혼음의 광무를 추네
상인방 유월절 피로
파라오의 맏아들을 쳐죽이고
모세의 지팡이로 홍해를 가르고
만나와 마라의 단물로 먹여주고
호렙의 바위에서
물이 솟아나게 해주었건만

출애굽 해방의 결말이
고작 이런 광란이었더냐
나무의 무리들을 쳐죽일
야훼의 경판도 여기는 없다
승리의 노래도
패배의 곡성도 없다
지루한 진위의 공방 끝에
얻은 사실은 오직 허위 허상 허언
죽는 날까지 하늘 우러러
한 점 부끄럼 없기를
구가한 명동의 시인도
칼아 칼아 너를 위하여 우노라 한
단재의 싸늘한 주검도
허접스러운 세진(世塵)에 파묻히고 마는구나

가련다 가련다 나는
붓을 자르고 가련다
금송아지 예배하고 제물 드리는
그 함성을 멀리하고
역사를 역사에 묻어버리고
용담의 푸른 물가로
나는 가련다
거짓을 일삼는 췌론을 찬양하고
더러운 기름이 콸콸 쏟아지는
그 역사를 거짓 땜방으로 모면하려는

무리들이여
천심에 못 미친 민심을 믿고
계속 광란의 춤을 추시게

허나 제발 운하만은 뚫지 마소
인걸은 간데없으나
산천은 의구타 한
길재의 감회만은 남겨두오
스스로 국토를 농단하여
몽고의 말발굽보다
일제 강도의 칼날보다 더 끔찍한
유린만은 일삼지 말아주오
그리하면 도올은 침묵의 혼이나 되오리다
그리하지 않는다면 인당수에 풍덩
심청의 단심보다 더 붉은
환경 동지들의 주검을
저 푸른 한강에 던지고
그대 토목의 깃발을 휘날릴지니
결사의 항전이 있을 뿐
이 민족의 선택 앞에
단재의 서슬 퍼런 칼날에조차
버릴 수 없는 나
도올을 위해 우노라
호곡하노라
시일야 우(又)방성대곡!

2007년 12월 23일자
중앙SUNDAY
지루했던 대선이
끝난 직후였다.

34. 스토익과 그노스틱

종교란 하늘과 땅 사이의 도랑을 메우려는 노력

> 창세기 1장부터 11장까지의 설화 양식은 모조리 바빌론의 문헌에 나온다. 마르둑만 야훼로 갈아 끼운 것이다. 요한복음의 빛과 어둠 사상도 계보상으로는 조로아스터교에까지 올라간다. 모든 종교에 있어서 이방신화와의 교섭은 배제될 길 없다.

도마복음에 들어가기 전 사해문서와 아람어, 구약학의 석학인 피터 플린트 교수와의 대담을 흘려버리기 아까워 여기 소개한다(Peter Flint, Ph.D., Trinity Western University).

― 구약학의 세계적인 석학인 그대에게 묻겠다. 도대체 구약이란 게 무엇이냐?

사해문서, 아람어, 근동문명, 제2 성전시대 유대교의 연구를 깊게 한 석학 피터 플린트 교수는 사해사본 DJD 시리즈 중 25개 이상의 편집을 맡고 있으며 현재 이사야 사본을 편집하고 있다. 2007년 12월 15일 롯데호텔 35층에서 나는 그와 아침 식사를 하며 대담했다. 나와의 해후 기간에 나에게 감동을 받아 울먹일 정도로 매우 정감이 깊은 사람이었다.

"구약이란 기독교인들이 신약의 배경으로서 이해하기 이전에 이미 독자적으로 존재한 유대교의 경전이다. 물론 유대인들은 그것을 구약(옛 약속)이라고 부르지 않는다. 그런데 많은 사람이 구약을 하나의 고정된 실체로 파악하는데 그것은 매우 잘못된 생각이다. '유대교의 경전'이라는 말 자체가 위험한 발상이다. 예수의 시대에도 유대교라는 고정된 교리가 있지 않았다. 예수가 바리새인을 비판했다면 바리새인들이 생각하는 율법(토라)의 해석을 비판했을 뿐이다. 모두 개별화된 운동이었다. 경전(바이블)도 고착된 것이 아니었다. 쿰란 사해문서의 출현은 예수시대에 바이블이 아직도 형성 중이었다는 사실을 말해준다. 다양한 경전의 다양한 판본이 다 바이블로서 받아들여졌다. 그중 메인 스트림이 나중에 마소라텍스트로 발전한 것이다."

― 구약은 언제 쓰였나?

"구약을 태곳적에 하나님의 성령에 의하여 쓰인 것이라고 믿는 것은 매우 어리석은 일이다. 구약의 대부분이 히브리어 문헌으로서 기록된 것은 바빌론유치 시대 이후, 그러니까 대강 BC 516년 이후의 사건이다 (고레스 칙령은 BC 538년). 그만큼 바빌론유치는 그들에게 민족 아이덴티티를 각성시켰고, 고등한 문명들과 접촉하는 기회를 제공했으며, 특별히 역사의식을 고취시켰다. 그러나 신화적 상상력이 풍부한 유대인들에게는 역사란 문학이었다. 그들의 역사는 사실이기에 앞서 문학이었다. 그런데 문학적 상상력은 국가나 민족의 한계를 초월한다. 예루살렘 성전(Second Temple)을 재건한 스룹바벨(Zerubbabel, 스 2:2, 마 1:12)만 보아도 그 이름은 '바빌론의 후손'이라는 뜻이다. 그 자신이 완전히 바빌론화된 인간이었다. 창세기 1장부터 11장까지의 이야기는 완벽하게 바빌론의 신화를 각색한 것이다. 그것은 유대인의 창안이 아니다. 그 신화의 원형을 정확하게 바빌론 문헌에서 찾을 수 있다. 그런데 그 신화의 주인공인 마르둑(렘 50:2)을 야훼로 갈아 끼운 것뿐이다. 예를 들면 보리수 밑에 앉아 있는 싯다르타 대신 한국인의 조상인 단군을 갈아 끼우고 그 신화를 다 계승하면 단군불교가 탄생할 것이다."

― 그런 얘기를 한국에서 하면 한국의 기독교인들은 불쾌하게 생각할 것이다.

"성서를 역사와 문학으로부터 분리시키면 그것은 성서가 아닌 교조일 뿐이다. 크리스마스트리나 부활절 달걀은 성서와 아무런 관련이 없다. 이방인의 생산성 숭배(fertility cult)를 교회가 수용한 것이다. 남아프리카의 줄루(Zulu)족 교회에 가면 하나님을 운쿨루 쿨루(Unkhuluh Kulu)라고 부른다."

— 쿰란 공동체는 지독하게 종말론적이었다.

"그 빛과 어둠이라는 아이디어도 자라투스트라가 창시한 조로아스터교의 개념이다. 쿰란에 속한 사람은 빛의 자녀고 속하지 않은 다른 유대인이나 이방인은 어둠의 자녀라는 이원론적 생각이 종말론적 발상을 가능케 한 것이다. 빛과 어둠의 이원론적 우주론은 본시 유대교의 발상이 아니었다. 그러니까 이러한 쿰란에서 드러나는 조로아스터교의 사상이 요한복음의 빛·어둠에까지 계승되고 있다. 그것은 나그함마디 영지주의 이전의 계보에 속한다."

— 그러나 요한의 로고스 사상은 조로아스터교와는 다르다.

"요한복음의 로고스는 스토아학파의 영향이다. 로고스가 신이라는 빛의 파편으로서 이성의 형태로 인간에게 육화되었다는 생각은 단순화된 이원론을 거부하는 위대한 사상이다. 영지주의는 이 육화를 인정하지 않고 이 세계를 단지 데미우르고스(Demiurge)의 타락한 창조로 보기 때문에 부정의 대상으로만 간주한다. 육화는 이 세계의 긍정이다. 영지주의는 이 세계를 거부한다는 맥락에서 반(反)에콜로지 사상이다."

— 당신의 영지주의 개념은 너무 나이브하다. 그러나 당신과 논쟁할 시간이 없다. 예수는 묵시론적 사상가였는가?

"역사적 예수를 말하는 학자들은 예수의 신성을 거부하기 때문에 묵시담론을 거부한다. 그러나 예수의 자기이해 속에는 '신의 아들'이라는 의식과 '종말로서의 십자가'가 반드시 내포된다. 나의 죽음으로써 타인의 카르마(業)가 완벽하게 해소될 수 있다는 구원의 사상이 예수의 묵시론이었고 혁명관이었다. 예수에게는 유대교의 예언자, 랍비 스승, 정치해방론자, 메시아의 이미지가 겹친다. 어느 한 면을 배제할 수는 없다."

— 지혜담론으로써만 예수를 말할 수는 없는가?
"그런 예수는 우리 구원의 주체로서의 예수가 될 수 없다. 예수가 라오쯔(老子)일 수는 없다. 예수의 신성을 인정해야 한다."

— 예수의 신성을 100% 인정한다면 인간이 곧 신이 될 수도 있지 않은가?
"그건 곤란하다. 우리는 죄가 있고 예수는 죄가 없다."

— 당신은 생각보다 보수적이다. 종교란 도대체 무엇인가?
"땅과 하늘의 갭을 메우려는 노력이다. 그 사이에는 넘기 어려운 홍구(鴻溝)가 있다. 그 도랑을 불교도들은 대각(大覺)을 통해, 유교도들은 인의(仁義)를 통해 넘는다. 그러나 기독교인들은 오직 예수만을 통해 넘는다."

— 하늘과 땅을 대적적으로 설정하지 않을 수도 있다.
"당신의 심오한 고견을 더 듣고 싶은데 시간이 없어 유감이다. 내년에 다시 와서 더 깊은 논쟁을 하고 싶다."

35. 콥트어와 기독교

초기기독교는 이집트에서 대세를 형성했다

> 우리의 도마복음서 텍스트는 콥트어로 쓰여진 것이다. 예루살렘성전 멸망 이후 기독교운동이 가장 활발한 곳은 알렉산드리아의 다이애스포라였다. 기독교화된 이집트인들은 풍요로운 희랍어 어휘들을 이집트 말 속으로 차용하면서 이집트 말을 희랍어 문자로 표기하는 이두문자를 고안했다. 그 이두문자가 콥트어이다.

 지금 우리는 아랍문명권과 이스라엘의 적대적 관계로 인하여, 이스라엘과 이집트를 단절된 별도의 두 문명으로서 설정하는 오류를 범하기 쉽다. 이집트가 아랍문명권의 한 맹주가 되어 있기 때문이다. 그러나 본시 이집트는 아랍과는 아무 관련이 없다. 아랍 사람들이 이집트를 점령한 것은 7세기의 사건이었다. 639년에 파로스등대에 상륙하여

올드 카이로(Old Cairo) 콥틱박물관(Coptic Museum)에서 얼마 떨어지지 않은 곳에 예수피난교회가 있다. 예수 가족이 사용했던 우물이 지금도 남아 있어, 그 우물 위에 이 교회가 건설되었다고 한다. 성화 속에는 예수를 목마 태운 요셉이 부인 마리아를 말에 태우고 3대 피라미드와 스핑크스가 멀리 보이는 카이로 지역을 지나가고 있다. 이 콥틱교회의 정식 명칭은 성 세르기우스교회(St. Sergius Church)이다. 매년 6월 1일이면 이곳에서 예수 가족 피난을 기념하는 특별한 미사가 열린다.

알렉산드리아를 점령했고, 641년에는 카이로 외곽 지역에 신도시 푸스타트(Fustat)를 건설한다. 그러니까 639년 이전의 이집트 역사는 아랍과의 관련성이 전무하다. 이집트와 이스라엘의 역사적 관계를 오늘날의 대적적 감정의 색안경으로 들여다보아서는 아니 된다는 것이다.

기실 이스라엘의 역사 그 자체가 이집트 문명에서 출발한 것이다. 이스라엘 민족의 "출애굽"이라는 사건은 문학적 상상력을 통하여 과대포장된 것이다. 이스라엘 사람들이 이집트에서 살기 이전의 족장들(Patriarchs)의 역사는 애매한 것이다. 그것은 구전을 통하여 내려온 단군설화와도 같은 문학이며, 어떠한 정확한 역사적 사실을 바탕으로 한 것이 아니다. 단군신화의 기록이 몽고의 폭압에 유수되어 버린 고려민중의 역사를 배경으로 하고 있듯이, "출애굽"이라는 사건 자체도 바빌론유치시대(BC 587c.~537c.)의 폭압과 민족정체성 상실의 쓰라린 경험 속에서 더욱 강렬하고 선명하게 신화적으로 재구성되었을 가능성도 배제할 수 없다. 이집트에 살던 어떤 소수민족 그룹이 이집트를 떠나 가나안 땅에 정착하게 된 과정이 출애굽기라는 문학이 묘사하듯이 그토록 선명한 극적 과정은 아니었을 것이다. 주몽(朱蒙)이 부여를 떠나 어별(魚鼈)의 도움을 얻어 엄호수(淹狐水)를 건너 졸본천에 이르러 고구려를 세우는 이야기보다 더 장대한 이야기는 아니었을 것이다. 소수그룹의 민족 이동과정은 느슨한 시간의 점진적 과정일 수밖에 없다.

야훼신앙의 창시자이며 유대민족 역사의 진정한 개조(開祖)라 할 수 있는 모세도 이스라엘사람이기 전에 이집트인이었다. 이집트에서 태어나서 이집트 말을 했으며 이집트 문명의 모든 훈도를 받은 이집트 왕족의 한 사람이었다. 출애굽이라는 문학적 사건의 상징적 이미지 때

모세는 이집트의 왕족인 동시에 시내광야의 베두윈이기도 했다. 여기 시내산 기슭에서 만난 이 베두윈족 소년의 이름이 바로 "모세"(Moses)였다.

문에 이집트와 이스라엘을 적대적인 관계로 파악하기 쉽지만 모세 이후의 역사에 있어서도 이스라엘과 이집트는 끊임없는 교섭의 한 울타리 속에 있었다.

우리는 "나일강의 범람"이라는 그릇된 단어선택으로 인하여 이집트문명에 대한 오도된 인상을 가지기 쉽다. 범람은 천둥번개가 치는 홍수(flood)가 아니다. 그것은 태양빛이 찬란한 청천백일하의 정확히 예측 가능한 증수(增收, inundation) 현상일 뿐이다. 그것은 나일강 주변의 광범한 농토에 관개와 개토의 역할을 해주는 천혜의 축복이었다. 이 범람의 축복 때문에 나일강 주변에는 이 지구상에서 가장 풍요로운 부의 축적이 이루어졌다. 따라서 가뭄과 빈곤과 기아에 시달리는 주변의 각박한 지역의 사람들은 무시로 이집트로 이주하게 마련이다. 가나안은 "젖과 꿀이 흐르는" 축복의 땅이 아니라 참으로 각박하기 그지없는 땅이었다. 가나안을 젖과 꿀이 흐르는 땅이라 표현한 것은 나일강 주변의 풍요의 꿈을 팔레스타인에 투사한 것뿐이다. 따라서 이집트에는 옛날부터 유대인의 광범한 다이애스포라가 상존해 있었다. 아브라함과 야곱, 그리고 예레미야도 애굽으로 갔고, 바빌론유수에서 풀려난 사람들도 각박한 예루살렘으로 돌아가기보다는 풍요로운 이집트로 대이동했던 것이다.

마태복음설화에 의하면 예수도 태어나자마자 지금 카이로 지역에 와서 살았다. 그의 아버지 요셉과 어머니 마리아가 헤롯의 박해를 피하여 이집트에서 피난살이를 했던 것이다(마 2:13~23). 이러한 설화는 수많은 유대인이 뭔 일만 있으면 이집트로 피신하여 삶을 보전하였던 기나긴 실제 역사 이야기를 배경으로 하고 있는 것이다. 내가 지금 이런 이야기를 하는 뜻은 "기독교의 탄생"을 이야기할 때, 우리가 상식적으로 가지고 있는 통념을 깨야 한다는 것이다. 기독교는 예루살렘이나 로마에서 탄생된 것이라고 규정짓기보다는, 일차적으로 이집트의 유대인 공동체의 리더십 속에서 형성된 것이라고 말하는 것이 그 주류를 가장 정확하게 기술하는 것이 된다.

최초의 기독교는 물론 유대인공동체의 한 운동이었다. 예루살렘성전멸망 이후, 그 운동이 가장 활발한 곳은 나일강 델타의 알렉산드리아였다. 이 나일강변의 유대인들은 물론 이집트 말을 하는 사람들이었으며, 상당 부분 이집트 사람들과 동화되어 갔다. 그리고 이들 중 지식인들은 대부분 히브리 말보다는 희랍어에 능통했다. 희랍어는 당시 로마세계에 있어서 가장 대중적이며 보편적인 국제공용어였다. 기독교가 점차 이집트 토착민들에게 전파됨에 따라 이집트 말을 하는 기독교인들은 풍요로운 희랍어 어휘들을 이집트 말 속으로 차용하면서 이집트

말 자체를 희랍어 문자로 표기하는 일종의 이두문자를 고안하기에 이른다. 이 이두문자를 콥틱(the Coptic language)이라고 부르는데 우리 학계에서는 콥트(Copt)어라고 통용하고 있다. 이 콥트어는 희랍어로 표기되지만 어디까지나 이집트 말이다. 이 콥트어는 함족과 셈족의 혼합언어(Hamito-Semitic language)인 고대이집트어 발달사의 마지막 단계에 해당하는 언어이다. 콥트어는 이미 AD 1세기 때부터 서서히 발전해 나갔지만 이집트인들이 자신의 언어를 "콥트어"라고 부른 것은 아니다.

예수가족이 사용했던 카이로의 우물.

애굽을 희랍어로는 "아이깁티오스"(Aigyptios)라고 불렀는데, 7세기 아랍 사람들이 애굽을 정복했을 때 애굽을 그냥 "쿠브트"(qubt)라고 부른 데서 기원한 것이다. 아이깁티오스 → 애굽부트 → 쿠브트 → 콥트로 와전되어 간 것이다. 그러니까 7세기에 이집트인들이 쓰던 언어를 아랍인들이 통칭해서 "이집트 말"이라고 규정한 단어가 곧 "콥트어"였다. 이집트 역사를 쓸 때에는 서로마제국의 통치가 종료된 395년부터 이슬람이 이집트를 정복한 641년까지를 공식적으로 콥틱시대(Coptic period)라고 부른다. 이 시기야말로 이집트의 기독교전성시기(Christian period)였으며 비잔틴시대(Byzantine period)에 해당된다.

앞서 우리가 논의한 안토니, 파코미우스, 아타나시우스, 이들 모두가 희랍어와 콥트어를 동시에 사용한 사람들이었다. 기독교를 잉태시킨 최초의 언어로서 우리는 희랍어와 콥트어를 동시에 기억해야 한다. 기독교 최초의 조직적 운동은 모나스티시즘(monasticism) 즉 수도원제도로부터 시작된 것인데, 수도원제도 자체가 이집트 나일강변에서 발생한 것이다. 개별적 은둔생활인 앵코라이티시즘(anchoriticism)에서 집단적 규율생활인 세노비티즘(cenobitism)으로 발전해 나간 과정은 이미 앞서 상술하였다. 이들이 말하고 쓴 언어가 모두 콥트어였다.

이 공동규율수도승집단의 최초의 영적 리더가 파코미우스(Pachomius)였고, 파코미우스는 그의 저작을 콥트어로 남겼다고 사료되고 있다. 그의 저작은 전통적 이집트의 지혜문서와 연계선상에 있다. 그리고 파코미우스의 수도원운동을 더 엄격하고 더 조직적인 운동으로 발전시킨 사람이 셰누테(Shenoute, Shenute, or Schenoudi, AD c.360~c.450)였다. 셰누테는 사소한 규율이라도 어기는 수도승에게는 채찍을 가할 정도로 엄격한 세노비티즘을 강조했는데, 셰누테야말로 콥트어의 역사에 있어서 가장 많은 글을 남긴 대문호였다. 셰누테는 고도의 개념적 어휘들을 매우 주체적으로 구사하면서 콥트어의 스타일과 문법을 완성시켰다. 셰누테는 AD 431년에 에베소공의회(the Council of Ephesus)에 참석하여 네스토리우스(Nestorius)를 이단으로 휘몬 장본인이기도 했다. 우리가 이제부터 공부하려는 도마복음서는 콥트어로 쓰여진 것이며, 이들 수도승들이 그들의 교과서로 가지고 있었던 바이블 텍스트였다.

36. 옥시린쿠스 사본

성서의 텍스트들은 어떻게 변형되었는가?

> 현존하는 도마복음서 텍스트는 콥트어로 쓰여진 것이지만 그것의 대본이 되는 희랍어 도마복음서가 존재한다는 것이 입증되었다. 19세기 말에 이미 발굴되었던 옥시린쿠스 파편이 콥트어 도마복음서 완정본의 출현으로 새롭게 각광을 받게 된 것이다. 신학계의 대사건이었다.

도마복음서는 콥트어로 쓰여졌다. 그러나 이 말은 보다 정교한 논의를 필요로 한다. 우리의 수중에 주어진 완정한 도마복음 텍스트는 1945년 12월 나그함마디 엘 카스르 지역에서 발굴된 것으로 콥트어로 쓰여진 것이지만, 과연 도마복음서 자체가 최초에 콥트어로 저작된 것인지에 관해서는 세밀한 연구가 필요하다. 초기 콥트어 텍스트는 대부

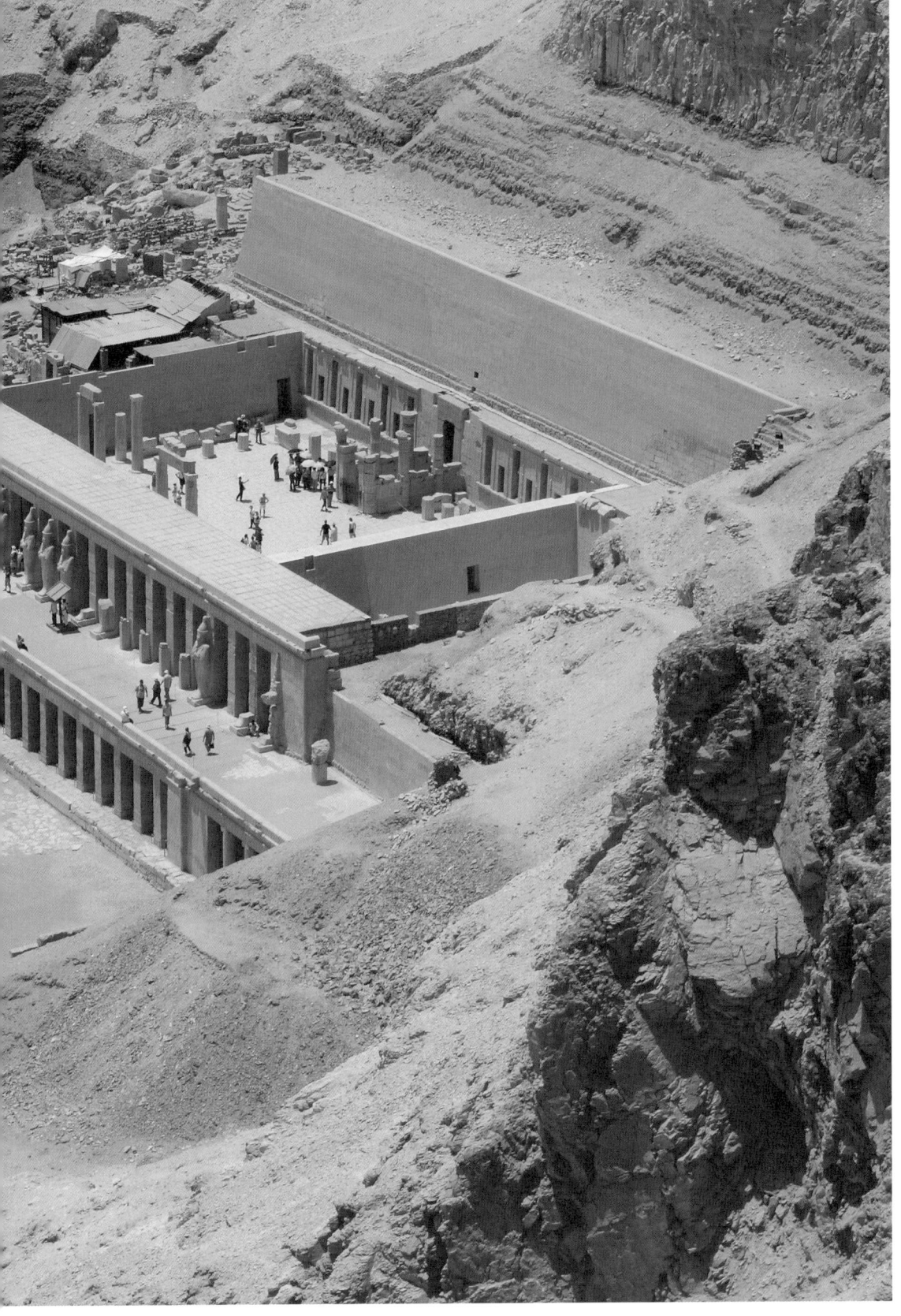

룩소르 지역의 왕들의 계곡(Valley of the Kings)에서는 최근까지 투탕카멘을 포함하여 63개의 무덤이 발견되었다. 그런데 이것은 모두 신왕조(New Kingdom), 18왕조로부터 20왕조에 이르는 시기의 것이다. 이 왕들의 계곡의 준령을 넘어가면 거대한 바위절벽을 배경으로 한 핫셉수트의 장쾌한 신전이 펼쳐진다. 핫셉수트는 투트모시스 1세(Thutmosis Ⅰ, BC 1504~1492)의 딸이었는데 이복동생인 투트모시스 2세와 결혼하였으나 딸만 낳고 아들을 낳지 못했다. 투트모시스 2세가 죽자 비천한 첩에게서 난 투트모시스 3세가 왕위를 계승했는데 나이가 너무 어려 핫셉수트가 섭정했다(BC 1479). 핫셉수트는 섭정에 그치지 않고 왕권을 장악하였다(BC 1473~1458). 신왕조의 측천무후라 할 것이다. 이 신전은 그녀가 아문(Amun)신의 직손이라는 것을 과시하기 위해 지은 것이다.

분 희랍어나 기타 다른 언어의 텍스트를 번역한 것이기 때문이다. 콥트어 도마복음서 이전의, 그 대본이 된 희랍어 도마복음서는 존재하지 않는가?

카이로에서 나일강을 따라 룩소르 쪽으로 약 200km를 올라가면 나일계곡과 사하라사막이 만나는 접점지역에 엘 바나사(El Bahnasa, Behnesa)라는 작은 도시가 나온다. 이 도시는 람세스 2세가 영화를 구가한 제19왕조의 한 행정구의 수도였던 고색창연한 옛 도시였는데, 옥시린쿠스(Oxyrhynchus, Oxyrynkhos)라고 불렸다. 1897년부터 1907년까지 이집트탐험기금(Egypt Exploration Fund)의 도움을 받아 영국의 고고학자 그렌펠(Bernard P. Grenfell)과 헌트(Arthur S. Hunt)가 이끄는 탐사팀이 옥시린쿠스를 발굴했는데 엄청난 파피루스서류 쓰레기더미가 기적적으로 보존되어 있는 현장을 목도하기에 이른다. 이 옥시린쿠스 파피루스는 BC 250년경부터 AD 700년경에 이르는 문서들로서 주로 희랍어와 라틴어로 쓰여졌지만, 이집트 디모틱문자, 콥트어, 히브리어, 시리아어, 아랍어로 쓰여진 것도 있다. 이 옥시린쿠스 파피루스의 발굴로 인하여 우리는 그레코-로망 세계의 일상생활을 규탐케 만드는 가장 풍요로운 일차자료를 획득하게 된 셈이다. 이 자료는 1983년에 이르러서야 50권의 책으로 영역되어 출간되었다. 3400여 개의 항목에 해제와 주석이 붙어 있다.

이 옥시린쿠스 사본 속에서 오늘 우리가 정경으로 알고 있는 신약성서의 파편들이 많이 발견되었다. 마태복음, 로마서, 요한1서, 고린도전서, 빌립보서, 요한계시록 등등. 그러나 당시 주목을 끌지는 못했지만 "예수 가라사대"의 형식을 담지하는 3개의 파편이 있었다. 이 파편들엔 POxy 1, 654, 655라고 번호가 매겨졌는데 당시 아무도 이것이 도마복음서의 희랍어 판본이라는 생각을 하지 못했다. 너무 단편적이었기 때문에 그 총체적 그림을 그릴 수 없었던 것이다. 그렌펠과 헌트는 이 3개의 파편을 그냥 "로기아 예수"(*Logia Iesou*, Sayings of Jesus)라고 분류해 두었다.

이 옥시린쿠스의 로기아가 빛을 보게 된 것은 물론 나그함마디의 도

핫셉수트신전 부속의 아누비스신전 내부. 명계(冥界)의 수호자인 아누비스가 그려져 있다. 그는 검은 자칼의 얼굴을 하고 있다.

마복음서가 발견된 후의 사건이다. 옥시린쿠스 로기아 3편이 도마복음서의 희랍어 텍스트라는 것을 밝힌 사람은, 나그함마디 라이브러리를 최초로 세상에 드러나게 만든 프랑스 대학원 학생 장 도레스(Jean Doresse)의 스승 앙리 샤를 뿨에쉬(Henri-Charles Puech)였다. 에콜 드 프랑스의 종교사 교수였던 뿨에쉬는 콥트어로 된 도마복음서의 완정한 모습을 보자마자 곧 옥시린쿠스의 로기아 파편과 관련성이 있다고 생각했다.

그리고 양자를 대비한 결과 POxy(Papyrus Oxyrhynchus의 약호) 654는 도마복음서의 서론과 1~7번에 해당되고, POxy 1은 도마복음서의 26~29번, 30번, 77번, 31~33번에 해당되고, POxy 655는 도마복음서의 24번, 36~39번에 해당된다는 사실을 알아낸다. 따라서 옥시린쿠스 로기아 파편이야말로 도마복음서의 희랍어 판본의 존재를 더 말할 나위 없는 사건으로 만들었다.

그렇다면 과연 우리의 콥트어 도마복음서는 옥시린쿠스 희랍어 도마복음서를 번역한 것일까? 문제는 이렇게 단순하게 끝나지 않는다. 우선 옥시린쿠스 파편 자체가 제각기 다른 시대에 성립한 것이다. POxy 1은 AD 200년경의 것이며, POxy 654는 3세기, POxy 655는 3세기 중엽의 것으로 제각기 다른 전승의 산물이다. 그러니까 하나의 서물을 동시에 베낀 파편들은 아니라는 것이다. 그리고 희랍어 판본과 콥트어 판본을 비교해 보면, 구조적으로 양자의 공통점은 충분히 인지되지만, 콥트어 판본이 희랍어 판본을 직접 번역한 것으로 간주되기는 어렵다. 우선 우리는 이러한 가설을 세울 수 있다. 희랍어 판본 자체가 다양한 전승을 가지고 있었다는 것이다. 그만큼 도마복음서는 초기기

왕들의 계곡의 피라미드산 (El Qurn)을 넘어오면 절벽 위에서 핫셉수트 신전이 내려다보인다. 관광객들은 이 무서운 뙤약볕이 내리쬐는 산길을 걸을 엄두도 내지 않는다. 참으로 어렵게 이 앵글에서 사진을 찍었다. 지금도 다시 한번 그 작열하는 열기를 느껴보고 싶다. 저기 멀리 보이는 강이 나일강이고 푸른 지대가 범람지역이다. 그 범람지역(코스모스)과 사막지역(카오스)의 경계선상에 피라미드나 신전이 지어졌다. 옥시린쿠스도 이런 접점에 있다.

독교에서 인기가 높은 작품이었다. 콥트어 판본이 기초로 하고있는 희랍어 도마복음서와, 옥시린쿠스 파편이 기초로 하고 있는 희랍어 도마복음서는 제각기 다른 전승에 속하는 것이다.

그렇다면 우리는 우리가 의존할 수밖에 없는 콥트어 도마복음서에 관하여 다음의 7단계의 성립과정을 추론할 수밖에 없다.

제1단계: 도마복음서는 분명 살아있는 예수(the living Jesus)의 말을 기록한 것이다. 따라서 예수가 살아있을 당대에 그가 한 말들은 추종자들에 의하여 기억되었고 구전으로 전파되었다.

제2단계: 어느 한 저자가 그 많은 구전 중에서 선별하여 단일한 작품을 만들어내었다. 이때 이미 선별과정에서 저자의 목적과 관점이 배제될 수는 없다.

제3단계: 이 한 저자의 탁월한 작품은 다양한 초기공동체의 사람들에 의하여 낭송되고 또 리터지(liturgy, 祭儀)로서 활용되었다. 따라서 많은 사경자들에 의한 다양한 사본이 성립할 수밖에 없다.

제4단계: 초기공동체가 점점 기독교화되어 가면서, 기독교공동체의 삶과 가치에 부합되는 약간의 변형이 이루어지고 창작이 첨가되었을 것이다.

제5단계: 텍스트의 역사에 있어서 가장 결정적인 것은 희랍어 서기관의 역할이다. 희랍어 서기관은 희랍어 텍스트를 최종적으로 확정짓는 사람들이지만, 이들은 텍스트를 전사하는 과정에서 자기 나름대로의 주관에 따라 약간의 가필을 하게 마련이다. 따라서 모든 사본이 정확하게 일치하는 유례가 없다. 서기관들은 존경받는 "랍비"들이었다.

제6단계: 콥트어 번역자들에 의하여 희랍어 맥락이 콥트어 맥락으로 번역되는 과정에서 또 한 차례의 변화가 일어날 수 있다.

제7단계: 콥트어 사경자들에 의한 다양한 판본이 생겨난다. AD 4세기 후반에 오늘날 우리가 쓰고 있는 27서 정경체제가 공표되면서 게벨 알 타리프의 사바크 더미 항아리 속으로 숨겨진 도마복음서는 바로 이 제7단계의 작품 중의 하나였던 것이다. 이제 우리는 물어야 한다. 과연 누가 언제 도마복음서를 집필했는가?

앞 페이지 사진 설명. 예수시대의 예수가 살던 집 같은 것이 고스란히 남아있을 수 있을까? 갈릴리바다에서 북동쪽으로 헤르몬산이 바라보이는 골란고원 지역에 카즈린(Qazrin, Katsrin)이라는 작은 마을이 있다. 이 마을은 기원전부터 계속 일정한 모습을 지켜왔는데 AD 746년에 지진이 나서 무너져 긴 세월 동안 땅속에 묻혀 있었다. 1982년부터 복원작업이 시작되어 예수시대에 사람들이 살았던 모습을 그대로 재현할 수 있게 되었다. 꼭 한 번 방문을 권하고 싶은 곳이다. 벽돌에 문패가 새겨져 있는 입구의 문을 열고 들어가면 아궁이가 있는 부엌이 있고 그 옆에 농기구 방이 있다. 그 옆에 식구들이 밥 먹고 담소하는 널찍한 거실이 있고 사닥다리를 타고 올라가면 반다락방이 나오는데 침실로 사용되었다(바로 윗 사진). 예수가 최후의 만찬을 베푼 곳이나 도마에게 나타난 어슴푸레한 집회실은 바로 이런 방이었을 것이다.

> 도마복음서라는 책이름은 후대의 사람들이 편의상 명명한 것이 아니다. 그 텍스트의 말미에 도마복음서라는 책이름이 명기되어 있다. 그리고 또 서론에 이 책은 살아있는 예수의 말을 디두모 유다 도마가 기록한 것이라고 명료하게 저작성을 밝혀 놓고 있다. 그러나 디두모 유다 도마가 과연 누구인가? 이것이 문제다.

37. 디두모 유다 도마

예수에게 쌍둥이가 있었다?

고문헌의 세계에 있어서 문제가 되는 텍스트를 누가 언제 썼느냐고 묻는 것은 좀 어리석은 질문이다. 『노자』를 누가 썼는가? 노자가 썼을까? 그렇다면 노자(老子, Lao Tzu)는 누구인가? 『논어』는 누가 썼을까? 안회(顏回)와 같은 직전제자가 썼을까? 안회는 공자보다도 일찍 죽었는데? 이런 질문에서 문제가 되는 것은 질문자들이 현재 우리가 쓰고 있는 "저자"의 개념을 고문헌에 대해 동일하게 요구하고 있다는 사실이다. "저자"를 영어로 "오서"(author)라고 말하는 데, 이것은 "오소리티"(authority) 즉 "권위"라는 개념과 동근(同根)의 말이다. 독점적인 저작권이 특별한 권위를 갖는 근대사회에서만 저작성이 문제가 되는 것이다.

그러나 이러한 저작성의 개념은 고대문헌의 세계에서는 통용되지 않는다. 저작물을 어느 한 특정 개인이 소유한다는 발상 자체가 거부되기 때문이다. 특히 그 저작이 종교적 목적을 송양(頌揚)키 위한 것일진대, 신의 영광을 드러내는 그 자리에 어느 개인이 독점적 자리를 점유할 수는 없는 것이다. 따라서 초대교회의 저자들이 사용한 가장 현명한 방법은 공인된 저명한 사도의 이름을 빌리는 것이었다.

마태복음을 과연 마태가 썼을까? 마태는 누구인가? 세무서에 앉아있다가 예수를 따라나선 세리 마태(마 9:9, 10:3)인가? 그렇다면 똑같은 상황에서 예수를 따라나선 세리로 기록되고 있는 "알패오의 아들 레위"(Levi the son of Alphaeus)는 또 누구인가(막 2:14)? 결론적으로 우리는 마태가 누구인지를 알지 못한다. 마태복음을 마태가 썼다고 믿는 것은 신학계의 초보적 상식에도 미치지 못하는 것이다. 1세기 말엽 초대교회에는 마태라는 사람이 예수의 제자 중 한 사람이었다는 막연한 믿음이 있었을 것이고, 그 믿음에 따라 엑스라는 어느 저자가 그 이름을 빌렸을 뿐이다. 마가복음도, 누가복음도, 요한복음도 다 마찬가지다. 마가·누가·요한의 역사적 실체를 확정지을 수 없다는 것은 신학계의 정설이다. 이러한 사실이 복음서의 가치를 훼손하는 것은 아니다.

우리는 어떠한 근거 위에서 우리에게 주어진 텍스트를 "도마복음서"라고 부르는가? 도마가 썼기 때문에? 많은 사람들이 도마복음서라는 책명은 후대에 편의상 붙인 이름이라고 생각하기 쉽다. 그러나 도마복음서의 경우는, 그 텍스트의 마지막에 책이름이 명료하게 부기되어 있다: "퓨앙겔리온 프카타 토마스"(*Peuaggelion Pkata Thomas*: The Gospel According to Thomas). 아마도 이 책명은 이 복음서를 전사한 희랍어 서기관이 첨가한 것일지도 모른다. 이 텍스트 자체가 살아있는 예수의 말을 디두모 유다 도마(Didymos Judas Thomas)가 기록한 것이라는 서론으로 시작하고 있기 때문이다. 이 복음서는 최소한 형식상으로는 어떠한 상황에서 누가 기록한 것인지를 당초로부터 정확히 밝혀 놓고 있는 것이다.

우선 도마(Thomas)라는 인물은 공관복음서 속에서 그 모습이 드러나지 않는다. 단지 12 제자의 리스트 속에 맥락 없이 이름만 적혀 있을 뿐이며(마 10:3, 막 3:18, 눅 6:15, 행 1:13) 그 도마가 어떤 도마인지를 알 길이 없다. 그러나 요한복음에는 "쌍둥이(디두모)라 불리는 도마"(Thomas, called the Twin)라는 명칭으로 명료하게 4번 나온다(요 11:16, 14:5, 20:24~29, 21:2). 그리고 4번 나오는 그의 이미지는 일관된 어떤 상(像)을 그리고 있다. 그 상은 후대 기독교역사에 "의심하는 도마"(Doubting Thomas)라고 하는 매우 중요한 심상의 물줄기를 형성했다.

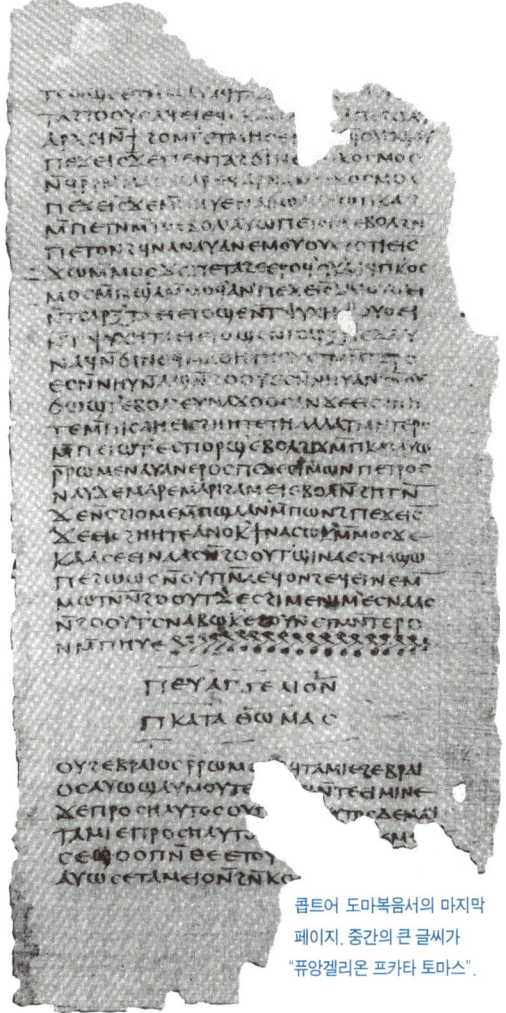

콥트어 도마복음서의 마지막 페이지. 중간의 큰 글씨가 "퓨앙겔리온 프카타 토마스".

첫 번째는 예수가 돌로 쳐죽임을 당할 수도 있는 곤경에 처해 있는 상황에서 평소 사랑하던 나사로가 죽었다는 말을 듣고 그를 살리러 가려 하자 제자들이 만류한다. 이때 도마만이 유독 외친다: "예수와 함께 죽으러 가자!"(11:16). 도마는 용기가 있고 신의가 있었으며, 자기 신상의 안위를 돌보지 않는 인간이었다. 공자에게 충직한 자로(子路)와 같은 인간이었다.

두 번째는 최후의 만찬석상에서 예수가 매우 감상적으로 자신의 최후를 예언하며 부활을 암시하는 추상적 메시지를 던진다. 그리고 말한다: "내가 어디로 가는지 그 길을 너희가 알고 있다." 이때 아무도 반문을 하지 않는다. 그렇다고 그들이 예수의 말을 알

AD 1세기 갈릴리 사람들의 부엌살림. 예수는 이런 곳에서 밥지어 먹고 산 사람이었다.

아들었을 리도 만무하다. 이때 오직 도마만이 외친다: "어디로 가시는지 우리는 모르는디유. 어디로 가시는지도 모르는데 어떻게 그 길을 알 수 있단 말이유?"(14:5). 무지의 침묵에 던져진 적시의 안타다. 도마는 애매한 이야기들을 못 참는 것이다. 이 도마의 퉁명스러운 정직성에 대하여 예수는 그 유명한 메시지를 던진다: "내가 곧 길이요 진리요 생명이로다." 예수의 대답은 역시 또 추상적이다. 나는 개인적으로 정직한 도마에게 더 매력을 느낀다.

세 번째는 예수가 부활하여 제자들이 모인 곳에 나타났을 때 도마는 그 자리에 없었다. 그리고 예수가 사라진 후에 다른 제자들이 예수를 보았다고 말하자, "내 손을 그 옆구리에 넣어보지 않고서는 믿지 못하겠다"고 외친다. 8일 후에 예수가 제자들 집회소에 다시 나타났다. 그리고 도마에게 이른다: "네 손을 내밀어 내 옆구리에 넣어보라! 그리하여 믿음 없는 자가 되지 말고 믿는 자가 되라."(20:27). 이 말 때문에 마치 도마를 "믿음 없는 자"의 대표주자인 것처럼 천박하게 성경을 읽는 자들이 말하지만, 도마는 의심하는 자가 아니라 실증주의자였으며, 거짓을 모르는 진실한 신앙인이었다. 그의 회의를 통해서만이 예수는 진

실한 신앙의 대상이 될 수 있었던 것이다. 그의 고백은 모든 의심의 구름을 걷히게 만드는 찬란한 상식의 햇살이었다. 네 번째는 예수가 부활 후 디베랴바다에 나타났을 때 도마는 시몬 베드로와 함께 있었다.

요한복음의 도마의 이미지는 이미 시대적으로 선행하였던 도마복음에서 왔다고 사료된다. 요한이 도마복음을 직접 읽지 않았다 하더라도 간접적으로 그 이미지가 전달되었을 가능성이 있다. 그 양자의 도마에 어떤 사상적 연관성이 충분히 발견되기 때문이다. 그런데 도마는 과연 누구일까?

도마(*t'ōmā*)는 원래 아람어로 쌍둥이라는 뜻이다. 이 쌍둥이를 희랍어로 표현한 것이 디두모(*didymos*)이다. 따라서 "디두모라 하는 도마"라는 표현은 "족발"이나 "역전앞"과도 같은 표현으로, 2개 국어의 의미를 중첩시킨 동어반복이다. 도마나 디두모나 쌍둥이임을 나타내는 일반명사일 뿐 그 이름(고유명사)은 아닌 것이다. "디두모 유다 도마"에서 그 이름은 "유다"(Judas)이다. 가룟 유다가 아닌 쌍둥이 유다가 있는가? 복음서에서 유다는 예수의 형제로서만 언급된다(마 13:55, 막 6:3).

그렇다면 이 유다는 누구의 쌍둥이일까? 쾨스터를 비롯한 많은 성서학자들이 "쌍둥이 유다"(Judas the Twin)는 바로 예수의 쌍둥이라고 증언한다. 시리아전통의 도마행전(11장)에는 예수의 제자 도마는 예수의 쌍둥이였다고 확언한다. 동정녀 마리아에게서 난 예수에게 쌍둥이가 있었을까? 이 모든 것이 동정녀 설화의 허무개그적 측면을 나타낸다. "쌍둥이 도마"의 전통은 동정녀설화와 무관한 별도의 초대교회의 한 설화양식이었고, 도마복음의 저자는 그 이름을 빌려 예수의 친근한 모습을 그리고자 했을 것이다.

마가복음 2장에 재미있는 장면이 묘사되고 있다: "며칠 뒤 예수께서는 다시 가버나움에 가셨다. 예수께서 집에 계시다는 말이 퍼지자 많은 사람이 모여들어 마침내 문앞에까지 빈틈없이 들어섰다. 그때 어떤 중풍병자를 네 사람이 들고 왔다. 그러나 사람들이 너무 많아 예수께 가까이 데려갈 수가 없었다. 그래서 예수가 계신 바로 위의 지붕을 벗겨 구멍을 내고 중풍병자를 요에 눕힌 채 예수 앞에 달아 내려보냈다."(막 2:1~4). 카즈린 마을의 가옥구조를 보면 이 장면이 실감나게 재현될 수 있다. 내가 지금 앉아 있는 곳이 옥상인데 쉽게 올라갈 수 있다. 내 앞에 거적이 덮인 곳이 있다. 그 거적만 벗기면 대들보가 쉽게 노출된다. 그 대들보에 줄을 감고 들것에 달아맨 사람을 내려보내면 바로 그 아래 천장이 높은 거실로 내려가게 된다. 성서의 모든 장면은 이와 같이 현실적인 체험에 기초하고 있다.

> 치엔무(錢穆)는 老子가 莊子 속의 노자적 언급을 짜깁기하여 만든, 莊子보다도 후대에 성립한 서물이라고 주장했다. 그러나 그러한 주장은 더 이상 통용되지 않는다. 도마복음서가 기존의 공관복음서를 짜깁기하여 만든 예수의 어록이라는 주장도 마찬가지로 통용되기 어렵다. 많은 학술적 주장이 감정적 先理解의 지배를 받는다.

38. 노자(老子)와 도마복음서

도마복음서는 언제 집필되었나?

야고보는 예수의 형이었고, 예수 사후 예루살렘교회를 주도해 나갔으며 27편 중의 하나인 야고보서의 저자라고 했다. 물론 야고보는 전통적 설대로 예수의 네 남동생중 맏이일 수도 있다. 유다는 예수의 쌍둥이 동생으로, 도마복음서를 지었고, 또 정경에 편입된 유다서의 저자라는 설도 있다(유 1:1). 뿐만 아니라 인도 사람들은 예수의 쌍둥이 동생인 그 도마가 남인도에 와서 복음을 전파하고 교회(Mar Thoma Church)를 개척했다는 설득력 있는 논거를 제시하고 있다. 도마를 초대 사도로 모시는 2000만을 넘는 방대한 기독교 인구가 있다.

뿐만 아니라 요세, 시몬, 그리고 최소한 두 명 이상의 여동생들이 있었다(막 6:3, 마 13:55). 누가복음 설화에 의하면 세례요한도 예수와 이종간이다. 예수의 엄마 마리아, 막달라 마리아, 야고보와 요세의 엄마 마리아, 베다니의 마리아, 세베데의 부인 살로메, 그리고 그의 아들 야고보와 요한, 하여튼 이 모든 사람이 예수 집안과 관련되어 있으며, 예수운동(the Jesus Movement)의 재임(齋任)과도 같은 후원자들이었다.

초대교회사에 있어 예수 패밀리의 이름들은 추종자들의 관심의 대상이었을 것이다. 최소한 예수설화를 만드는 사람들에게는 예수 가족의 다양한 전승은 매력적 주제였다. 그러한 환상은 최근의 『다빈치 코드』에까지 내려오고 있는 것이다.

그건 그렇다 치고, 도마복음서는 과연 언제 집필되었을까? 모든 학문적 활동은 기실 알고 보면 선이해(先理解, pre-Understanding)에 의해 지배당하는 측면이 있다. 도마복음서의 저성(著成) 연대를 운운케 되면 정경의 권위를 훼손하고 싶어하지 않는 학자들은 당연히 현 4복음서보다 도마복음서가 먼저 성립했다는 설을 받아들이고 싶어 하지 않는다. 4복음서 중에서 가장 빠른 마가복음이 AD 70년경이므로, 어떠한 경우에도 도마복음서가 AD 70년보다 선행하는 작품이라는 설을 용인하고 싶어 하지 않는 것이다. 학문이라는 것도 알고 보면 감정일 수도 있다.

MEZUZAH

이런 사람들이 주장하고 싶어 하는 것은 도마복음서는 정경의 가치가 없는 외경이며, 빨갱이 같은 이단자들인 영지주의자들의 불경스러운 작품이며, 3·4세기경의 날조라고 치지도외해 버리는 것이다. 이렇게 치지도외해 버릴 수만 있다면 좋겠는데, 미안하게도 도마복음서의 내용은 절반이상이 직·간접적으로 현행 정경 복음서의 내용과 겹친다. 구체적으로 공관복음서와 도마복음서는 70개조 이상의 병행관계가 있다. 그러니까 도마복음서를 외경으로서 부인하는 것은 곧 공관복음서를 외경으로서 부인하는 꼴이 되고 만다. 그리고 만약 도마복음서를 영지주의 문서라고 간주하게 되면, 영지주의 그 자체를 정경 복음서의 수준으로 격상시키는 것이 될 수밖에 없다. 도마복음서의 내용은 현행 공관복음서의 내용과 사상적으로 맥을 같이하는 것으로, 조금도 이단적이거나 기독교의 권위를 훼손하는 불경스러운 내용을 포함하지 않는다. 기실 도마복음서의 출현은 영지주의에 대한 우리의 선입견이나, 영지주의를 하나의 독립된 실체로서 간주하는 오류를 불식시켰다. 영지주의는 실체화(reification)되기 어려운 느슨한 관념들의 네트워크다.

이러한 고민을 안겨주는 상황에 대처하는 가장 현명한 대안이 "짜깁기설"(a compositional theory)을 주장하는 것이다. 짜깁기설이란, 도마복음서의 저자가 이미 공관복음서를 손에 들고 있었으며, 그것들에서 예수의 말씀을 여기저기 적출해내 도마라고 하는 캐릭터에 맞게 짜깁기해 놓은 책이 곧 도마복음서라고 주장하는 것이다. 이러한 설의 가능성도 전적으로 부정된다고 말할 수만은 없을 것이다. 그러나 이러한 설이 입증되려면 단일한 한 사람의 저자가 기존의 공관복음서를 자기의 이념에 맞게 선정, 개조, 변조해나간 어떤 체계가 입증되어야 할 텐데 이러한 입증은 현실적으로 엄청난 난관에 부딪힌다.

보통 우리는 도가사상(道家思想)을 노장사상(老莊思想)이라고 부른다. 노자(老子)라는 『도덕경』(道德經)을 쓴 사상가가 있었고, 그 사상가의

집에 들어가는 입구 왼편 석재에 집주인의 이름이 새겨져 있다. 랍비 아분 다라이의 집이다. 오른편 문설주에는 깨알같이 신명기 구절을 쓴 양피지를 말아 넣은 나무곽(mezuzah)이 부착되어 있다(신 6:9). 나갈때 들어갈때 손으로 만져 경의를 표하고 1년에 2번 전문가가 그 모양의 온전함을 점검한다.

예수시대의 올리브기름 프레스기. 올리브를 볶아 동그란 삼태기에 넣고 나사를 지렛대로 돌려 짠다. 올리브기름은 식용도 되고, 약용도 되고, 등잔용도 되고, 정화 제식용도 된다. 예수시대 사람들의 가장 중요한 생필품이었다. 올리브를 심으면 척박한 땅이 오히려 비옥해진다고 한다. 올리브의 확보는 부의 기준이었다.

질박하고도 오리지날한 생각을 장자(莊子)라는 사상가가 풍요롭게 발전시켜 『장자』라는 은유와 비유로 가득 찬 서물을 성립시켰다고 보기 때문에 노장사상이라고 부르는 것이다. 그런데 근세에 치엔무(錢穆)라는 대학자는 그의 해박한 역사지식을 활용하여 『노자』가 『장자』에 나타난 노자적 생각을 짜깁기하여 만든 것으로, 『장자』보다 후대에 성립한 서물이라는 것을 입증하려 했다. 그래서 그는 "노장사상"이라는 말을 쓰지 않고 "장노사상"(莊老思想)이라는 표현을 썼다. 그의 유명한 저서가 『장노통변』(莊老通辨)이다.

그렇다면 『장자』 속에 인용되고 있는 노자 즉 노담(老聃)은 누구일까? 공자가 직접 찾아가 알현하였다는 노담, 혹은 노래자(老萊子)는 전설 중의 인물일 뿐, 현존하는 『도덕경』의 저자일 수는 없다는 것이다.

치엔무는 『도덕경』에 나오는 도(道)·명(名)·제(帝)·천(天)·지(地)·음양(陰陽)·덕(德)·일(一)·자연(自然)·후왕(侯王)·관장(官長)·기장(器長)·인주(人主) 등등의 개념이 전국(戰國) 말기의 개념일 수밖에 없으며, 『도덕경』의 성립연대는 전국 명가(名家)계열의 사상가인 공손룡(公孫龍) 보다도 후대일 수밖에 없다고 주장했다. 과연 그럴까?

치엔무의 주장은 마왕퇴(馬王堆) 노자백서(帛書)의 발굴(1973), 곽점촌(郭店村) 노자 죽간(竹簡)의 발굴(1993)과 같은 놀라운 사건으로 빛을 잃고 말았다. 『도덕경』이라는 문헌이 우리의 통념보다 일찍 성립한 문헌이라는 사실이 물리적으로 입증되었기 때문이다. 치엔무에게는 실증주의라고 하는 근대적 과학정신이 있었고, 중국이 복고사상에 묻혀 개명한 세계로 나아가고 있지 못하다는 통한(痛恨)이 있었다. 그래서 고대 서물의 실증적 하한선을 모두 내려잡았다. 이것을 의고풍(疑古風)이라고 부른다.

그러나 도마복음서의 짜깁기설을 주장하는 자들은 의고풍과 같은 건강한 시대정신에 사로잡힌 것이 아니라, 정통정경지존이라고 하는 보수적 통념에 매몰되어 있는 것이다. 치엔무의 주장에 우리는 부분적으로 동의할 수도 있다. 그러나 몇몇 개념의 문헌학적 대비로 인하여 『도덕경』이라는 서물의 존재성을 부인할 수는 없는 것이다. 도마복음서에 설령 후대적 관념이 삽입되어 있다고 할지라도 그것으로 인하여 도마복음서를 후대의 짜깁기 날조로 간주할 수는 없는 것이다. 도마복음서는 마가복음에 앞서 엄존한 것으로 그 프로토텍스트는 AD 50년경에는 이미 성립하여 있었던 것이다. 그리고 로기온편집역사에 있어서 가장 독립적이고 오리지널한 전승으로 간주되는 것이다.

앞 사진 설명. 베들레헴 웨스트 뱅크지역을 감싸고 있는 분리장벽 앞을 내가 걷고 있다. 내 뒤로 장벽이 계속 연결된 모습이 보인다. 다윗이 태어나고, 예수가 태어난 곳이라고 한다. 장벽 너머로 야곱의 부인 라헬의 무덤이 있다(창 35:19). 지금 이 시간(2008년 1월)에도 가자지구의 분리장벽 봉쇄로 팔레스타인 사람들이 고통받고 있다. 이 분리장벽이야말로 유대교의 상징이요, 구약의 상징이다. 예수에게는 인종과 계급의 차별이 존재하지 않았다. 이스라엘사람들이 어떠한 손실을 감내하더라도 팔레스타인사람들에 대해 포용정책을 쓰지 않은 한 중동문제는 해결될 길이 없다. 과연 유대율법의 세계는 인류사회에 독선과 폭력과 보복을 가르치는 악의 근원일 수밖에 없을까? 예수는 이러한 폭력과 보복의 모든 가치를 거부했다.

> 도마복음서의 저작연대는 도마복음서의 출현으로 그 실체성이 확보된 Q복음서를 기준으로 하여 역으로 추정될 수도 있다. Q복음서에는 묵시담론이 포함되어 있다. 도마복음서에는 그러한 담론이 전혀 포함되어 있지 않다는 맥락에서도 도마복음서의 저작연대는 Q복음서보다 빠를 수도 있으며 더 오리지날한 전승에 속한다고 비정되고 있다. 그러나 도마복음서도 기나긴 필사의 역사 속에서 전변의 과정을 거쳤을 것이다.

39. Q복음서의 저작연대

지혜담론이 먼저냐, 묵시담론이 먼저냐?

　도마복음서의 발견이 신학계에 일으킨 가장 커다란 파문은 뭐니 뭐니 해도 Q복음서를 가설 아닌 실체로서 등장시킨 사건이다. 도마복음서는 1945년 12월 나일강 상류지역에서 어느 이집트 소년의 곡괭이질에 부딪혀 우연히 발견된 고문서이지만, Q복음서는 신학자들이 문헌비평의 방법을 통해 공관복음서 속에서 150년 동안 발굴해온 가설적 문헌이었다. 마태·누가복음서 중에서 복음서원형이라고 말할 수 있는 마가자료를 제외한 부분 중에서, 마태와 누가에 공통된 부분을 그냥 자료(Quelle)라는 의미로 Q라고 불렀던 것이다. 마태와 누가가 한 방에서 복음서를 같이 상의해가면서 집필하지 않은 이상(물론 그런 가능성은 전무하다), 마태와 누가가 참고한 공통자료가 이미 문헌으로 성립해 있었다는 것은 확실했다. 그런데 그 가설적 문헌을 치밀하게 연구해본 결과, 그것은 단지 어록(로기온 자료) 형식의 모음집이라는 사실이 밝혀졌던 것이다. 즉 예수의 말씀(가라사대 파편)만으로 구성된 자료라는 것이다.

그러나 이 어록자료인 Q를 자신있게 공관복음서 속의 또 하나의 복음서로서 제시할 수 있는 깡다구가 있는 신학자는 별로 없었다. 확고한 물증이 없는데다가 그 함의가 매우 혁명적인 것이었기 때문이다. 즉 우리가 알고있는, 예수의 생애드라마를 펼쳐주는 설화복음서(narrative gospel)의 모든 이야기들이 누락되어 버리는 것이다. 예수의 탄생, 갈릴리사역, 이적, 예루살렘입성, 수난, 십자가죽음, 부활 등등의 이야기가 예수라는 역사적 캐릭터의 이해와 무관한 사건들이 되어버리거나 부차적인 잡담으로 되어버릴 수 있기 때문이다. 따라서 Q에 관한 논의는 철저히 신학이론전문가들의 연구영역 속에서만 머물렀고, Q의 모습이 일반에게 공개되지도 않았다.

그런데 갑자기 도마복음서가 출현해버린 것이다. 그것도 이성적 가설이 아닌 물리적 사실로서 우리 눈앞에 드러난 것이다. 그 드러난 모습이 너무도 충격적이었다. 114개의 로기온자료로써만 구성된, Q에 대하여 1세기 반 동안 구상해왔던 바로 그 모습이었던 것이다. 도마복음서는 꿈에 그리던 어록복음서(sayings gospel)이었던 것이다. 이 어록복음서의 출현으로 Q는 단순한 자료가 아닌, 도마복음서와 똑같은 문헌양식을 지닌 또 하나의 어록복음서가 되어버린 것이다. 즉 Q는 Q자료에서 Q복음서로 새롭게 인식되었고 동시에 그 연구가 확고한 물증적 기반 위에서 힘차게 진행되어 나갔다. 도마복음서가 여타 나그함마디문서보다 빨리, 1959년에 출간되었기 때문에 이미 1960년대부터 신학계의 가장 참신하고 중요한 이슈로서 "도마복음서-Q복음서 연구"가 등장하였던 것이다. 우리나라는 박정희 군사독재정권의 여러 가지 행태로 말미암아, 해방신학과 민중신학이 신학계의 관심을 독점하던 그러한 시절이었다.

Q복음서는 저성(著成)연대가 비교적 확실할 수밖에 없다. 최초의 설화복음서인 마가복음의 저성연대를 예루살렘멸망을 전후로 한 AD 70년경으로 잡는데 신학자들의 이견이 없다(실제로 예루살렘멸망이라는 사건이 내면적으로 심화된 시기. 그러니까 AD 75년경으로 잡아야 한다). 따라서 Q복음서는 AD 70년 이전의 문헌임이 확실해진다. Q복음서는 내용이 비교적 잡다한 갈래의 파편들이 복합되어 있다. 그러나 대부분은 인간이 이 곤혹스러운 세상에서 어떻게 살아가야 할 것인가를 밝혀주는 지혜의 말씀들이다. 이 메타노이아(생각의 전환)적인 지혜담론을 Q1이라고 한다면 Q1자료는 이미 AD 50년경에는 성립했다고 본다. 예수시대 때부터 이미 예수운동(the Jesus Movement)에 참여한 사람들에 의해 기록되었을 수도 있고, 예수의 사후 그를 진정으로 사모하고 추모하는 사람들의 구전으로 전해지다가 어느 시점에 희랍어로 문서화

도대체 한 도시 전체를 감옥처럼 장벽으로 둘러싼다는 것이 얼마나 비인간적인가? 예수는 모든 장벽을 허물고자 한 사람이었다. 그는 예루살렘 성전조차 허물고자 했다.

되었을 가능성이 있다. 불트만은 그 오리지널한 문헌은 아람어로 쓰였을 가능성이 있다고 보지만, 현대학자들은 그런 가능성은 제로라고 보고 있다.

그러나 Q 속에는 예수가 당시의 사람들과 충돌을 일으키며 그들을 비판하는 담론이나 또 하나님의 심판을 예시하는 담론이 들어있다. 이러한 충돌담론·심판담론을 Q2라고 한다면 이것은 호교론적 냄새가 짙기 때문에 AD 60년 전후, 교회의 분위기를 반영한 것으로 본다.

그리고 또 예수의 광야시험장면과 같은 자기체험고백이라든가 자기를 하나님의 아들로서 규정하는 기독론적 냄새가 나는 파편들은 Q3에 속하는데 이것은 더 후대의 첨가로 보는 것이다.

Q1	지혜담론	Sapiential
Q2	심판담론	Apologetic
Q3	기독담론	Christological

고문헌은 어차피 이와 같이 한 시점의 저성(著成)을 말할 수 없고 시간을 두고 형성된 것이라고 해도, 과연 Q복음서가 상기의 단계로 확연하게 구분되는지는 참으로 말하기 어렵다.

Q복음서의 저성연대에 의하여 역으로 도마복음서의 저성연대도 확실해진다고 말할 수 있기 때문에 나는 도마복음서의 프로토텍스트(proto-text)의 성립연대를 AD 50년경, 느슨하게 잡아도 AD 50~70이

라고 확언한 것이다. 그러나 이러한 문제와 더불어 같이 고려해야 할 많은 문제가 있다. 도마복음서는 Q복음서보다도 그 성격이 전일하다. 즉 지혜담론이 거의 전부인 것이다. 가장 중요한 문제는 기독교의 핵심사상이라고도 말할 수 있는 종말론적 암시가 없는 것이다. 그리고 천국이 미래적 사건으로서 대망되는 것이 아니라 철저히 현재화되어 있다. 종말론이 과연 무엇인가 하는 것은 또 다시 논란의 대상이지만, 많은 기독교인들은 종말론 하면 곧바로 이 세계의 파멸, 시간의 종언을 의미하는 묵시론적 사태로서 이해한다. 그러한 묵시론적 이해는 로마의 박해 속에서 순교로 쓰러져가던 초기기독교회의 절박한 심정을 대변한다. 그렇다면 모든 종말론적 로기온은 연대가 후대로 내려올 수밖에 없다. 그러나 도마복음서에는 그러한 종말론적 로기온이 없는 것이다.

길목에 이유없이 억류되어 있는 팔레스타인 사람들. 이스라엘 군인들이 그들을 너무 가혹하게 다룬다. 찍기 어려운 사진이었다.

그러나 또 많은 사람들이 이렇게도 생각한다. 예수는 천국을 선포한 사람이며 역사적 예수의 모습 속에 이미 종말론적 관념이 내포되어 있었다. 그렇게 본다면 순수한 지혜담론은 묵시담론의 열기가 식어가는 어느 시기에 한가롭게 구성된 것이다. 과연 그럴까? 묵시담론이 선행하는 것일까? 지혜담론이 선행하는 것일까? Q복음서의 연구는 원시기독교의 진행순서는 지혜담론에서 묵시담론으로 발전했다고 확정짓는다. 그 역방향일 수는 없다는 것이다.

그리고 도마복음서의 연대를 후대로 내려잡으려는 사람들의 의식 속에는 그것이 영지주의문서라는 황당한 편견이 자리잡고 있다는 사실도 지적되어야 한다. 그러나 이러한 문제는 이제 본문에 즉(卽)해서 논의되어야 한다. 나는 도마복음서의 이해로부터 지혜담론이 설화복음서의 다양한 문학양식으로 발전되어나간 그 루트를 추적할 수 있다고 믿는다. 그것은 마치 노자로부터 장자의 화려하고도 다양한 설화문학이 발전한 것과도 유사하다. Q복음서와 도마복음서는 로기온전승을 공유한다. 그러나 도마복음서가 Q복음서 보다도 더 "살아있는 예수"의 말씀전승에 충실한 자료라는 가설하에서 도마복음서를 주석할 수 있는 가능성은 얼마든지 열려있다고 생각한다.

순례역정대강은 중앙일보 본지 2007년 5월 4일자에 실린 것이다. 그 다음에 이어진 39편의 문장은 중앙SUNDAY에 2007년 5월 6일부터 2008년 1월 27일까지 실렸다. 도마복음의 여정은 중앙SUNDAY 지면에 계속되고 있다. 마무리되는 대로 본서의 제2탄이 출간될 것이다.

색 인

【 가 】

가나(Cana) 193
가라사대 파편 241, 248
가버나움(Capernaum) 246, 250
가현론 197, 223
갈릴리 바다 236
감람산 260
게벨 알 타리프(Gebel al-Tarif) 27, 29, 153
게벨 엘 갈라라(Gebel el-Galala) 46
게벨무사(Gebel Musa) 140
경이원지(敬而遠之) 9
골란고원 332
공관복음서(共觀福音書) 240
공자(孔子) 220
교회 내의 의견의 일치 130
『교회사』(Ecclesiastical History) 231
구약 309
기번 109, 113
김창선 299

【 나 】

나그함마디 26
나기브 마푸즈(Naguib Mahfouz) 93
나사렛 193, 239
『내전기』(Commentarii De Bello Civili) 80
네스토리우스(Nestorius) 320
네오플라토니즘 105
노자(老子) 343
니케아 종교회의 100, 104

【 다 】

다신론(polytheism) 143
담화복음서 250
데메테르 211
덴데라 146
도마(Thomas) 341, 335
도마복음서 158, 171, 248, 275, 293, 321, 327, 328, 334, 335, 342, 349, 352
도세티즘(Docetism) 197
디아테사론(Diatessaron) 124
디오클레티아누스 황제 86

【 라 】

라헬의 무덤 348
람세스 2세 156, 187, 213
람세스 3세 19
로고스기독론(Logos Christology) 100
로기아 예수(Logia Iesou) 325
로기온(Logion) 242, 349
로기온자료 350
『로마제국쇠망사』 109, 113
룩소르 213, 324
룩소르 신전(Luxor Temple) 187
리비도(libido) 170, 185

【 마 】

마다바(Madaba, Medeba) 283

마레오티스 호수　210, 215
마르시온(Marcion)　125
마리아　167, 175, 195, 238
마리아 수태고지(受胎告知) 교회　193
마리카 다타리(Marika Dattari)　162
마사다 요새　228, 233
마소라텍스트　302, 309
마태복음　318
마틴 루터　136
메타노이아　281, 351
모나스티시즘(monasticism)　320
모세　305, 316
묵시담론　277, 283, 285, 291, 293, 303, 311, 348, 349, 354
묵시문학　136
뮈스테리아(mystēia)　210
므깃도　224
미트라스　172

【 바 】

바미얀대불(the Great Buddha at Bamiyan)　144
바빌론유치　316
바위성전(Dome of the Rock)　254
배철현　299
번지(樊遲)　9
법신(法身)　221
베다니　287
베들레헴　348
베스파시아누스　229
보혜사　99
부활　222
불트만　284, 290
비탄의 길(Via Dolorosa)　263, 266
비틀즈(the Beatles)　179
비하라(vihāra)　46

【 사 】

사도바울　88, 203, 257, 266, 292
사도신경(Apostolicum)　249

사도저작성　129
사해문서　279, 299, 302, 309
산상수훈　272
삼위일체　98, 196
색신(色身)　221
선민의식　291
설화복음서(narrative gospel)　280, 350
성 마가교회　73
성 분묘교회(The Church of the Holy Sepulcher)　263
성 세르기우스교회(St. Sergius Church)　315
성 조지 교회(Church of St. George)　158
성 테오나스 교회　112
세노비티즘(cenobitism)　55, 320
세례요한　91
세티1세　166, 213
셉츄아진트(Septuagint)　67, 302
셰누테(Shenoute)　320
소크라테스　219
쇠똥구리　179
수난(Passion)　222
수르-신 광야　183
수태고지교회　239
수행적 신학(遂行的 神學, Performative Theology)　263
순교자 유스틴(Justin Martyr)　135
시내산　140, 317
시저　80
신명기　343
신앙의 잣대　130
신왕조　324
신채호(申采浩)　288
싯다르타　220

【 아 】

아니아누스(Anianus)　74
아돌프 폰 하르낙(Adolf von Harnack)　247, 280
아리우스　66, 104
아멘호테프 3세(AmenhotepⅢ)　187
아문 라(Amun-Ra)　179
아부메나 성지　94
아부메나 수도원　31
아비도스　166

아비도스 신전 156
아타나시우스 65, 106, 112, 120, 149, 320
아포스톨리콘(Apostolikon) 125
아폴로 89
안토니(Antony) 45, 46, 53, 320
안토니 수도원 51, 54, 177, 181
안토니우스 82
알렉산드리아 67, 91, 100, 104, 210, 318
알렉산드리아 교회 120
알렉산드리아 종교회의 115
알베르트 슈바이처(Albert Schweitzer) 197, 284
앙리 샤를 쀄에쉬(Henri-Charles Puech) 327
앵코라이트(anchorite) 46
앵코라이티시즘(anchoriticism) 320
야고보 341
어록복음서(sayings gospel) 243, 350
에레미티즘(eremitism) 53
에베소 89
에베소공의회(the Council of Ephesus) 320
에클레시아(ekklēsia) 131
엑스타시스 105
엔 게디(En-gedi) 285
엘 카스르(El Qasr) 26, 27
엘레우시스(Eleusis) 211, 214
엘림 305
엣세네파(the Essenes) 301
여리고 297, 303
여호수아 297
역사적 예수(Historical Jesus) 239
『역사적 예수의 탐구』 197
예수 미스테리아 명제(the Jesus Mysteries Thesis) 205
예수운동(the Jesus Movement) 265, 351
『예수의 어록』(Sprüche und Reden Jesu) 247
예수피난교회 315
오시리스 146, 166
옥시린쿠스(Oxyrhynchus) 325
옥타비아누스 82
올리브 344
왕들의 계곡(Valley of the Kings) 324
외경(外經) 128
요단강 93, 206
요세푸스(Flavius Josephus) 225
요한복음 99

웨스트 뱅크 348
유다 341
유대광야 285
유대교 309
『유대인 고대사』(The Antiquities of the Jews) 225
유세비우스(Eusebius of Caesarea) 231
유스티니아누스 황제 283
유일신론(monotheism) 143
율리아누스 황제 116
이노센트 3세(1198~1216) 249
이시스 146, 166, 169
이이오병 교회 203
이적(miracles) 221
임호테프 173
임호테프(Imhotep)박물관 169

【 자 】

장 도레스(Jean Doresse) 157
장자(莊子) 344
재림 124
재림사상(Imminent Second Coming) 99
정경 129
제롬(Jerome) 56
제왕화랑(Gallery of the Kings) 156
제임스 로빈슨(James M. Robinson) 42
조로아스터교 300, 311
조세르 왕(King Djoser) 173
존 도미닉 크로쌍(J. D. Crossan) 265
주기도문교회(Church of the Pater Noster) 260
주커만 교수(Prof. Bruce Zuckerman) 301
지크문트 프로이트(Sigmund Freud, 1856~1939) 168
지혜담론 277, 282, 283, 285, 293, 303, 312, 349, 351, 352, 353, 354
집단무의식(the collective unconscious) 172, 176

【 차 】

체노보스키온(Chenoboskion) 26, 113
초대교회 98, 124
출애굽 316

【 카 】

카르낙 신전　213
카를 구스타프 융(Carl Gustav Jung)　163, 176, 185
카를 야스퍼스(Karl Jaspers)　219
카이트베이 요새　77, 97
카즈린(Qazrin)　332, 340
칼빈　136
케리그마(kerygma)　222
코우덱스　28, 150, 153
콘스탄스 황제　65
콘스탄티누스 대제　100, 105
콘스탄티우스 황제　65, 112
콥트어　319, 335
쿠푸왕(Khufu)　15, 25
쿰란　279, 294
쿰란공동체　133, 292, 299, 301, 311
크리스티안 헤르만 바이세
　　　(Christian Hermann Weisse)　240
클레오파트라　82
킨네렛 호수(Lake Kinneret)　236

【 타 】

타노(Phocion J. Tano)　161
타벤니스(Tabennis)　56
타티안(Tatian)　124
토고 미나(Togo Mina)　155
통곡의 벽(Wailing Wall)　270
투탕카멘　152
티투스　270

【 파 】

파로스(Pharos)　80
파로스 등대　83, 84, 97
파바우　60, 149, 171
파우 키블리(Faw Qibli)　60
파코미우스(Pachomius)　23, 55, 113, 320
팔라몬(Palamon)　23, 55
팔라몬기념수도원　23

팔복교회　273
페르세포네　212
폼페이우스　80
프로이트　176, 185
프톨레미 1세　84
프톨레미 13세　80
프톨레미 2세(Ptolemy II)　70
피라미드　15
피터 플린트　309
필드(Weston W. Fields)　301

【 하 】

하나님의 나라　258
하토르신전　146
함라돔(Hamra Dom)　33, 35
핫셉수트　324, 328
헌트(Arthur S. Hunt)　325
헬레나　260, 263
호루스　146, 166, 169
호모우시온(homoousion)　105
12제자　290
27서　116, 121, 134, 149
Q복음서　275, 280, 284, 293, 349, 352
Q자료　241, 247, 257

도올 김용옥선생님의 저술목록

『여자란 무엇인가』(1986), 『동양학 어떻게 할 것인가』(1986),

『루어투어 시앙쯔(상·하)』(1986), 『절차탁마대기만성』(1987),

『아름다움과 추함』(1987), 『새춘향뎐』(1987), 『신한국기』(1990),

『도올세설』(1990), 『태권도철학의 구성원리』(1990), 『도올논문집』(1991),

『석도화론』(청나라 초기의 예술론, 1992), 『의산문답: 기옹은 이렇게 말했다』(1994),

『천명·개벽』(동학 관계 시나리오·희곡작품 모음, 1994),

『삼국통일과 한국통일(상·하)』(1994), 『건강하세요 I』(1998),

『화두, 혜능과 셰익스피어』(불교 선종의 중요한 저술『벽암록』의 연구, 1998),

『이성의 기능』(1998), 『도올 김용옥의 금강경 강해』(1999),

『노자와 21세기(1·2·3)』(1999. 11, 1999. 12, 2000. 5),

『달라이라마와 도올의 만남(1·2·3)』(2002), 『논술과 철학강의(1·2)』(2006),

『요한복음 강해』(2007), 『기독교성서의 이해』(2007), 『큐복음서』(2008),

『논어 한글역주(1·2·3)』(2008), 『효경 한글역주』(2009), 『계림수필』(2009),

『대학·학기 한글역주』(2009), 『중용 한글역주』(2011), 『중용, 인간의 맛』(2011),

『맹자, 사람의 길』(2012), 『사랑하지 말자』(2012), 『도올의 아침놀』(2012),

『도올의 중국일기(1·2·3·4·5)』(2015), 『도올의 교육입국론』(2014),

『도올, 시진핑을 말한다』(2016), 『박원순과 도올, 국가를 말하다』(2016),

『도올의 로마서 강해』(2017)

도올문집 시리즈

제1집: 『도올의 淸溪川 이야기』─서울, 유교적 풍류의 미래도시(2003)

제2집: 『讀氣學說』─최한기의 삶과 생각(2004, 개정판)

제3집: 『혜강 최한기와 유교』─『기학』과『인정』을 다시 말한다(2004)

제4집: 『삼봉 정도전의 건국철학』─『조선경국전』『불씨잡변』의 탐구(2004)

제5집: 『도올심득 東經大全 1』─플레타르키아의 신세계(2004)

제8집: 『도올의 국가비젼』─신행정수도와 남북화해(2004)

제9집·10집: 『앙코르와트·월남가다(上·下)』─조선인의 아시아 문명탐험(2005)

도올의 도마복음이야기 (1)

2008년 3월 7일 초판발행
2023년 7월 20일 1판 6쇄

지은이   도올 김용옥
펴낸이   남호섭
펴낸곳   통나무

서울특별시 종로구 동숭동 199-27
전화: 02) 744-7992
출판등록 1989. 11. 3. 제1-970호

ⓒ Kim Young-Oak, 2008   값 25,000원
ISBN 978-89-8264-114-5 (03230)
ISBN 978-89-8264-117-6 (전3권)